U0941576

在北京大学六院，给学生讲授古代语言文学课程

2019 年，获中国俄语教育终身成就奖

北京大学外国语学院俄语系

在职和离退休教师新年聚餐，右一为顾蕴璞教授

生活中的左少兴教授，拍摄于北京大学承泽园内

夏天，北京大学承泽园的家中，铺了一床的著作

左少兴教授的著作及证书

工作中的左少兴教授,床上铺满了稿件

退休后依旧忙碌在“一线”的左少兴教授

在细心检查稿子的左少兴教授

P.19

§61. Почему звук ф является признаком иноязычных слов лишь в положении перед гласными и сонорными согласными? Например: фонарь, фартук, флак, философия.

Почему звук ф, являющийся в русских словах, орфографически через ф не передается? Например: Вперед, вторник, лавка, бровь (фонетически: ф'п'о-р'от, фторн'ик, лафкъ, броф').

Звука ф не было бы в древнерусском языке до времени падения глухих, он бы являлся признаком иноязычных слов в положении перед гласными и сонорнтми. С тех пор, как глухие выпадали, бывший согласный В в положении перед глухими согласными стал оглушаться и переходить в согласный глухой Ф.

Звук Ф, являющийся в русских словах, орфографически через ф не передается потому, что в вышеуказанных словах не было звука ф, а был звук звонкий В. Звонкий В стал глухим Ф только фонетически, это объясняется тем, что до падения редуцированных после звонкого В стоял редуцированный ъ или ь. Несмотря на падение редуцированных и фонетическое оглушение звонких в положении перед глухими или в конце слова, звук В всё же орфографически не передаётся через ф, а сохраняется в своей бывшей форме.

「Почьнемъ же, братие, повѣсть сию отъ стараго Владимера до нынешняго Игоря («Слово о полку Игореве»)
Сию — форма вин. п. ед. ч. местоимения.
Стараго и нынешняго — форма род. п. ед. числа прилагательного. Старославянские формы, с точки зрения фонетически эти формы правильно употребляются.

「Не буря соколы занесе чресъ поля широкая, галици стады бѣжать к Дону великомоу(«Слово»).
широкая — форма вин. пад. мн. ч. средн. рода прилагательного.
Великомоу — форма дат. пад. ед. ч. мужск. рода прилагательного.

「А половцы неготовами дорогами побѣгоша к Дону великомоу.」(«Слово»).
Неготовами — форма твор. пад. мн. числа женск. рода крепкого прилагательного,
Великомоу — форма дат. п. ед. ч. мужск. рода прилагательного.

左少兴教授的手抄笔记

他只是觉得时间已到，可以放心走了。留下的著作足以薪火相传，晚生后学们皆是出类拔萃。左先生生前常表达这般话：“让他们受益，就是再好不过！”

——前引（摘）

教育部人文社会科学重点研究基地
黑龙江大学俄罗斯语言文学与文化研究中心 学术丛书

学术之心

——左少兴先生文集

左鑫 尹旭 吴章翰 编

黑龙江大学出版社
HEILONGJIANG UNIVERSITY PRESS
哈尔滨

图书在版编目（CIP）数据

学术之心 : 左少兴先生文集 / 左鑫，尹旭，吴章翰编. -- 哈尔滨 : 黑龙江大学出版社，2024.6
ISBN 978-7-5686-0988-3

Ⅰ. ①学… Ⅱ. ①左… ②尹… ③吴… Ⅲ. ①俄语－文化语言学－文集 Ⅳ. ①H35-53

中国国家版本馆 CIP 数据核字（2023）第 103474 号

学术之心——左少兴先生文集
XUESHU ZHI XIN——ZUO SHAOXING XIANSHENG WENJI
左 鑫 尹 旭 吴章翰 编

责任编辑 张微微 徐晓华
出版发行 黑龙江大学出版社
地　　址 哈尔滨市南岗区学府三道街 36 号
印　　刷 天津创先河普业印刷有限公司
开　　本 880 毫米 ×1230 毫米 1/32
印　　张 10.375 彩插 8
字　　数 253 千
版　　次 2024 年 6 月第 1 版
印　　次 2024 年 6 月第 1 次印刷
书　　号 ISBN 978-7-5686-0988-3
定　　价 67.00 元

本书如有印装错误请与本社联系更换，联系电话：0451-86608666。

是使命，是善德，道别越沉重，意义则越深远（代序）

北京大学外国语学院俄语系教授，中国俄语教育界国宝级的巨匠，古代俄罗斯语言文学翻译家及研究学者——左少兴先生，于2020年11月12日15时与世长辞，享年90岁。先生并非生前大病，他走得非常安详，没有过多的病痛，甚至中午还吃了满满一碗饭，视频通话时还谈笑风生。相信，这是因为先生一生都带着使命，积了一辈子善德，才得到了上天最好的安排。他只是觉得时间已到，可以放心走了。留下的著作足以薪火相传，晚生后学们皆是出类拔萃。左先生生前常表达这般话："让他们受益，就是再好不过!"

"先生如洪钟般的声音再也听不到了!"学生眼里的恩师，同事眼里的严谨学者，后学眼里的榜样，突然与世长辞。他们感觉意外，感觉哀痛，感觉惋惜。他那破旧书桌上还留着未完成的书稿。书稿第一页的左上角，还用最小字号写着："2020年11月12日上午11时写下（星期四）……"他在去世的当天，还在写作。

左少兴先生德高望重，虚怀若谷，谦诚待人，不仅是中国屈指可数的国宝级的古俄语和历史语法研究专家，而且是不可多得的古代俄罗斯文学翻译家。更可能是，最后一批用签字笔、记号笔、铅笔，用那九十岁高龄的颤颤巍巍的手，书写文章的人。先生不会使用电脑，他的论文全部都是用手一笔一画写完的。写一篇文章，往往需要几次修改，最后誊抄一份完整版。这相比我们熟练使用现代办公设备的人来说无疑要多花费几倍精力。但他始终认为，学风不严谨的始末，无外乎是网络给了便捷，这就非常考验一个学者对待学术的态度。一个人，应该能经得起名利的诱惑，能老老实实做好学问。就像左先生的一位学生说的那样："第一次认识左老师，是他受邀在俄罗斯社会文化系列讲座课堂上向大一学生谈自己的学术经历。十几年之后，已经走上讲台的我，依然记得当年他对我们的告诫——'学术尊严不可不维护'。"就这样，"把最精准的学术知识教授给年轻人"，自始至终是他义不容辞的最大使命！

左少兴先生长期承担俄语教学和人才培养工作，系统讲授"俄语史""古代俄语""俄语古文阅读""俄语语法""俄语词法学""俄语形态学""俄语历史语法""苏联学——俄语语言文化"等课程。他长年累月，兢兢业业，不辞辛苦，培养出数代后起才俊，深得师生的敬慕与爱戴。业余时间，他译有《文字的历史》《文字的产生和发展》《从东方到西方》《契诃夫作品集——短篇小说·幽默小品》，与他人合译有《俄国史教程（第三卷）》《西方伦理学简史》《劳动美学》《定罪通论》《历史唯物主义——普通社会学原理》，著有《俄语的数、数词和数量词研究》，编选《十七世纪俄国文学作品选读（十七世纪俄语—汉语对照）》并为之做译注，合作编著有《俄语语法（词法）》等。另外，左少兴先生还在不同的学术刊物上发表各类论文数十篇。在文学造诣上，先生自2005年起在《北京大学校报》上发表"受教育记"系列文章（"受教育记之一"至"受教育记之十五”）。他在系列文章中记录了自己在北京大学学习与工作的经历和感悟，回顾总结了20世纪50年代北京大学的优良学风和传统。文章字字感人肺腑，成为校史、学科史研究的宝贵遗产，也影响了很多非俄语学习研究者。

先抛开在中国俄语教学工作中三尺讲台桃李满园的辉煌与几十年来现代俄语翻译及古俄语研究著述的硕果累累，左少兴先生在生活中为人非常朴素且从来不把获得的诸多荣誉和外界给的“国内俄语巨匠”“资深翻译家”这样的称号挂在嘴边。如果你走进他的书房和卧室，首先映入眼帘的是堆积如山的书籍资料、俄文词典及他自己的著作。他的书很多，但由于书柜不够大，只能摆在桌子椅子上。后来桌子椅子也不够用，只好把那1.8米×1.5米的双人床用来摆放那些永远都放不下的书。他就是这样守着自己区区20平方米的天地，兢兢业业贡献给俄语界千万余字的有分量的著述。他的贡献，世人有目共睹。1988年，他的译著《文字的产生和发展》荣获北京大学第二届科学研究成果著作二等奖。2012年，他被北京大学授予“老有所为先进个人”称号；2019年，荣获中国俄语教学研究会授予的“中国俄语教育终身成就奖”和北京大学授予的“离退休教师学术特别贡献奖”。

大家深知“做学问”是一件难事，因为“做学问”并非一朝一夕之事。在这日新月异、“乱花渐欲迷人眼”的环境下，“坚持”二字成为极为珍贵的信仰！就像鲁迅在其文《上海文艺之一瞥》中写道：“激烈得快的，也平和得快，甚至于也颓废得快。”很多学习小语种的年轻人，纷纷转换战场，站在了热门领域的金字塔尖。然而，十分庆幸的是，左少兴先生的诸多友人和学生依旧在外语研究工作中热血奋战，一心一意只为把语言的魅力发扬光大。这就是传承，与物质无关！而是那沉甸甸的、最原始的、如契约般的精神的传承！

道别越沉重，意义则越深远。在深切缅怀先生的同时，我们一定要学习并传承他的精神！就像先生在《受教育记之二·我的“一字师”》中说的那样：“作为北大人……就是要有一丝不苟的精神。”任何一辈从事外语教学研究和翻译的学人，要永远激励、警诫自己，要有严谨求实的学风、敬业务实的工作作风。

左少兴先生虽然离开了我们，但仍像那早晨八九点钟的太阳，依然散发光芒……

左鑫（左少兴教授孙女，香港岭南大学硕士生）

编者说明

在整理篇目时，我们发现“受教育记”的序号部分在发表时有不统一的情况，所以对其进行了重新排序。在体例统一方面，我们对曾发表过的文章添加了说明出处的注释，对标题及注释格式等进行了统一。我们还对书中的部分内容进行了删改和错误修正，书中除标明原文出处和标有“编者注”的注释外，其余注释均为左少兴教授原稿中所注，正文中不再单独标示。

目　　录

受教育记

序跋文

评论文

受教育记

受教育记之一[①]

1955 年距今正好是 50 年。该年春初，我从北大俄语系暂调入校长办公室专家工作组，组长是杨传纬同志。当时全校有几十位苏联专家，他们分散在文理各系，许多系都配有各自的俄语翻译教师。从 20 世纪 50 年代初起，特别是在院系调整之后，全国许多高校纷纷开设俄语课，开办“俄语速成班”。俄语成了“第一大语种”，颇有些近 20 年来全国各行各业普遍学习英语的那种“热潮”。

当时全校党政部门也开设了一个“俄语班”，实际上是个初级速成班，因为学员中绝大部分掌握了一门以上的外语。我至今还记得，全校党政领导中，除了年过七旬的马寅初校长、汤用彤副校长等外，参加俄语班的有以江隆基书记为首的北大党委的干部（如副书记史梦兰同志等），校教学行政部门的 4 个教务长[周培源（正），金岳霖、侯仁之、张仲纯（均为副）]，以及许

① 原载于《北京大学校报》，2005 年 5 月 25 日。

多科室干部，如王学珍同志等，总共30来人，在俄文楼上课。我的工作除有些事协助杨传纬组长外，就是给这个“俄语班”上课（语法课），同时为苏联教师在课上当翻译。每周课时不多，颇有点“业余”性质。

要来给这样一个班上课，我感到拘谨、胆怯、紧张、不安。开学后第一次登上“讲台”，我想舒缓自己的紧张情绪，想在教室里形成一种“随和”的氛围，我“准备”了一个“开场白”，大意是：诸位都是学校党政领导、知名学者、负责干部，又是我们的前辈、长辈，因此，“上课可以随便些”（我最清楚记得这句话）。接着我又说了些“可以随便”的事，如：可以迟到早退，可以随时离开教室，可以缺课，可以不做作业（我后面还有更加“不可思议”的“可以”，如：不经许可，可以随时出教室抽烟喝茶等）。我总以为，学校党政领导都忙，工作又多，年纪也大，虽在课堂上课，但可不必以学生相待。“随便些”，就是“悉听尊便”。

我那些“可以”还没有说完，就被江隆基书记打断了。可能是我说的“可以”出格了，太“随便”了。江书记站起来非常严肃地说：“你这个老师怎么能这样说呢！”（这句话我也至今记忆犹新）他还说：作为教师就应该大胆地严格要求自己的学生，但教师首先要严于律己；做一名合格的好教师，就要有严肃认真的教学态度，有严谨求实的学风；教学要有秩序，课堂要有纪律；教师不能“随便”，学生也不能“随便”……

江隆基是著名教育家，当时说的话使我十分尴尬。但事过之后，我认真地反复思考，认识到他的话很有道理，这就是中国古训所云：教不严、师之惰。江隆基的“批评”让我如同醍醐灌顶，让我受益匪浅，受教良多，也让我记取一辈子，受用一辈子。

江隆基的话不仅教育了我，也教育了（或者说感染了）在座的“学员”。此外，他的话表明他以一个普通“学员”的身份，认真对待这个全校颇为“特别”的俄语班。而且他同时又作为校领导深入教学第一线，了解和检查全校的教学情况，表明他自己严肃认真的“问学”态度。

谈到“问学”态度，我又想起了李赋宁教授在《北京大学校刊》①（1996 年 9 月 5 日）上发表的文章《吴门问学小记》。李老师在文中深情地回忆了自己于 1936 年在清华大学外文系二年级受教于法语教师吴达元先生的情形。20 世纪 50 年代初高校院系调整后，吴先生也在北大西语系工作。李赋宁先生于 1950 年回国后，与吴达元先生又先后同事于清华和北大。但几十年后，李赋宁先生本着“一日为师，终身为师”的中国教学传统精神，写下了深切怀念自己老师的“回忆录”《吴门问学小记》。这是篇可以作为教育我们后辈学人做人做事做学问的座右铭式的文章。现在我把自己当年从校刊上抄写的一段精粹的文字转录如下：

“我非常感激清华大学外文系的优良传统和吴达元老师的辛勤、严格的教学，使我的法语基本功打得比较好，对我以后深入学习西方语言文学是完全必要和非常有利的。首先，我学会了一丝不苟的严谨学风，对准确和不准确，像对真理和谬误、是和非、美和丑、善和恶一样，加以泾渭分明的区别，而且做出了选

① 2001 年更名为《北京大学校报》。——编者注

择，养成了习惯。”

如果把赋宁先生文中提到的“严格教学”和“严谨学风”与我当年上“俄语班”第一节课时说的“可以随便”加以比较，同样是“泾渭分明的区别”。多亏江隆基老师当年及时提醒，使我从20世纪50年代开始教学直到90年代中期退休，无论是在北大教学科研，还是在校外工作（如参加全国高考命题、阅卷工作，在国家教委学位委员会下属“外语组”的组织筹备工作等），都能时刻记住并始终坚持老一辈学者教导的“严字当头”，首先是“严于律己”。用李赋宁先生的话说，这就要“做出选择，养成习惯”。

今年是我离开教学岗位十周年。北大当前的教学科研工作，我仍然十分“牵挂”。因此，我愿意以这些回忆文字来表达自己当年受到的深刻教育和心情，同时与在岗教师互勉。

受教育记之二·我的“一字师”[①]

在北大生活的50多年里，我总是不断地接受教育，不断地教学相长。

作为北大人，不能不知道严复，作为学习外语的北大人，也不能不知道严复关于翻译的一句名言——“一名之立，旬月踟蹰”。鲁迅先生对此评价很高：这“是他（严又陵）的经验之谈，的的确确的”（见《且介亭杂文二集·“题未定”草》）。“一名之立”，或者“一词之译”，就是要有一丝不苟的精神，“一字不苟”的文风。北大这个学术环境给我们提供了诸多问学求知的门路。这里谈点我个人亲历的访师问友之事。

20世纪80年代前半期，我给俄语系研究生讲授有关“斯拉夫-俄罗斯”语言及其历史的课程。苦于材料不足，不得不连续多日“蹲在”“北大大馆”[②] 内。我十分幸运地在大图书馆找到

① 原载于《北京大学校报》，2005年11月7日。

② 即北京大学图书馆。——编者注

了一本用俄语写的内有“斯拉夫－俄罗斯文字”专门章节的书——《文字的产生和发展》。这是一部有一定理论深度和很高学术水平的专著，涉及的知识面很广，谈到了世界有人类历史以来出现的各种类型的符号——约定符号、文字符号等，如两河流域的楔形文字、埃及的圣书字、亚述－巴比伦文字、腓尼基文字、玛雅文字、复活节岛文字、印度的梵文，以及中国的甲骨文、金文等等。作者从政治、经济、文化、宗教等角度来描述这种种文字的产生和发展的历史。这种著作，在国内尚无相关的含有丰富材料的世界古今文字史的书籍。根据著名历史学家周谷城等人的论点：“古典文明研究在我国的空白必须填补。”我们向北大出版社提出翻译此书的意见，得到出版社的同意。迄至2002年，该书已再版、印刷三次。

然而，把这一切“付诸实践”，特别是把这样一本难度很大、涉及知识面很广的学术专著正确无误地译成汉语，仅凭我个人的知识水平和能力，谈何容易?！书中众多的名词术语不仅量多，而且大都用俄文字母拼写译出，许多词语均不见于语言词典，真是“查找无门”！

在译到印度古代文字时，碰到两个俄文字母拼写的名称，我国最权威的《大俄汉词典》上没有这两个词。如果按俄语字母拼音译出，为“克哈罗希梯”——谁懂它是什么意思！为此，我专门去找我们外语界前辈学者季羡林先生求教。多亏季老指教：此词在我国有现成译名——“佉卢字母”，并被普遍采纳。季先生说：这个“名”已立，已成“约定俗成”，“一名已立，慎勿他移”（或“他译”）。后来北大印地语老师殷洪元教授又把“佉卢字母”的拉丁（字母）名称告诉我。从严老校长的“一名之立，旬月踟蹰”到季老先生的“一名已立，慎勿他移”，对于任何一辈从事外语教学研究和翻译的学人来说，永远是激励、警诫自己的座右铭。

《文字的产生和发展》的作者在谈到古代秘鲁印卡人使用所谓“结绳文字”时引用了17世纪西班牙历史学家G. de la Vega（其母出身于印卡部族）写的一部著作。它只在该书页注中用了*Commentarios reales*（里斯本，1609年）这个西班牙语的书名。我没有学过西班牙语，但西班牙语也用拉丁字母拼写。这个书名极易用英语译出：*Commentaries real*（这是笔者使用的“字母对称”音译）。在多数情况下，俄语的这种“译名”可能“成立”。这里的这个名称（英语的和俄语的）可译成《真实的评述》，但是那西班牙语是否也是这样的意思呢？最初我就是这样译的。读者也未必知道有一本17世纪的西班牙语的书是以此“命名”的。然而，我对于这样“译”总不放心。怀着不安的心情，我去找我的“师弟”、西班牙语教师赵振江。我把自己译的俄语书名读给他听，他一听就明白了。他告诉我：这是一部著名的关于西班牙殖民史的书，译成汉语是《皇家述评》。瞧，这与《真实的评述》相距太远了。后来赵振江教授还告诉我西班牙语中real、reales的意义（“皇家的”“王室的”），并举Real Madrid为例，此词组意为“皇家马德里（队）”。通过“访师问学”，我进一步体会到：一名之译，慎勿苟且。

校内外一些朋友常对我说：不在北大，你是译不出《文字的产生和发展》这种书的。诚哉斯言。我之所以能译出它，一个重要的条件就是我在北大有许多“一字师”。正如我在该书第一版“译者前言”中写的：“一些专业性较强的问题，我们请教了北京大学季羡林、杨业治、刘麟瑞（阿拉伯语）、裘锡圭（中文系，古文字学）、殷洪元（印地语）、王廷荣（法语）、赵登荣（德语）、赵振江（西班牙语）、叶奕良（波斯语）、崔荣林（日语）、张会成（阿拉伯史）等学者专家，得到了他们的宝贵帮助。”此外，还有一些当年东、西语系的老师未列入，如韩振乾、朴忠禄（朝鲜语）、黄敏中（越南语）、楚勒道日格①（蒙古语）等。其实，一些老师不只是我的“一字师”，而是“多字师”，多次请教的“一字师”，如该译本的责任编辑胡双宝先生。从他们那里，我不仅学到了相关的人文社会科学的知识，而且也多少知道了一点相关语言文字历史的知识，更重要的是，从他们那里学到了严谨求实的学风、敬业务实的工作作风。几十年来，我把自己在北大的“受教育”寓于求知问学之中，寓于访师闻“道”之中。

① 原文中误笔，应为楚勒特木。——编者注

受教育记之三·“俄罗斯年”忆师友[①]

2006年元旦，中国国家主席胡锦涛和俄罗斯总统普京互致新年祝贺。对于2006年在中国举办“俄罗斯年”活动和2007年在俄罗斯举办“中国年”活动，双方认为：“中俄互办‘国家年’活动，是两国关系史上的创举。”[②] 在中国和俄罗斯两国人民把传统友谊推向美好未来的时候，我不禁想起了当年向苏联学习的点滴往事。

20世纪50年代前、中期，北大俄语系在学习苏联方面占有较多的有利条件，走在全校前列。一个系科的发展首先是看它人才的培养、师资的配备、科研的水平和教材的建设。俄语系在这方面采取“多管齐下”的办法。一是接纳从苏联留学回国的青年

① 原载于《北京大学校报》，2006年3月5日。

② 《中俄互办“国家年”增进政治互信 推动经贸合作》，见 https://www.gov.cn/govweb/jrzg/2007-11/06/content_797486.htm。——编者注

学者，例如接收了对北大俄语系建设做出了较大贡献的龚维泰、孙念恭、武兆令等；二是利用苏联教师多的有利条件，培养自己需要的人才。当时设有文学和语言两个研究生班，根据新制的教学大纲，由苏联专家授课。参加研究生班的学员都是仔细挑选的留校教师和高年级学生（文学班还有许多国内其他高校来的进修教师）。这两个班的大多数人后来均成了北大俄语系和其他高校的教学科研骨干。与此同时，俄语系其他在岗青年助教一律随班听课，借以普遍提高俄语语言文化水平。此外，俄语系还采取就近培养的方式，利用在系苏联教师的专业特长，根据俄语系课程设置的布局和要求，专门抽调几名青年助教脱产学习，分别在专家指导下主攻一门主课，兼修其他相关课程。

当时俄语系党政领导研究决定，由语言教研室的于钟莲、丁辽生和我三人脱产学习。对我们的要求是：苏联专家回国后必须由我们顶上专家所授的课程。

1956 年初的一天，教研室主任田宝齐教授找我，把要我脱产跟专家学习的决定正式通知我。我根本没有思想准备，感到很突然。待到田先生说决定让我专门学习古代俄语时，我就感到更加愕然了。尽管当时普遍奉行“服从组织安排”的原则，但我还是要求让自己考虑后再做答复。因为当时我有顾虑，也有畏难情绪。我心想，我的现代俄语水平还亟须提高，恐怕难以学好古代俄语；而且，这门课是冷门，我担心学而难以致用。在学习古俄语方面，我受到我尊敬的外语界前辈学者李赋宁老师的启发和影响较大。当时，不满 40 岁的李先生正给英语专业研究生讲授英语史。而李先生是在国外读研究生时学的英语史等课程。李赋宁先生自己曾说：“我在耶鲁大学英文系研究院学习了四年，集中研究了古英语、中古英语、乔叟、莎士比亚、19 世纪英国浪漫主义诗歌、拉丁文、英语史、大学二年级德语等课程。”我心想，自己虽然没有他学古英语的客观条件，但可以从主观上找弥补的办法。勤能补拙，勤也能补“缺”，只要锲而不舍，就能金石可镂。

感谢学校和系里为我先后安排了两位苏联语言专家授课，学习从 1956 年下学期开始。两位老师中，一位是在俄语系工作的 A. 克里钦。他在六院 208 号专家办公室给我和田宝齐教授上“小班”课（不久田宝齐因病退出）。专家主要讲俄语历史语法，同时批改书面作业，我在四个月内做完了苏联出版的、供高校学生用的古俄语练习集。如今，这厚厚的练习集成了苏联专家帮助我们的见证物。1957 年初，A. 克里钦完成在华任务回国。

另一位苏联专家叫科则列夫，他是专门由北大校方出面从当时的北京俄专（北京俄语学院）聘任来校授课的。1957 年上学期开始授课，一周一次，听课的学生也仅我一人。这位来自外校的专家不属于北大，因此俄语系多数人不认识他。他每周风雨无阻，按时来到六院 208 室。他主要讲解古俄语文献并质疑、答疑。我们没有黑板粉笔，师生共坐一张沙发上，采用问答式的教学方法。上课一开始，由我把自己准备的古俄语文本口译成现代俄语，老师随时指点和纠正，然后就其中的语言问题和一般文化知识问题互问互答。我们使用的教材是当年苏联教育部审订的高校教材《俄语史文选》。

时间十分短促，仅 16 周，在这有限的时间内，我在苏联教师的指导下想尽量多读一些古文献材料。因为我知道，“过了这个村就没有这个店”了，我必须争分夺秒、只争朝夕。我也预感到，将来在教学中少不了会面临许多困难，会长期处于单兵作战、独当一面的境况。我粗略统计了一下，在1956—1957学年度内，包括课上、课下时间，将近2 000学时。老实承认，不花这么多时间、费这么大功夫，要了解（且不说掌握）这样一门课程、一门知识、一门学问，简直是完全不可能的。科则列夫先生于1957年完成任务回国。我也能够于1957年下学期第一次为俄语系高年级学生开设选修课“俄语历史语法”。这也是我在20世纪80年代以前唯一一次上这门课：1958年初，我们北大200多名教师到北京门头沟区劳动锻炼去了，教课也中断了。

直到20世纪80年代，俄语系开始招收硕士生和博士生时，才有机会给他们重新开设“俄语史”“古代俄语”“俄语古文选读”等选修课。我认为，短短一个学期仅30多个学时，学生只能学点皮毛而已。但是，想到自己当年受到的教育和培养，我就觉得应该利用自己学到的知识来更多地回报社会，回报北大。1996年商务印书馆出版了我和北大历史系教师翻译的内有大量古俄语文献史料的书《俄国史教程（第三卷）》；1997年在北京大学教材建设委员会的资助下，我编著了一本《俄语古文读本》（北京大学出版社）；2003年在商务印书馆的邀聘下，我对黑龙江大学李锡胤教授的古俄罗斯爱国主义英雄史诗《伊戈尔出征记》译注本做了编审校改工作；等等。我知道，我的回报远远不够。我还必须继续努力，希望自己在有生之年能多做一些力所能及的工作，争取在北大的“知识大道”上做一粒合格的“铺路石”。

受教育记之四·听报告[①]

新中国成立以来的50多年里，我听过许多报告。大部分报告的内容是什么，报告人姓甚名谁，恐怕已经记不清楚了。但是，有些报告给我留下很深的印象，使我受到一定的启发和教益，几十年后依然在我记忆的年轮上留下痕迹，让人联想，让人回味，让人反思，让人感悟，让人受鼓舞、受启迪。在我听过的报告中，从20世纪50年代初到“文革”之前，所有的报告都很正式，主题明确，旨意深远，言者有心，听者有意。1951年，我在南昌听了一次关于土地改革（简称“土改”）的报告，当时正要在全地区铺开农村土改工作。报告人刘俊秀是当时的江西省委常委，江西人，参加长征前被家乡人称为“圆鱼客”（家乡话的意思指没有上过学，以打鱼捉鳖为生的人）。令人惊讶的是，一个没有什么文化的“长征客”（当地对那些离家几十年后返家的参加长征的人的称谓）竟然把土改的事说得如此头头是道。

① 原载于《北京大学校报》，2006年9月25日。

1954年，我在武汉大学本科毕业时，武汉市委副书记李尔重——一个知识分子出身的党政干部，给我们毕业生做的报告竟然充满着诙谐、幽默，甚至妙语惊人。他为了让我们年轻人学好专业知识、服务人民，竟以自己相比。我至今仍记得他说："我们算什么？'万金油'干部？"当时引起哄堂大笑。我们这些青年学子是爱戴李尔重的。我国三年特殊时期，有一次当时的农业部部长廖鲁言来北大给师生员工做农村形势的报告。我至今还记得，他为了说明农民如何克服困难进行生产自救时，也是有声有色地说："农民现在是'上山打兔子，下水捉王八'。"

在北大工作的这几十年，我听过的报告中最令我（不止我，恐怕包括大多数在20世纪50年代上半期就开始在北大学习和工作的师生员工在内）感动和激动的是老校长马寅初的讲话。整个讲话中最激动人心的话是一个称呼："兄弟"及"弟兄们"。马老的报告一开始总是说"弟兄们!"，接着他自称"兄弟"今日如何如何。在当时相互之间只称"同志们"或者"朋友们"的时期，马老的"弟兄们"不仅不让人感到别扭、不当、不成体统，反而让听众感到亲切。一种感染力、亲和力、凝聚力，一种认同感和一种荣辱与共的感情骤然而生。每当马老呼唤"弟兄们"或者自称"兄弟"时，"大饭厅"（百周年纪念讲堂前身）内立即充满欢声笑语，充满震耳欲聋的掌声和欢呼声。那是北大人"荣辱与共"的积极回应!

还有一个我在56年前听过的报告让我记忆犹新。1949年家乡永新县解放，一批当年参加长征的同乡于1950年开始陆续回家探亲。正赶上那年夏天我从高中永新中学（现改名为任弼时中学[①]）毕业。回家的“长征客”中有我们的校友王恩茂将军（曾任新疆维吾尔自治区党委第一书记）。他在我们的毕业典礼上做了一个讲长征和人生道路的报告，我至今仍记得其中几句。我的座右铭也因此而来：“人家是有路的地方才走，我们是有路的地方要走，没有路的地方也要走；人家是白天走路，晚上休息，我们是白天要走，有时晚上也要走；人家是吃饱饭走路，我们是能吃饱要走，没有吃饱饿着肚子也要走；人家是有危险的地方绕开走，我们不管有没有危险、有没有困难，都要往前走。”正是这些生动、深情、富有哲理的话语，指导我以后几十年在人生道路上稳步前进。

① 2018 年 9 月，该校整体搬迁至新校区，复名永新中学。——编者注

受教育记之五·想起了家乡的“长征客”①

2006 年 10 月，全国各地都隆重纪念中国工农红军长征胜利 70 周年。在这些日子里，我想得很多：想起了毛泽东当年写的《长征》中的诗句“红军不怕远征难，万水千山只等闲。五岭逶迤腾细浪，乌蒙磅礴走泥丸……”；更想起了那些参加长征的红军战士，特别是我家乡的“长征客”，想起了从他们那里受到的教育。

我的家乡是江西老区——井冈山麓的永新县。当年参加红军的“永新人”，可说数以百计。1949 年永新被解放，而率领部队的是“二野”十八军军长张国华将军——他是在十五六岁时就参加长征的永新北乡人。那些经历长征、抗日战争和解放战争岁月的红军老战士，在离开家乡十几年后，于 1949、1950 年陆续凯旋还乡，受到家乡人的盛情欢迎，被尊称为“长征客”。这里的

① 原载于《北京大学校报》，2007 年 1 月 12 日。

“客”字有出门在外立身创业之意，通常那些在外求学谋事或从政经商者被称为“出门客”。

新中国成立后我听到的第一个“讲演报告”就涉及长征，而报告人也是一名长征客。那是在1950年夏，我们永新中学高三毕业班举行毕业典礼。校方特意请当时刚回乡的他来参加我们的毕业典礼，并给全校师生做报告。参加革命前他曾是永新禾川中学的学生，他的同学中还有其他长征客。

这个报告朴实无华，但生动感人。因为他讲的是长征的故事；但是他讲的又不是关于那一个个战役、一次次战斗，他讲的是自己的亲身经历和深刻感受。与其说他是在讲长征，不如说他在讲长征中“如何走路”。我把听到的这第一个“报告”当作自己人生路上的第一个启蒙教育报告。

他用鲜明的对比的手法，具体阐明红军战士是如何在充满艰难险阻的路上，“开动了每人的两只脚，长驱二万余里”的。

路是人走出来的。这就是红军长征走过的路，这就是红军长征精神的具体体现！那些启示性、开导性的言辞，对我们青年学子在今后人生征途中如何“走路”具有深刻的教育意义。

受教育记之六·重读蔡元培的就职演说[①]

纪念校庆，北大人总忘不了曾对北大发展进步做出过贡献的老校长们；而谈到蔡元培校长时，人们又总是赞誉他的教育思想，特别是他的对文化教育发展具有深远意义和影响的理念：兼容并包，思想自由。今天，当我重读91年前蔡元培先生发表的《就任北京大学校长之演说》（1917年1月，下简称《演说》）时，对他的教育思想和理念就更有一番感受，有更深一层的认识，而且受到一次更深刻的教育。

蔡校长的《演说》不长，但内容深刻，见解精辟，言近旨远，极富教益；特别是《演说》联系当时实际，让人读后不禁浮想联翩，抚今追昔，不胜感慨系之。在《演说》中，他把北大学子的全面成长同学校的荣辱毁誉、社会的移风易俗、国家的兴衰存亡联系起来。正如孟子所言："人有恒言，皆曰'天下国家'。

① 原载于《北京大学校报》，2008年3月26日。

天下之本在国，国之本在家，家之本在身。”（《孟子·离娄上》）从某种意义说，北京大学就是北大学子之“家”。

蔡元培校长对于当年的北大学生寄予很大的希望。他在《演说》中从三个方面提出对北大青年学子的要求：“一曰抱定宗旨”（即关于学习的目的）、“二曰砥砺德行”、“三曰敬爱师友”。这三点对所有学人，特别是今天的北大人，仍具有重要的现实意义。联系校内校外实际，我认为，“三点”中的“砥砺德行”，对于学界更具有警示作用。

《演说》中之所以强调“砥砺德行”的重要，强调“修德”“讲学”之必要，都是为了使北大人自己“根基深固”、品行严谨，做“卓绝之士”，并“以身作则”矫颓俗，树正气，感世人，以振兴国家为己任。

北京大学历来以其优良的学术传统，严谨的学风文风，卓越的学术成就，以及深厚的学术根基和广大教师的学养而享誉国内外。与此同时，历任老校长们的治学理念，北大人的敬业精神，以及老一辈学者的道德文章和风骨风范，永远成了我们最宝贵的精神财富，我们必须继承、发扬；加之今日北大人正以最大的努力创建世界一流大学，更为世人称颂。

但是，我们不能不注意到，当今一些社会“颓俗”正影响着学界，危害着学人：“净土”被污，学界“流俗”，德行不砺，正气不张；浮躁之风，浮华之气，浮夸之言，浮浅之作时有出现。学界不时暴露“败德毁行之事”：某些学人学风不正，学术行为不端，弄虚作假，丧失诚信；更有甚者，个别人投机取巧，沽名钓誉，蝇营狗苟。他们败学校之声誉，毁教育之根基。在个别地方，“教育资源”被个别人控制，“学术话语权”被“垄断”，以致“思想自由”受禁，学术民主受限。因此，这类现象受“外人指摘”，“为社会所訾詈”（《演说》）。这也就不足为怪！

所有这些情况应引起我们的重视，特别应受到各级领导的高度重视。当然，有时“外人指摘”不当，但我们应如蔡元培校长所告诫的，“弭谤莫如自修”，即“砥砺德行”，做到自省自律，自尊自重，自爱自强，充分发扬“学术民主”和“思想自由”，把个人“严谨品行”同学校的“毁誉”连在一起。正如蔡校长在《演说》中所说：“盖同处此校，毁誉共之。”重温蔡元培先生就职北大校长时的演说，我们应谨记毋忘，共勖共勉。

受教育记之七·马寅初：学术的尊严不能不维护[①]

“学术的尊严不能不维护”——这是老校长马寅初留给我们的重要教导。多年来，它成了我们的“座右铭”，一直在提醒并教育着我们北大人。

20 世纪 50 年代，马寅初先生提出了深刻反映他的学术思想和经济理论的“新人口论”，产生重大反响。

早在 1927 年，当时作为北大教务长的马寅初在纪念北大建校 29 周年的会上，做了题为《北大之精神》的演说：“回忆母校自蔡（元培）先生执掌校务以来，力图改革，五四运动，打倒卖国贼，作人民思想之先导。此种虽斧钺加身毫无顾忌之精神，国家可灭亡，而此精神当永久不死……”“三进”北大的马老，他的这种精神是一贯的。这就是马寅初的“精神魅力”。正如中文系谢冕教授在《精神的魅力·开篇语》中所写：“近百年来，

① 原载于《北京大学校报》，2009 年 3 月 5 日。

这里成长着中国数代最优秀的学者。丰博的学识，闪光的才智，庄严无畏的独立思想，这一切又与耿介不阿的人格操守以及勇锐的抗争精神相结合，构成了一种特殊的精神魅力。科学与民主，已成为这圣地的不朽的魂灵。”这些话说得何等好啊！以马寅初等人为代表的北京大学最优秀的学者就是这样的！北京大学这块学术圣地培养了而且必将培养出更多的像马寅初一样的优秀学者。

今天，学术界仍然面临着“学术的尊严不能不维护”的局面，北大人仍然面临着维护学术道德纪律的任务。学术腐败现象和亵渎学术尊严的现象一直在考验我们学者们的学术良知和学术勇气，令人欣慰的是，有越来越多的北大学者开始认识到“维护学术尊严”的紧迫性和重要性。

请记住我们马寅初老校长的话，“学术的尊严不能不维护”，并以自己的实际行动贯彻之。

受教育记之八·我所崇敬的人[①]

我喜欢听歌曲，特别是带有浓郁地方味的民歌。在中国的民歌中我最喜欢《十送红军》。我喜欢听革命歌曲，特别是那些带有革命浪漫主义色彩的歌曲。在中国的革命歌曲中我最喜欢的还是《十送红军》这首歌。

《十送红军》——它那激动人心的歌词，它那令人神往的抒情旋律，听起来，让我觉得亲切、熟悉，因为它是一种乡音。每当这首歌曲响起，它总是引发我无限的乡思和乡情。《十送红军》的曲调优美动听，听起来它似乎有点“凄婉”，但更多的是雄壮；它的歌词虽然流露出“依依惜别”之情，但更多的是饱含着叮嘱和期盼的深情，洋溢着乐观主义的精神。

歌词中有句“送红军……到拿山”。“拿山”在哪里？“拿山”就在江西永新县的南乡，是井冈山的“北大门”。而井冈山地区是湘赣边界罗霄山脉的中段。新中国成立后，拿山归入井冈

① 原载于《北京大学校报》，2009年11月5日。

山。还有一句，“革命红旗飘四乡”。这里说的“四乡”除指“四面八方”外，在永新人的心目中，还特指当年永新县的“东乡”“西乡”“南乡”“北乡”。永新“四乡”都有一些可称道的地方，例如：南乡有“拿山”，北乡有“左坊”，东乡有“石桥”，西乡有“三湾”（红军“三湾改编”所在地）。

我写这篇短文不单纯是“发思古之幽情”。我之所以从《十送红军》的歌词和旋律谈起，是因为去年（2008年）10月，我们又一次“送红军”——送别102岁的老红军、老将军萧克。他老人家于2008年10月24日在北京仙逝。而今年10月是他老人家逝世一周年纪念。

2006年末，在红军长征胜利到达陕北70周年之际，我曾写了一篇纪念文章，名为《想起了家乡的“长征客”》（在我的家乡话中，“客”具有尊敬意味，如对那些出门在外从学、从商、从政的人，都称为“出门客”——笔者注）。文中提到一些“永新人”。萧克将军是湖南人。1947年秋我第一次从湖南回到家乡永新县读高中。在北乡一都左坊听到父老乡亲们讲红军的故事，他们说得最多的是三个人，即朱德、毛泽东和萧克。在这里我们不能不提到萧克将军的长篇小说《浴血罗霄》。这是一部纪实性的“小说”，以真实的表现手法，记载了红军战士浴血奋战的史实。该书曾获茅盾文学奖荣誉奖，有评价说，这是一部中国的《铁流》，甚至比《铁流》更加气势恢宏。

说到《铁流》，人们自然就谈到我国俄语界前辈、我们北京大学俄罗斯语言文学系的老系主任曹靖华教授。《铁流》是曹老翻译的代表作之一。早在20世纪30年代，鲁迅计划编《现代文艺丛书》，先选了10部，其中有《铁流》。鲁迅特约当时还在列宁格勒（今圣彼得堡）的曹靖华翻译它。《铁流》的译者是曹靖华，编校者是鲁迅，序言的译者是我党早期的领导人之一、精通俄语的瞿秋白。

受教育记之九·八十非年少，重出为业兴[1]

还有两个多月我就进入耄耋之年了！

这篇小记既不是我的“八十抒怀”，也不是我的“八十感言”。我只是记下2009—2010这个学年度。一个退休教师谈“时间”和这个时间内经过的事还用所谓“学年度”，这是不是有点儿“守旧”？其实并非如此。

从1954年8月我开始在北大俄罗斯语言文学系当助教时起，至今已过去了56年，56个学年度。

2010年5月4日是我难忘的一天：上午外国语学院的领导和俄罗斯语言文学系的师生（包括离退休教师在内）济济一堂，祝贺龚人放教授95岁华诞和顾稚英、乔振绪、杜凤珍、何端孙、赵欣及我六位教师年届八十；下午举行全系的“五四科学讨论

① 原载于《北京大学校报》，2010年5月25日。

会”（这是我外语院系恢复北大学术传统的举措之一）。据我的记忆，在我系历史上，这种盛会恐怕还是第一次。

我们这些普通的教师是幸运的，年届八十，受此殊荣。但回首往事，依然让人唏嘘不已。

1995年我正式退休，离开了讲坛。老年了，该干些什么？能做些什么？我国有“活到老，学到老”的人生格言，也有“老有所为”“老当益壮”等鼓励的话。所以，正式退休后，我一方面整理资料，准备编写一本“十七世纪俄国文学”（这也是受到我的学术“引路人”之一，北大英语系杨周翰教授及其专著《十七世纪英国文学》的影响），另一方面，我于去年6月左右，接受了外语学院和俄语系的负责人向我提出的“返聘”：于2009—2010学年度为俄语系的硕士生和博士生（包括外校在职博士生）开设为期一学年的“古代俄罗斯语言文学”课。我欣然接受了这次返聘。

2009年和2010年，对我们从事俄语教学和翻译工作的人来说，是具有特殊意义的两年：2009年是中国的“俄语年”，2010年是俄罗斯的“汉语年”。开展“语言年”的活动，有助于中俄两国和两国人民进一步加强全面合作，加深传统友谊，广泛开展文化交流。

2009年9月初，我在离开讲坛15年后再次“披挂上阵”了。我虽做了充分准备，但仍难免“心绪不宁”——因为这门课是我在1956—1957年时专门脱产先后跟两位来系工作的苏联专家学的，距今有50多年了；而“最近”一次上这门课（给俄语系硕、博们讲授）是在1993年前后，我在北大教材建设委员会（1995年）资助下编写的《俄语古文读本》（北京大学出版社，

1997年）也有十几年了。我担心“忘”，也担心“乱”，怕有时难免“老糊涂”。确实，现在我的“视力”很不济，真是“老眼昏花”了。

上第一节课，我用事先准备的两句自勉、壮胆、明志的话作为开场白——“八十非年少，重出为业兴”（内嵌我的名字）。没想到它引起了同学们的兴趣。听众议论纷纷，建议修改其中那个“非”字，改成“八十正年少”“八十仍年少”“八十胜年少”等。重新与青年学子在一起，感受他们的青春活力，这未尝不是一次自己“学到老”“老来学”和又一次“教学相长”的受教育的机会。到今年6月中，我们这一学年度的教学就将结束了。

今年“校庆”那天，返校的校友系友很多，几乎历届的毕业生都有。非常感谢我系65级同学、我校东方学系教授谷向阳为七位“被祝寿者”撰写楹联相赠。其中赠我的内嵌名字的对联是：“少壮文章登大雅，兴隆事业恋名山。”这又是一次对我即届“八十”时的鼓励、肯定和教育。感谢北大，感谢北大人。

受教育记之十·“严”字当头，我的认识和亲历[①]

一

20世纪70年代末至80年代初，我国教育领域采取了两项重大举措：恢复高考招生制度和建立研究生培养体制。正是在这个时候，我被借调到成立不久的国家教委学位委员会工作。我的直接领导是时任北京大学副校长、国家教委副主任、学位委员会主任黄辛白同志。此外，当时的一些中央部委也成立了相应的学位委员会，专管部委属的高等院校。所有部委的学位委员会都属国务院学位委员会领导。

在初级阶段，研究生培养体制以培养硕士研究生为主。有条件的高校可以招收少数博士研究生。国家教委学位委员会在“一

① 原载于《北京大学校报》，2011年5月26日。

级学科”下设多个学科“评议组”，并由教委从国内一些高校选聘若干德高望重的学者和资深教授为各评议组的成员。例如，外国语言文学评议组（下称“外语评议组”）选聘了 16 人：北京大学季羡林（组长）、李赋宁、杨业治、刘振瀛，南京大学陈嘉（副组长）等 2 人，北京外国语学院（现为北京外国语大学）王佐良等 2 人，上海外国语学院（现为上海外国语大学）杨小石等 2 人，复旦大学杨岂深，中山大学戴镏龄，武汉大学 1 人，东北师范大学 1 人，黑龙江大学 1 人，山东大学 1 人。这 16 人中英语 7 人、德语 2 人、法语 2 人、俄语 2 人、日语 2 人、梵语 1 人。

教委的各学科评议组审议和评定各高校申请单位的“资质”，即是否可以“设点”培养研究生并获得“学位授予权”。当时申请“设点”的高等院校外语学科约有 100 个单位（分别以院校或者以系为单位，少数多语种的院系则以教研室为单位，如北京大学东语系等）。英语居多，近 70 个单位；俄语次之，约 20 个单位；其他语种（德语、法语、西班牙语、印地语、朝鲜语、日语、阿拉伯语等）的申请单位也有，但不如现在语种多；而且绝大多数是申请设“硕士研究生培养点”的，只有少数单位申请设“博士研究生培养点”。

所有申请单位按照教委学位委员会制定的“条例”（条件）如实申报，并于评议会审议之前向教委学位委员会提交申请表。当时规定的“条件”是所有学科共同的，即：申请设点单位的办学经历、办学条件、教学水平和质量、人才培养、科研（包括教材建设）成绩、师资力量（如师资配备、梯队建设等）、教学设备、图书资料等等。这些条件的提出是以当时的国内各高校的实际情况为基础的。

1981 年一开始，我就去当时的教委所在地上班了。我的办事地点就在“外语处”（一个办公室两个“摊子”）。我们的前期工作是对所有“外语”申请单位的“申报材料”进行整理、归类、研究、核实，与一些单位就某些问题联系，并进行质疑和查对；而后期工作是在评议组成员来到后配合评议组正副组长的工作，向评议组成员“报告”申请单位的情况，回答他们的问题，提供整理核实的材料供他们逐个审议和做出决定（即“秘密投票”表决该申请单位设硕士研究生或博士研究生培养点是否“合格”）。我们对于评议组的决定不打听、不过问，而是由组长封好表决票后直接转交给教委学位委员会，然后由教委相应机构将议决结果发文通知各院校及其申请单位。

有两件事我至今记忆犹新。一件是我在审核俄语申请单位的材料时，发现只有两所高校申请设博士点，即黑龙江大学和西安外国语学院（现为西安外国语大学）。我汇总全部材料加以比较，同时考虑我国俄语教学科研的实际，觉得当时最好申请设硕士点（因为这有可能被评议组通过）；否则，“博士点”不被通过，而且连“硕士点”也可能“失去”。当时黑龙江大学俄语系负责人正好在京，我建议他速与学校联系，“修改”申请材料，重新提出申请。此事后来果然奏效。另一件是南京大学外文系以我国老一辈著名学者、英国语言文学教授（前系主任）范存忠先生的名义申请设“博士研究生培养点”。照一般情况而言，这毫无问题。范先生德高望重，学问高深。但是，当我了解到范老当年已近耄耋之年，且卧病住院时，我觉得范老先生一时半会恐难出院，即使出院也难以投入工作（因为当时北大俄罗斯语言文学系 84 岁的曹靖华教授也同范先生一样生病住院）。正好南京大学外文系秘书在京，我同他商量，可否换人“替代”范存忠教授。后来此事也圆满结束。

1981年春夏之交，来自全国多所高校参加各学科评议组的学者专家教授们，进驻北京西颐宾馆，正式开始评议工作。来自北大各系的教授最多，除外语专业的四位先生外，还有其他系科的评议组成员，如王力、冯友兰、邓广铭、丁石孙、谢义炳、赵宝煦等90人。

二

常言道，万事开头难。在全国范围内创建研究生培养体制，开展有规模的研究生培养工作，这在我国教育史上，在我国人才培养的战略上，是空前的壮举，是一项伟大的事业，具有重大的历史和现实意义。当时有一种想法：因为此项工作处于“初创”阶段，所以“步子”不是很大，只能在取得一定经验教训后，逐步展开。当时全国高校没有现在多。但改革开放一开始，普遍有一种振兴教育的迫切愿望和热情，申请“设点”的积极性很高；与此同时，各类问题和困难也不断出现，特别是在后来的高校“扩招”、中专“升格”、浮躁之风愈刮愈猛的情况下，出现了一些事与愿违的现象。

鲁迅先生在短篇小说《高老夫子》中除了塑造受聘于“贤良女学校”的“高尔础”这个形象外，还写了别号“玉皇香案吏”的该女校教务长这个人。此人有这样的话：“兄弟以为振兴女学是顺应世界的潮流，但一不得当，即易流于偏……”（注：笔者不完全同意此“教务长”的话，故用虚点略去。）我只是借用

“一不得当，即易流于偏”这两句话，作为一种“警言”。

怎样才能“得当”而不“流于偏”？我在列席评议组的审议研讨会上，从众学者（他们多数人留学欧美并获得学位）的发言中，获益匪浅，受教良多，并从中得出一个结论：要防止“流于偏”就必须“严”字当头。学者们议论到要“保证质量”有时就必须“宁缺毋滥”；要防止“不当”就不要不顾条件、“人为”地“升级”，抬高“档次”，盲目“扩招”；还要防止不切实际地“攀比”、只要“面子”不顾“里子”、只图虚名不讲实际等做法。

记得学者们在议论一些单位的“申博”或“申硕”的师资条件时，用国内高校俄语专业为例，认为俄语专业个别人完全具备招收博士生的条件——此人就是北京外国语学院的李莎教授（李立三同志的夫人）。这在当时简直是“凤毛麟角”。人们理解：招收博士生就要切实指导博士生的学术成长，而导师是关键。这是指导博士生的专家学者的“学术传承”方面的重要事业。

所谓“严”字当头，首先是学术指导者（即现在普遍用作“荣誉称号”的博士生导师）要严于律己，要学术严谨，学行端正，要有责任心和敬业精神；对人对事要严明公正，严肃公正，严格要求，严谨求实。其实，这个“严”字也是我们北大治学传统精神的重要组成部分。当年“大饭厅”（现“百周年纪念讲堂”）前面有“勤奋、严谨、求实、创新”八个大字作为北大人自勉之词（不知如今这八个字放在何处）。几十年内在北大历任教务长、副校长、校长的周培源教授曾提出并亲自实践“三严三基”的教学方针。这“三严”是：严谨的学术风气、严密的教学安排、严格的教学训练。窃以为这对当前我校的教学仍是适用的；当然，这“三严”要求也应是我们“设点”培养研究生时所要考虑的。

三

1981年夏秋之际我完成了借调在教委学位委员会外国语言文学评议组所从事的工作任务，带着在工作期间得到的收获——首先是“严字当头”的训练和认识——回到北大，准备俄罗斯语言文学系将于1982年春招收“文革”后第一届俄语硕士研究生的教学工作。从1982年到1995年退休，我把从老一辈学者那里学到的严谨学风和严于律己的精神，贯彻到自己的教学、科研和后来的著文写评等学术工作中。

30年（1981—2011年）来我国的人才培养事业发展很快，研究生培养工作取得很大成就。他们中许多人在国内政治、军事、经济、文化、教育等多个领域做出了不小的贡献和较好的成绩。但是，我们也不能不看到，在我们的教育事业发展过程中，那种“一不得当，即易流于偏”的现象依然存在：只求数量，不顾质量；只图虚名，不求实效。

2003年1月29日《南方周末》发表了该报两名记者的文章《博士“大跃进”》。文中写道：“目前（笔者注：这个“目前”离1981年已有22年之久了），中国的在读博士生人数已经达到12万多人，仅次于美国和德国。按照教育部的规划，到2010年，中国授予博士学位的人数将达到5万人，跃居世界第一。”

请注意上面那个“目前”及几个数字。

2011年4月15日《北京大学校报》载文《鲁安怀教授：加强博士研究生培养体制改革》（鲁教授将其作为一项“提案”在今年两会上提出），内中写道：“我国是博士研究生培养大国，目前每年招收博士研究生接近25万人。”该文还写道：“按照规划，到2020年招收博士研究生数量还要大幅度增加。”也就是说，十年后“招博”人数将大大增加。

笔者读到这类“文字”时，不仅喜忧参半，而且疑信参半。中国是人口大国，大量“招博”是可能的，中国成为博士生培养的“超级大国”也是可能的，但关键问题是：我们是否具备一切必要的客观条件？我们所有的“博导”是否具有“与时俱进”的学术能力和水平？我“喜忧”和“疑信”参半的是：是否有名有实？是否有量有质？一句话：是否“严字当头”？没有严师，出不来高徒！没有大批的严师，培养不出大批的高徒！

受教育记之十一·那雕像，那眼神[①]

立在俄文楼前面，掩映在高大挺拔的银杏树和苍松翠柏间的李大钊像，是北大校园内著名雕像之一。这是一座安放在一米多高的人造花岗石基座上的半身雕像。雕像的面部轮廓、浓密的微翘的八字胡，一对稍稍眯缝、凝思默虑的眼睛，以及眼角处若隐若现的细纹，特别是透过眼睛而显露的眼神，还有那面部表情……这一切都让人不由得赞叹艺术形象的生动和雕塑家（作者傅天仇）高超的造型技艺。

是的，每当我路过，我总是被那雕像的眼神和表情所吸引。因为那是这个艺术形象表现出来的令人产生无限遐思的神情。如果你仔细端详这雕像，你同样会看出一些端倪。你看吧，那眼中总含有几分期待，几分忧郁的神情；他，大钊先生，似乎在凝思什么，期待什么，又好像在探问什么，叮嘱什么……李大钊像是1982 年由“文革”后恢复高考考入北大的两届同学——1977 级

① 原载于《北京大学校报》，2012 年 4 月 15 日。

和 1978 级全体同学敬立的。把这座雕像立在俄文楼前，这个选址是正确的，是北大人经过认真考量的。

今年，是院系调整后北京大学由城内“沙滩”迁入燕园六十周年，同时也是俄文楼命名六十周年，又是俄文楼前敬立李大钊像三十周年。这座雕像的建立把这六十年分成了前三十年和后三十年。但俄文楼却是这两个三十年内北大沧桑变化的见证者。例如，此楼几易其主，但楼名始终未变；再如楼前场地的变化——二十世纪五六十年代，此处曾是师生在俄文楼上课后做课间操或者文体活动的地方；“文革”期间，为了“学工学农”，此地改成菜园，种上西红柿、大白菜；不久又将菜地连同南侧的静园辟为果园，种上了桃树、苹果树等。

今年，又是二十世纪初中国先进知识分子代表、共产党人李大钊同志慷慨就义的第八十五个年头。革命先烈李大钊同志心忧天下，心系庶民（他为祝贺俄国 1917 年工农革命胜利而写了《庶民的胜利》等文）。他就像是鲁迅先生当年说的那样的人：“我们从古以来，就有埋头苦干的人，有拼命硬干的人，有为民请命的人，有舍身求法的人……这就是中国的脊梁。”（见《中国人失掉自信力了吗》）这也代表了国家和民族的精神。李大钊先生就义时是北京大学的教授，因此他也代表了一种北大精神。就在这一年，当时的北京大学教务长马寅初教授在愤然离开北大之前做了题为《北大之精神》的演讲：“回忆母校自蔡（元培）先生执掌校务以来，力图改革，五四运动，打倒卖国贼，作人民思想之先导。此种虽斧钺加身毫无顾忌之精神，国家可灭亡，而此精神当永久不死……”今年还是马老诞辰（1882 年）一百三十周年纪念。

1954年8月，我带着武汉大学颁发的、由当时校长李达签名的毕业分配证来北京大学报到。我第一次踏进俄文楼，在俄罗斯语言文学系的办公室登记在册。从此，我成了北大人，也与俄文楼结下了不解之缘（二十世纪五十年代这里是俄语系教学办公的地方，教师还实行“坐班制”）。俄语系搬入六院之后，我们教师去六院活动，多数人也总是经过俄文楼。我退休后每次来校园散步或者办事，也总要路过俄文楼，特别在俄文楼前立有李大钊像后，我进校园的路线似乎固定了：进西校门，经过办公楼和档案馆，穿过南阁北阁之间，踏入通向俄文楼和楼前李大钊像的小径。每次我总要在雕像前停下脚步，站立一会儿，注视一会儿；我总是禁不住被雕像的面部神情所吸引，而且总是浮想联翩。想得最多的是守常先生的话：“铁肩担道义，妙手著文章。”这话不仅是他个人的“立身”“立学”的写照，也是对我们“为人”“为学”的教导。

当年北大旧址沙滩红楼内的李大钊工作室，早已成为人们参观瞻仰的革命圣地。如今，北大燕园的俄文楼，特别是楼前的李大钊纪念雕像和周围环境，不仅是人们参观游览的胜地，更是人们拜谒瞻仰的圣地。我真希望，来到这里的人，不管是不是北大人，不妨重温一下革命前辈李大钊的话，“铁肩担道义，妙手著文章”，从中得到“为人为学”的启示。

受教育记之十二·学习前辈学者的严谨学风[①]

一

在北大生活工作近六十年，我受到的教育是多方面的，而其中最值得自己珍重的是北京大学的学术传统精神的教育。我在本文中谈到的前辈学者的严谨学风，在一定程度上就表现出北大的学术传统精神。他们是北大前西语系（后为英语系）的已故著名学者朱光潜、杨周翰和李赋宁。

这三位先生的为人为学在我国学术界，尤其外语界，是有口皆碑的，对我们的教学科研，对我们的学风建设，有过并将继续具有良好的影响。虽然我一直在俄语系工作，没有可能在课堂内聆听他们（以及其他外语系教师）的授课，但可以从他们的著

① 原载于《北京大学校报》，2013 年 9 月 3 日。

述、他们在校内外的学术活动，以及人们对他们的文章介绍和评价中受到启迪与教育。其实，北大外国语学院著名的前辈学者又何止他们三人！

北大的学术传统精神的一个重要方面就是学风建设和严谨学风的坚守与传承。没有严谨的学风就难以保证有正确的学术思想、端正的学术态度，就没有严谨的文风和译风（尤其对外语专业的人而言）；没有严谨的学风，所谓继承和发扬优良的学术传统精神，就是一句“空话”。

朱光潜、杨周翰、李赋宁三位先生在“学风”上对我的影响，使我深刻认识到，在一切学术活动中必须遵循“学风严谨”的道路。

三位前辈先生的学术活动是多方面、多领域的：朱先生不仅被学界尊称为“美学大师”，也被认为是“翻译大师”，他译的许多西方名著，如克罗齐的《美学原理》、黑格尔的《美学》等难度很大的学术专著，在学术界享有崇高的声誉。杨周翰先生是著名学者、翻译家和文学批评家，毕生致力于学术研究和英语语言文学教学工作，他的著述和译作甚丰。李赋宁先生同杨周翰一样，都是英语名家，都是北大和外语界的名师。早年杨周翰、吴达元、赵萝蕤等先生编著的《欧洲文学史》，后来李赋宁总主编的《欧洲文学史》，以及他自己写的《英语史》和他总结的《学习英语与从事英语工作的人生历程》等著作，成了整个外语界共用的教材或教学参考书。我把三位前辈在学风方面的表现概括为：严谨、求真、务实、律己。下面我将极简要地介绍几个事例，说明他们在学风方面对我所起的引导作用。

二

记得在2005年上半年，北京大学外国语学院编辑出版了《李赋宁先生纪念文集》（纪念先生逝世一周年）。文集中收入了我写的一篇纪念文章，名为《学习赋宁先生的严谨学风》。我在文中用了李先生在《北京大学校报》上发表的文章《吴门问学小记》中的一段话：

“我非常感激清华大学外文系的优良传统和吴达元老师的辛勤、严格的教学，使我的法语基本功打得比较好，对我以后深入学习西方语言文学是完全必要和非常有利的。首先，我学会了一丝不苟的严谨学风，对准确和不准确，像对真理和谬误、是和非、美和丑、善和恶一样，加以泾渭分明的区别，而且做出了选择，养成了习惯。”

我把李先生的这段话奉为圭臬，当作我为人为学的座右铭，也是我们治学的“要领”。我在多处（多篇文章中）反复引用这段话；我认为，李先生的这段话体现出他严于律己、正直为人、尊重前辈、关怀后来、严谨治学、匡正学风的精神。尤其是他强调的“一丝不苟的严谨学风”和为此“做出了选择，养成了习惯”，更是值得我们后辈永远记取和不断践行的至理名言。

2013年3月，北京大学出版社出版了我编译注的《十七世纪俄国文学作品选读（十七世纪俄语—汉语对照）》；这本书是我们正在编著的《十七世纪俄国文学》的组成部分。我在书的“前言”中写道：“我们的《十七世纪俄国文学》的编写，也是受到了杨周翰等前辈学者的学术思想的影响。”但今天我们仍然要强调说，该书的编写完全受到杨周翰等前辈学者学术思想和学术著作的启发和引导。

杨周翰先生的学术著作和翻译作品很多，对我较有影响的是他的学术专著《十七世纪英国文学》（北京大学出版社，1985年）。这本专著被誉为“新中国成立后英国文学研究领域中最有分量的学术力作”。那么，我从这部学术力作中得到了哪些启迪呢？

杨先生在《十七世纪英国文学》的“小引”中写道：“就以外国文学史而言，通史已出不少，似乎可以多出一些断代史。”他热切“希望有更好更完整的断代国别文学史出现”。杨周翰先生站在读者和青年学子的立场上，从他们的实际出发提出一个切实有效的建议：“由于这里①的作家大多比较陌生，他们的作品也大多没有译本，所以尽量多译些选段，以免空谈，读者也可据此判断所论是否得当。”杨先生的“可以多出一些（文学）断代史”和“尽量多译些（文学作品）选段”的这两“多”精神，是撰写“外国文学史”专著所表现出来的一种“新风”，而且也是严谨求实学风的具体表现，对我们“俄罗斯文学史”的编写和选材，具有一定的指导意义，对于弥补长期缺失的俄罗斯文学的“断代史”和填补历来“无人问津”与无人翻译的某些文学作品来说，更是如此。因此，我们必须本着杨周翰先生倡导的学风文风尽心尽力地编写出更好更完整的断代国别文学史——《十七世纪俄国文学》。

① 指十七世纪英国文学作品。

三

在北大的老一辈学者中，朱光潜先生是我最崇敬的一位。他的学术思想（包括翻译思想）和学术活动（包括翻译实践等）与他的严谨学风（包括“译风”）密切联系。朱先生对于翻译（不论是“自译”还是“他译”）总是抱着严肃认真、一丝不苟的态度，首先是他严于律己，精益求精，对他人同样严格要求，同时又与人为善的态度，而且他总是把译笔译风问题提升到学风是否严谨的高度。

我们知道，朱光潜先生早年留学欧洲，时间长达八九年，精通几种欧洲语言；新中国成立后，他年过半百还参加北大举办的“俄文速成班”。20 世纪 80 年代初，朱先生已是耄耋之年的高龄老人了，他开始翻译难度极大的学术专著《新科学》（维柯著），初译时他深感自己对人类古代社会的研究不够，为此，他开始学习钻研“古代社会”，同时又向其他专家学者（如沈从文等）请教有关学术问题。朱光潜先生的好学、求知精神真正给北大人树立了一个“活到老，学到老”的榜样。

同样难能可贵的是朱先生对“学术批评”和“翻译批评”的态度。鲁迅曾经说过：“在工作上，批评翻译却比批评创作难，不但看原文须有译者以上的工力，对作品也须有译者以上的理解。”（见《鲁迅全集·再论重译》）朱光潜先生在“批评翻译”方面表现出的学识和功力大大在“译者以上”。而更加难能可贵的，是朱先生的“与人为善”的严肃批评。

1983 年 5 月，在一次学术座谈会上，有学者在自己的论文中，主张把《费尔巴哈论纲》一文中的 anthropological principle 译成“人道主义”或“人本主义”等。与会的朱光潜先生对此译法极不同意，而且认为该论文作者的学术观点荒诞，译笔谬误。后来，朱先生撰文继续阐明自己的学术观点：

“‘anthropological principle’，这个词决不是‘人本主义’或‘人道主义’，只能译为‘人类学原则’。”“现在，我深感到我们学风有问题。我的话说得厉害一些，我希望……同志理解我的这一番心意，也希望参加这次讲座的同志们也考虑一下我们的学风问题……我用心是好的，我是希望我们的学术走上正轨，大家老老实实地下功夫，说真话，把过去的一些毛病能够改掉。”（见《略谈维柯对美学界的影响》）

朱老的这番话、这番心意和他的“一字不苟”的谨慎，对我有极大的教育意义，我在退休后仍从事的学术活动（包括学术评论和翻译批评）一定程度上也受到了朱光潜等学者的影响。

朱老的这番话，迄今已过去了三十年。但是，今天，我们不妨反思和探问一下：我们的学术（特别是学术批评，包括“翻译批评”）是否已“走上正轨”？我们广大学人（特别是各级教育、学术等部门）是否正视和认真对待我们中存在的“学风问题”？我们的广大教师是否始终坚守学术的“道德底线”？是否努力把自己培养成具有“学术良知”的正直学者？是否“老老实实地下功夫，说真话”，敢于并善于揭露和批评那些不端的学术行为与不良的学风？……我相信，我们北大人一定能做到这些，因为我们北大百余年来有过像朱光潜、杨周翰、李赋宁等一大批最优秀的学者，正是他们给我们和后辈们做出了榜样。

受教育记之十三·学习前辈学者的敬业精神[1]

我尊敬的朋友、北大中文系教授谢冕在《不朽之盛事》这篇文章中写道："我们读屈原、读司马迁、读范仲淹、读鲁迅，读出了世道人心，读出了悲天悯人，读出了光明正大。"我认为，这是谢冕教授极其深刻精辟的读书心得。

但我读今人的某些书文，有时也有相似的"读后感"，而且也读出了他们的为人为学、立身处世。例如，读我们北京大学前辈学者的书文论著，会读出北大的学术传统，读出北大的严谨学风，还会读出北大人的敬业精神、历史担当和独立思想等。

近日重读北大外国语学院李赋宁教授生前写的《学习英语与从事英语工作的人生历程》（北京大学出版社，2005 年）。他在《我与北大人》一文中写道："……至今近半个世纪。在这漫长的岁月里，我所目睹或耳闻发生在北大的好人好事，多不胜书，

① 原载于《北京大学校报》，2013 年 12 月 25 日。

美不胜收。我觉得北京大学师生员工最突出的一个特点就是敬业精神。”“北大人的敬业精神是北京大学优良传统的一个组成部分，必须很好地继承和发扬。”这种敬业精神来自历史（特别是北大的历史），来自人们的责任感和事业心。

赋宁先生根据自己在北大半个多世纪（1952 年从清华来北大起，至 2004 年去世）的亲历或眼见的事例指出：“教师当中，体现敬业精神的例子非常多。”仅李先生的《我与北大人》一篇中列数的北大人就有近百人（在《学习英语与从事英语工作的人生历程》这本文集中列数的清华、北大、西南联大的学人就更多了），其中有他的师辈学者、同辈同事和他教过的后辈师生等。其中不少人我们都见过，一些教师还是我们在业务上的同事。在李赋宁先生介绍的北大人中，有一位他多年在北大西语系英语专业的同事、比他年长 20 岁的前辈学者——朱光潜先生（1897—1986）。

正因为有了像朱光潜先生这样老辈学者的示范，所以赋宁先生才在谈到北大人的敬业精神时很认真地指出：“北大人的敬业精神……必须很好地继承和发扬。这是需要实干的事，不是说了就算的。”

也就是说，必须实实在在地干，执着地献身于自己的学术事业。在这方面，我们就以朱光潜先生为例。

朱光潜先生是我国著名的美学大师，二十世纪二三十年代留学欧洲达八九年之久。1933 年来北大西洋语言文学系工作，他是最老的老一辈北大人。在北大生活的半个多世纪中，他把毕生献给了西方语言文学和西方美学的教学研究与翻译工作。

他的论著译著甚丰，给我们留下了丰厚的学术遗产。但是，更值得我们珍视、学习和继承、发扬的，是他的敬业精神。这样的事例很多，现略举一二。

1982 年，朱先生 85 岁时对采访他的记者说：

“我老了，写文章有点困难，但翻译一些资料，为后人的研究做些准备工作还是可以的。”（引自朱墨《朱光潜翻译实践和思想述要》，载《云梦学刊》2013 年第 3 期，101 页）朱先生用最真诚而朴实的语言说出自己最真诚而朴实的心愿。这就是北大老一辈学者敬业精神的具体表现。“为后人”，为后来学人，为后辈学者的学术研究“做些准备工作”，这也正是许多学者，特别是老一辈学者过去和现在一直在做的事——“实干的事”。

我还记得著名学者、曾就职北大哲学系的任继愈先生说的话：“老年人（指老辈学者、离退休教师等）做什么？整理资料，为若干年后自己的学生在文化大进步的高潮中少走弯路，有依据，有创新，有超越。”

我们的前辈学者说出的话，表达的心愿，是如此相似，真是“如出一辙”。这是因为他们有一个共同的出发点：为后人。他们总是着眼于未来。这就是前辈学者的眼光，也是他们的为人为学。因此，老辈学者所做的不仅是学术传承，而且还有学风传承、敬业精神的传承。

老北大人都知道，朱光潜先生曾对家人说：“有些东西现在看起来没有用，但是将来用得着，搞学术研究总还是有用的。我要趁自己能干的时候干出来……我不搞就没有人搞了。”朱先生的这些发自肺腑的话深深地教育着我，感染着我。我想，恐怕也会教育和感染广大学人。朱先生在“时乖命蹇”的情况下还能说出这样“壮心不已”的话，能表达这样的心声，没有对敬业精神的深刻领悟和对学术事业的一片赤诚，是说不出来的。“文革”结束后，朱先生再次焕发了“学术青春”。在进入耄耋之年后，他仍孜孜不倦地“实干”着，发挥出一个饱学的老年学者的余热。他一生写的论著和译著有七百多万字。朱先生的老有所为和一生“所为”是我们后辈学人永远学习的榜样，对我来说，更是如此。

我虽然已进入“过八望九”的年岁，虽然在2012年被我的单位和校方给予“北京大学老有所为先进个人”的鼓励，但是与朱光潜、李赋宁、任继愈等前辈学者相比，无论从哪方面说，都还差得很远。我还要继续努力，还要“趁自己能干的时候”，干一些自己的专业范围内“为后人”“为若干年后……文化大进步的高潮中”“将来用得着”的实事。

受教育记之十四·我的“园中师”[①]

在北大燕园生活工作的这60年（1954—2014年），我住过三“斋”三“园”，即（按顺序是）“备斋”“才斋”“全斋”和“镜春园”“燕东园”“承泽园”，其中以在“承泽园”住的时间长，至今已有23年（1991年起）。因此，我的“园中师”多出自此园。在这里我受益受教，正应了“承泽”二字的内涵。

我的“园中师”或者是我的学长，或者是我的学弟，有文科的，也有理科的，但他们都是学养有素、学风严谨的专家学者。几十年来，我们同坐“北大号”这艘远航大船一起经风雨、见世面，在北大这块学术沃土上一起成长。如今这些北大人大都已逾古稀之年，先后成了“耄耋老者”。而令人感怀的是，其中一些人已经驾鹤西去。为了“感恩”，我必须记上一笔。

为什么我把这些北大人称为我的“园中师”？因为我在教学科研、求知问学方面经常得到他们真诚而有效的帮助。记得20

① 原载于《北京大学校报》，2014年2月25日。

世纪80年代，我翻译一部难度很大、知识面广、涉及多门专业和学科领域的学术专著——《文字的产生和发展》。这部专著谈及世界自古以来不同地域的文字类型，它们产生和发展的历史背景与相互关系。以我的专业知识而言，这是难以独自胜任的一项极艰巨的翻译任务。任何人在自己的专业之外都只能是半通。毋庸讳言，对我来说，何止"半通"，有些可能是"不通"或"完全不通"。唯一的办法是找老师，找那些有关的专家学者（当然，去图书馆查找图书资料，实际也是"求教"老师——查询今人古人中外学者所写的书籍）。对一些名词术语的译名和表示的意义，我请教了当年东语、西语两系各语种的专家教授。例如我们曾向东语系的季羡林先生、刘麟瑞先生等，西语系的杨业治先生等"登门求教"。不仅如此，我还得到了中国文字史专家裘锡圭教授的帮助。有的是为一个词语的正确译名，有的是为一个术语的正确注释。

2002年北大出版社再版了这部学术专著（属北大"未名译库·语言与文字系列"）。三年后（2005年），我专门写了一篇"受教育记之二"的文章，名为《我的"一字师"》，发表在2005年11月7日的《北京大学校报》上，为的是记述此书能译注俱佳，能一版再版，在一定程度上多亏了许多"一字师"（或"多字师"）的帮助。

2012年9月商务印书馆出版了我于20世纪90年代翻译的《从东方到西方》这部学术专著。这是我的俄罗斯朋友、汉学家、西夏学家、俄罗斯科学院东方学研究所研究员捷连季耶夫-卡坦斯基（А. П. Терентьев-Катанский）写的并委托我翻译的一部著作。作者依据当年东方学所列宁格勒分所"库藏"的材料写成此书。说到这些“库藏材料”，笔者不得不在此费点笔墨。尽管我的这位朋友在书中和给我的信中一再表示他对中国古代文化的崇高敬意和热爱，但他没有提到一个基本事实：这些“库藏材料”是怎么“收集”的。这些材料原存在中国敦煌、吐鲁番（高昌故城）、哈拉浩特（黑水城遗址）等地；材料涉及我国魏晋隋唐时的中国古代少数民族（如党项羌、蒙古、契丹、吐蕃、女真、回鹘等）的和相邻国家与地区的民族的书籍印刷和语言文字文化。但这些“文化材料”于20世纪初被一些外国“考古学家”（如英国的斯坦因、法国的伯希和及俄国的鄂登堡等人）窃走，现仍存于相关国家的“博物馆”和“藏书库”中。

书中谈到中国古代文化如何通过“丝绸之路”传至西方的欧洲。但是，这部专著涉及知识面之广和名称“术语”之多，是我译过的学术著作中所“仅见”的。有时几乎让我“辍笔”。但一想到“受人之托，忠人之事”这个中国古训，我又总是意识到必须设法克服困难，再接再厉，让中国古代文化精华（通过翻译）返回它们的故乡——中国。为了完成这项“任务”，为了一词一语的正确译名和正确注释，以及“词语”或典故的出处和依据（该书的“注释”，除作者在每章之后列出“引文”的文献出处和“库藏”编号外，仅译者的注释就有约370个），除了充分利用北京大学图书馆——我们的“无声之师”——的丰富藏书外，笔者再次请教了我的“一字师”（其中有的也是“多字师”），而他们多数人当时是同园住户，比如已经作古的中文系周强教授、沈天佑教授等，还有出国的东语系朴忠禄教授，北大出版社王世厚编审等，以及非本园的原考古学系主任李伯谦教授等。

除了上面提到的“园中师”以外，还有另外一些帮助我的园中师友。他们有时为我“答疑解难”，有时给我提供所需的书籍资料，这对我退休后继续从事学术活动帮助极大。在这里我先记述其中一两位“园中师”。

1995 年，我以 42 年的“工龄”退休。20 世纪 90 年代下半期我在读书时遇到了问题，于是登门请教我的邻居、承泽园八号楼的离休教授岳麟章学长。他是一个饱学的老北大人（1946 年入北大，当年是北大地下党员，原在历史系，后转入国政系，对欧洲历史、近现代国际关系等有深入的研究，撰写多部学术专著）。他听了我对问题和疑难的介绍后，从书架上取出一本书，向我讲了起来。

通过这次“学术活动”，我感到自己的人文社科方面的知识还需进一步学习和积累，比如宗教学，还有欧洲中世纪史和西方文化史等。我觉得自己虽已过“古稀之年”，但要活到老，学到老，因此仍有“补课”的必要，首先是要读几本相关书籍。

十分感谢我的另一位“园中师”、宗教学系（原哲学系）离休教授杨克明同志，他将乐峰先生赠给他的《基督教千问》（乐峰、文庸著，红旗出版社，1995 年）借我阅读。正是这本被著名宗教学家任继愈先生高度评价和大力推荐的《基督教千问》，让我从中获得了大量的相关知识，使我受益匪浅。由于我在学术活动（特别是学术评论和翻译批评）中经常倚重这部专著，以致这本书一借我就被我“长期”占用。我感到惭愧，但我却不得不一再向尊敬的杨克明教授请求“续借”。与此同时，曾任北大哲学系教师，后调入中国社科院世界宗教研究所的乐峰先生，将他著的旧版和新版《东正教史》及他主编的《俄国宗教史》先后赠我。这让我更加扩大了自己的学术视域和增加了自己的学术积累。

由此我也深刻体会到，我这里提到的燕园内外的几位北大人（有些尚待记述），特别是他们的为人为学，他们的渊博学识，深厚的学术功底，以及助人为乐的精神，值得我永远学习。何况当今时代是一个要求人人都要学习和终身学习的时代，何况在北大燕园内有这样多的通人达才。幸哉！北大燕园——好一个人杰地灵之境！

受教育记之十五·勤学多思实干[①]

简单的回顾

时间过得真快，从2005年到今年，十年过去了。而从2005年起至今，我在《北京大学校报》（以下简称校报）上仅发表的“受教育记”也达到了15篇。多蒙校报编辑部历届编委的抬爱，我才能在这十年内每年以一两篇回忆录式的“杂文”“琐记”占用校报版面的“一块儿”。为此，我向校报编辑部表示深忱的谢意。

校报（2005年5月25日，第1056期）发表我的《受教育记》[②]，是记述我自己在北大开始从事教学工作时受到的一次深刻的、终生难忘的教育。1955年（距今正好60年）上学期我受命给学校党政干部开设“俄语班”，在第一堂课上，我因“不敢

① 原载于《北京大学校报》，2015年10月12日。

② 即本书中的《受教育记之一》。——编者注

要求”这些学员而受到北大党委书记兼副校长江隆基同志的严肃批评。我把这次受到的批评教育当作“教育者必先受教育”的一次极好的实践和考验。当年我不到25岁，而今已逾85岁。这60年来，我始终牢记江隆基书记当时说的话，虽然我于1995年退休，现不在教学岗位上，但将他的话重复一遍，也许对今天的教学多少有点意义：

“作为教师就应该大胆地严格要求自己的学生，但教师首先要严于律己；做一名合格的好教师，就要有严肃认真的教学态度，有严谨求实的学风；教学要有秩序，课堂要有纪律……”

这篇《受教育记》的篇名，被我用来作为续写回忆自己几十年来受到多方面教育的文章的一个栏目。同年的校报（第1068期，2005年11月7日）上发表了我的“受教育记之二”《我的“一字师”》。从这篇到2014年2月25日校报上的“受教育记之十四”《我的“园中师”》，让我铭记不忘并使我深刻认识到的是，像北京大学这样一个最高学府、学术殿堂，真是处处有学问，时时可请教，抬头见专家，行路遇学者。“三人行，必有我师焉”“能者为师”等，在北大燕园，此言不虚。只要勤学勤问，甚至“不耻下问”，必有所得。因此，我也认为，所谓“受教育”无非是一个多方面学习和求知问学的过程。

十几篇“受教育记”不仅仅是回忆性的，而是回忆中带反思，带抒怀，带感恩，带励志，带问学，带辨析。例如《“俄罗斯年”忆师友》（2006年3月5日），其中回忆了1956—1957学年度两位来华（来我校系）执教的苏联专家A. 克里钦和И. 科则列夫两位老师，他们分别一对一教我“古俄语”和“古俄语文献”等课程，并向他们表示衷心的感谢。“受教育记之五”

《想起了家乡的“长征客”》（2007年1月12日），那是因2006年10月全国各地隆重纪念中国工农红军长征胜利70周年有感而作。我的家乡——江西井冈山麓的永新县当年参加长征的父老乡亲很多。再如2009年3月5日的“受教育记之七”《马寅初：学术的尊严不能不维护》——对我们的老校长表示敬意。马老的学术勇气和耿介不阿的人格操守深深教育着我们北大人。此外，像“受教育记之十二”《学习前辈学者的严谨学风》和“受教育记之十三”《学习前辈学者的敬业精神》，两篇“学习”正是“受教育”的体现。对于当前的北大人来说，“严谨学风”和“敬业精神”，同样很有必要。

学而思，思而学

近日在《文艺报》（2015年8月31日第8版）上读到我尊敬的“文字之交”、将于今年12月进入“古稀之年”的复旦教授葛剑雄的近作《七十而思》。文章不长，但言简意赅，言近旨远。此文中仅“思”字就用了16次，其中11次出现在“反思”二字中。它与篇名《七十而思》十分契合。兹从中摘抄几段以飨读者：

“‘三十而立，四十不惑，五十而知天命，六十而耳顺，七十而从心所欲，不逾矩。’每到逢十生日，总免不了用孔子的话对照……年近七十，不仅做不到不逾矩，而且离随心而欲的境界远甚……差堪自慰的是我始终在反思，所以尽管时过境迁，对今天及以后的读者还有些意义。”

“只要不断反思，即使永远达不到这一境界，也能逐渐接近，所以在年近七十时，我想到的是‘七十而思’。这并不是说以前没有思过，而是思得不够，要永远思下去。”

“先师季龙（谭其骧）先生一直鼓励我们要超越前人，包括要超越他。他自己也一直在反思自己以往的研究成果，给我们树立了榜样……在他的鼓励下，我也质疑他的某些观点。”

我十分赞同葛剑雄先生的“七十而思”“要永远思下去”以及他对自己老师的某些学术观点的“质疑”态度和“超越”前辈学者的志向。我们要反思的“东西”很多。无论是对人对己，也无论是为人为学，都有值得我们反躬自省的地方。子曰：“学而不思则罔，思而不学则殆。”既学而思，也思而学，这样我们才能有学术自信，有学术勇气和敢于学术担当，才能永远思下去。

2013 年，北京大学出版社出版了我编译注的《十七世纪俄国文学作品选读（十七世纪俄语—汉语对照）》，此书的作用在于填补我国俄罗斯文学教学科研和教材建设中的空白。我在此书的前言阐明了编译注此书的用意：“编著（同时加上译注）这样一本书，一是出于我们对中国俄罗斯学界长期教学科研（包括教材专著编写）的历史经验的反思，二是出于对当前教学科研现实状况和客观需要的考虑。”“出于……反思”和“出于……考虑”——这就是我们行事的立足点和出发点。

上面引用葛剑雄先生的“反思”论、“超越（前人）”论及“质疑”论，体现了“吾爱吾师，吾更爱真理”的精神。而这种精神正是当前教育界、学术界，以及文化出版各界最需要的。

学而行，学有为

当今时代，是一个要求人人都学习和终身学习的时代，是一个企盼大众躬行实践、有所作为的时代，或者说，是一个“需要实干”的时代。

在校园内外，过去和现在，我经常见到一些老者，他们有些年逾古稀，有些人也到了耄耋之年，但他们中不少人精神饱满，情绪昂扬。他们的体力、精力、智力为他们提供了坚持学习、坚持实干的可能。这里，我以朱光潜先生为例。

1982 年，朱光潜先生刚过 85 岁。他对采访他的记者说：“我老了，写文章有点困难，但翻译一些资料，为后人的研究做些准备工作还是可以的。”

朱老的这些话也是我当前学习生活中的座右铭。我把这些话用来鞭策、督促和激励自己，把自己的“受教育”具体化为“活到老，学到老”，而且“思到老”“干到老”。

令我难忘和欣慰的是，我在退休之后的十四五年（即在 2009—2010 学年度）再次受聘重上讲坛，给俄罗斯语言文学系的硕士、博士研究生开设“古代俄罗斯语言文学（及历史文化）”课程。在该学年度我在校报上发表了“受教育记之九”《八十非年少，重出为业兴》。它不仅明志，而且也抒怀，感谢北大人的鼓励和厚爱。

这几年内，我的努力也多少有些成果。近五年，我出版或再版了五本译著和专著，并在核心期刊上发表近十篇有关俄罗斯语言和文学的学术论文及学术评论。

我正在努力并决心继续努力，真正在实践自己的“八五已暮年，壮心仍不已”。

序跋文

《从东方到西方》译后记[①]

在列宁格勒大学的一个书展上，一本封面印有中国古代才子佳人绘画（线条画）的书，引起了我的注意。书名是《从东方到西方》（«С Востока на Запад»）。我先看了看书的目录，其中第二章“文字——文化的面貌”，更引起了我的兴趣。这一章谈到20多种“东方”的文字符号，而且主要是古代中国一些少数民族的文字，如契丹文字、蒙古文字、女真文字、回鹘文字、粟特文字、吐蕃文字、党项（羌）文字（我国也称“西夏文字”，俄国学者称 тангутское письмо——“唐古特文字”）等，以及印度文字、叙利亚文字，等等。20世纪80年代下半期和21世纪初，北京大学出版社曾两度出版了我译的《文字的产生和发展》［作者是苏联20世纪30年代莫斯科大学语文学博士伊斯特林（В. А. Истрин）］。我想，如果把《从东方到西方》翻译出版，

① 原载于［俄］А. П. 捷连季耶夫－卡坦斯基著，左少兴译：《从东方到西方》，商务印书馆2012年版。

则不失为对《文字的产生和发展》的极好“补充”。但是，这部学术专著并不只谈“文字”问题，它包含的内容和涉及的领域要广泛得多。

从苏联回国后，我带着这本书和自己对它的初步印象，专门去请教我国著名的东方学家、北大东语系原系主任季羡林教授。我向季老简单介绍了书的作者和书的内容。书中所依据的材料主要取自苏联科学院东方学研究所列宁格勒分所库藏的，从中国敦煌、吐鲁番、黑水城遗址等地“取走”的书籍文献。20 世纪初，国外一些“考古学家”[如英国的斯坦因（A. Stein)、法国的伯希和（P. Pelliot)、俄国的鄂登堡（C. Φ. Ольденбург）等] 从我国敦煌石窟（及我国西北等地一些古遗址）窃走大量珍藏上千年的多个民族文字书写的经卷、古写本以及佛教等宗教绘画和版画等文物；这些中国人民的“无价之宝”散落在欧美一些国家的博物馆或“古籍库”中。因此，季先生认为，有可能翻译出版这类图书资料，对我国学术界、文化界来说，未尝不是一种文化“弥补”。

书的作者捷连季耶夫－卡坦斯基（A. П. Терентьев-Катанский，下简称捷－卡坦斯基）早年毕业于列宁格勒大学东方学系，长期在苏联科学院东方学研究所列宁格勒分所（简称“列东所”）工作。他终生研究西夏学（俄人称“唐古特学”—— тангутоведение)，并取得了很好的成绩。他是世界上不多的几个认识西夏文字并有条件直接接触大量西夏原始文献的学者之一，也是在西夏书籍史研究领域的国际知名学者。

这本《从东方到西方》在我国学术界（特别是“西夏学”界）闻名已久。难能可贵的是，作者捷－卡坦斯基在本书中第一次（也是唯一一次）系统公布了藏于“列东所”书库的西夏黑水城文献。从其主要形式特征和技术鉴定结果来说（简直就是与其同时代的中原宋朝的印刷术和书籍制作术的“翻版”），这些文献有力地论证了中国是“四大发明”之一的“印刷术”的发明地。作者用详细的材料阐述中国古代文化（包括纸张、书籍制作、印刷术等）如何通过古代“丝绸之路”传到欧洲。作者还用“通向西方的道路”（“代跋”）来专门论述这些史实。

感谢书的作者、我的俄罗斯朋友生前多次对我表示的信任和委托，让我将这部难度很大、涉及知识面广的学术专著翻译成中文，让中国古代的文化历史记载返回他们的故乡——中国。

我国学术界，特别是中国社会科学院民族学与人类学研究所等单位及其学者，历来十分重视中国古代少数民族的历史、文化等的研究和介绍。例如，新世纪一开始，在国内就举办了一些民族的文化成果展，其中最著名的是“中国西夏王国的文字世界展”（分别于2000年7月在北京，2000年11月在上海，2001年7—8月在宁夏银川等地举办）。2003年11月在首都博物馆还举办了“西夏文物精品展”，令人难忘的是展出了唯一一部用西夏文草书书写的长卷——当时一些报刊称之为西夏文“天书”。

捷-卡坦斯基学识渊博，他作为俄罗斯的一名汉学家、“唐古特学”家，在书中重点介绍了某些王朝及其历史和文化。因此，可想而知，这部学术专著所涉及的“各类问题”繁多。其中大量的专有名称、科技术语，乃至作者引用的各种各样的文献材料，要正确地翻译出来，确有很大的难度。即使翻译出来，一些名词术语、历史典故等，恐怕也难以被读者完全理解。唯一的办法就是对这些名词术语、历史典故、名人“言论”等加注（即译者注)。

鲁迅先生曾说:“难解之处,忠实的译者往往会有注解,可以一目了然,原书上倒未必有。”(《花边文学·论重译》)

然而对我来说,“难解之处……会有注解”实非易事。为此,我请教了北京大学有关专业的教师和专家学者(如北大中文系的周强、沈天佑等教授,北大东语系的朴忠禄、韩振乾等教授);此外,藏书丰富的北京大学图书馆和众多的书刊阅览室,对我翻译此书帮助也很大。正因为如此,译者才能在这部篇幅不很大(仅340页左右)的学术专著中,用了近400个长短不一的“注解”(“脚注”),而且多数依据我国出版的重要词典,如《民族词典》《宗教词典》《辞海·语言文字分册》等。尽管这样,译者觉得还有一些名词术语该注而可能未注或未加详注的,这只能以后来弥补了。译者十分感谢所有帮助过我的个人和单位,他们中不少人是我的“一字师”和同事。

在那些鼎力相助者中,我特别要感谢中国社会科学院民族学与人类学研究所研究员、博士生导师、我国著名西夏学家聂鸿音教授。从20世纪末我俩结识起,多年来他为本书翻译出版出了不少力,而且他为本书专门向商务印书馆写了详尽的“选题申报单”。此外,聂鸿音教授还为本书的一些难点和问题做了解答并提供了一些“参考材料”。译者还要感谢商务印书馆的冯华英博士、王仲涛博士和李悦先生等人给予的大力帮助。

译者深知自己的知识和能力都很欠缺,因此,本人诚恳地请广大读者,特别是专家学者,对此译著提出批评意见。

2011年9月10日于北京大学

《十七世纪俄国文学作品选读》前言[①]

这本《十七世纪俄国文学作品选读（十七世纪俄语—汉语对照）》（«Хрестоматия по русской литературе XVII века»，以下简称《选读》）是我们正准备编写的《十七世纪俄国文学》（«Русская литература XVII века»）的一个组成部分（第二部分）；它的第一部分是《十七世纪俄国文学概述》（«Очерки по русской литературе XVII века»，以下简称《概述》）。此外，在《概述》前面，还用一定篇幅简述一下十七世纪俄国概况（或者，用通俗的说法，“十七世纪俄国百年大事记”），以此作为叙述十七世纪俄国文学发展变化的历史背景材料。

编著（同时加上译注）这样一本书，一是出于我们对中国俄罗斯学界长期教学科研（包括教材专著编写）的历史经验的反思，二是出于对当前教学科研现实状况和客观需要的考虑；同

① 原载于左少兴编译注：《十七世纪俄国文学作品选读（十七世纪俄语—汉语对照）》，北京大学出版社 2013 年版。

时，也是我们的夙愿和践行北京大学俄罗斯语言文学系和俄罗斯文化研究所在学科建设和教材建设方面所做的承诺。

这本书是我们的初次尝试。我们的编写方法也与以往的“文学史”专著或教材不同：我们从“第二部分”，即从“选读”开始，是想以“文”带“史”（即“叙史”——“文学史”）。所以我们采用先译作品然后再写评述议论文字的工作程序。

一

“十七世纪俄国文学”是俄罗斯文学史的一个“断代文学史”。但是它历来包含在俄罗斯文学史这种“通史”之内。即便如此，这个世纪的作品介绍和分析，在我国的某些相关著述中，有时也处于“可有可无”“可多可少”“轻描淡写”，甚至有时“相互矛盾”的境地。

我们外语界前辈，著名学者、翻译家、文学批评家、北京大学英语系（前西语系）英国文学教授杨周翰先生说：“就以外国文学史而言，通史已出不少，似乎可以多出一些断代史……”（杨周翰，1990：97）他亲自实践，以自己的博学多才和深厚的人文知识，特别是英国语言文学知识，写出了享誉学术界和外语界的佳作《十七世纪英国文学》。在这部“断代文学史”的“小引”中，他热切希望“有更好更完整的断代国别文学史出现”（杨周翰，1985）。从某种意义上说，我们的“十七世纪俄国文学”的编写，也是受到了杨周翰等前辈学者的学术思想的影响。

不仅如此，杨周翰教授还在《十七世纪英国文学》的“小引”中根据自己学术活动的经验体会，并从考虑读者的需要和接受能力出发，提出一个切实有效的建议：“由于这里[1]的作家大多比较陌生，他们的作品也大多没有译本，所以尽量多译些选段，以免空谈，读者也可据此判断所论是否得当。”（杨周翰，1985）

“可以多出一些断代史”和“尽量多译些选段”——我们从这两“多”中得到启示。从我们着手编著（及译注）这样一本俄国断代文学史起就一直是这样做的。

在俄国，十七世纪是俄国历史上的一个特定的分期线，同时也被认为是俄罗斯的中世纪时代末期；也就是说，欧洲的中世纪时代，在俄罗斯结束最晚。其他大多数西欧国家早已结束中世纪，并先后进入并经历欧洲文艺复兴时期。因此，我们的选材和选译不能不考虑这个时代的特点，不得不从这个世纪的实际状况（社会、文化、历史等）出发，从十七世纪的俄罗斯语言和文学（在俄罗斯文学史上，十七世纪的文学归于“古代罗斯文学”范围）的发展变化出发，来“尽量多译”些优秀作品。

所谓“尽量多译些选段”，即多译当时的多种文学体裁的作品选段，我们不仅这样做，而且将“选段”扩大化，着重精选并“多译”一些反映时代，表现社会生活和人们思想感情的作品——小说（故事）、诗歌、戏剧、散文等等。这些选译的“文本”力求“故事”情节完整、主题鲜明、文学性和可读性强、语言文字通俗易懂、篇幅合适等。而一些篇幅过长或者文字有些晦涩的文本，我们则从中译出一些能说明“主题”和“情节”的选段并放在“概述”中，用作分析作品的时代性和思想性的

---

① 指十七世纪英国文学作品。

例证。

二

杨周翰先生说的“尽量多译些选段”，是为了在谈十七世纪英国文学作品时“以免空谈，读者也可据此判断所论是否得当”。但对于阅读和分析研究十七世纪俄国文学作品和十七世纪俄罗斯语言（在俄语史上有时称为“大俄罗斯语”——Великорусский язык，或者说，是正在形成俄罗斯民族语言的俄语）来说，我们加上用来与汉语译文对照的十七世纪俄语文本，不仅是让读者“可据此判断所论是否得当”，而且也是让读者，特别是俄罗斯语言文学专家学者，可以“据此判断”并检验所译是否正确。我们认为，“选读”用双语——汉语译文和十七世纪俄语文本——对照，对于教学研究和阅读理解是完全必要的。

此前，商务印书馆先后（于2003年和2010年）出版了古代罗斯文学（广义）作品《伊戈尔出征记》（«Слово о полку Игореве»，李锡胤译）和《古史纪年》（«Повесть временных лет»，王松亭译；也译为《往年纪事》）。它们都是“古俄语—汉语对照”的重要译著，对于高校俄罗斯语言文学专业的教材建设和教学研究来说，也是完全必要的。

无独有偶。在我们的这本《选读》中有几篇“翻译作品”——十七世纪俄国文化人士新译的《伊索寓言》［此译本在当时的几年之内出版三次，比俄国伟大寓言作家克雷洛夫（И. А. Крылов）发表首篇寓言的时间早了百余年］。以往，古代罗斯的一些作品主要译自拜占庭希腊语或者抄自保加利亚古斯拉夫语（一些译自希腊语）的文本。而这些寓言竟然使用十七世纪的“拉丁语和俄语”（«Притчи Эссоповы на латинскомь и русскомь языке»）印出，也就是说，用“双语对照”。但在我们这本《选读》中略去了十七世纪拉丁语文本。

在这本《选读》成书之前，从2006年起，我们选译了几篇“十七世纪俄国文学优秀作品”，先后发表在《俄罗斯文艺》（2006年第1期，2007年第1期，2009年第4期）和《世界文学》（2011年第3期）等刊物上。例如《谢米亚卡法官判案的故事》（«Повесть о Шемякином суде»），《弗罗尔·斯科别耶夫的故事》（«Повесть о Фроле Скобееве»）等。这些作品（作者大多佚名）只是译作。现在在《选读》中均附上原文（十七世纪俄语写成的文本）。

三

十七世纪，欧洲各国人民的历史命运是不相同的，各国的社会发展也有其各自的特点。“英国历史上的十七世纪，尤其前六十年，是个伟大的时代，动荡的时代。在这段时间里发生了具有世界历史意义的资产阶级革命和随后的复辟。”（杨周翰，1985）但是，俄国历史上的十七世纪又如何呢？

对于俄国历史上的十七世纪，正像对俄罗斯的整个历史一样，有多种多样的、从不同视角观察而得出的、见仁见智的看法，有时还是相互矛盾的看法。正如俄国著名学者利哈乔夫（Д. С. Лихачев）院士在《关于俄罗斯的新旧神话》一文中说的：“世界上没有一个国家像俄罗斯那样被有关其历史的种种矛盾的神话所笼罩。”（Лихачев，1999：51）因此，用三言两语来“概述”俄国历史上的十七世纪，是比较困难的。

当年列宁通过对十七世纪俄国经济的研究，看到全俄市场的开始形成，资本主义的开始发展，从而把十七世纪说成是“俄罗斯历史的新时期”的开始。列宁的这一观点影响了几十年的苏联学术文化各界。与此相联系的，语言学界把十七世纪说成是“俄罗斯民族形成”和“俄罗斯民族语言开始形成”（Филин，1979：105）的时期。

俄国十九世纪最著名的历史学家克柳切夫斯基（В. О. Ключевский）对十七世纪俄国社会有深入的研究和独到的观察。他说“在我国历史上，十七世纪是一个人民造反的时代”（克柳切夫斯基，1996：90），又说“整个十七世纪是为彼得大帝的改革做准备的时代”（克柳切夫斯基，1996：262），等等。

从公元862年在诺夫哥罗德建立“留里克王朝”（所谓“罗斯立国”）时起，至今（2012年）正好有1150年的历史。我们认为，在这千余年的历史上，堪与十七世纪这100年相比的，恐怕只有二十世纪的100年了。俄国历史上的十七世纪是一个重要的时代，也是一个动荡的时代，风雨如晦的时代。在这个世纪一开始，俄国就面临着空前的天灾人祸、内忧外患的环境——延续十几年的“动乱时期”①；受西方思想文化的影响，自古以来的

① “动乱时期”——俄语是 Смутное время，有时简称 Смута。在不同的文献上，对这个“时期”的界定稍有不同：认为在“1598—1613年”之间或“1601—1613年”之间等。现在（中、俄出版的）书籍中普遍用这个“名称”。但在苏联时期，认为“动乱时期”是十月革命前贵族资产阶级史学著作中流行的一个错误名称，因为它被用来指十七世纪初博洛特尼科夫（И. И. Болотников）领导的农民战争和俄罗斯人民反对波兰与瑞典干涉俄国的这一时期。

古代罗斯社会的特有的“道德宗教结构的单一性和完整性”发生分裂，从而进一步造成社会分裂和“教会分裂”。因此，我们还可以认为，俄国的十七世纪，特别是它的下半期，是一个分裂的时代。总之，十七世纪的俄国社会发生了太多的大小事件，规模不同的“人民造反”（仅史书上用的与当时“造反”相关的词就有：бунт、мятеж、восстание、волнение、возмущение、смута，直至 крестьянская война 等）。一方面是农民、农奴、市民、小商贩、工匠、少数民族等的“反抗”“造反”“起义”，另一方面则是封建专制统治的全面加强。1648 年制订的《法典》［称为“阿列克谢·米哈伊洛维奇《法典》”，在 1649 年颁布实行时称《全国会议法典》（«Соборное уложение»）］加强了俄国的“农奴制”和对社会各阶层的“立法”措施。

十七世纪的俄国充满着各种各样的矛盾和对立：社会对立阶级（封建领主、贵族地主与农民、农奴等）之间的、社会不同利益集团和贵族阶层［如大贵族领主（бояре）同服役贵族（служилые дворяне）］之间的、皇权同世袭贵族的特权之间的、政权同教权之间的、教会与信众之间的、教会上层与中下层教士之间的、宗教与世俗之间的等等；此外，还有西方影响和罗斯传统的对立，革新与守旧的斗争，以及人们的思想意识、道德观念和文化教育等方面的差异，甚至“父与子”两代人在人生观和生活追求上的不同，等等。

十七世纪的俄国文学就是反映这个时代、这个社会，反映这个时代和这个社会中人们的思想感情与相互关系，以及这个时代和社会中的精神生活（必须指出，宗教信仰仅是社会精神生活的一个方面）。

四

俄语词 литература（曾写成 литтература——“文学”）是外来词——来自法语的 littérature，源于拉丁语词 litteratura（比较英语的 literature 等）；它也是多义词，表示“书面作品”“著作”“文献”“文学”等意义。俄语中与 литература 意义接近的有 словесность，письменность 等词。过去曾用过 русская словесность，表示 русская литература 的意义。

十七世纪俄国文学，作为“七百年的俄罗斯古代文学”（曹靖华，1989：23）的一个“组成部分”，还不是现代意义上的文学，即“纯文学”（литература в собственном смысле，俄语中还用 художественная литература 等词），它有自己的时代特点和思想取向。

在古代和中世纪，“文学”这个词是广义的。在古代中国，先秦诸子百家的著述统称为“文学”；在中世纪的拜占庭，那里的“文史哲创作统归于‘文学’”（陈志强，2001：223）；在罗斯－俄罗斯，“古代文学总的说还没有作为文学从一般实用体裁（历史、布道讲话、书信、传记等）中独立出来，只是到了17世纪下半叶，随着社会经济的发展，出现了带有虚构的故事，这才为真正的文学创作创造了条件”（曹靖华，1989：23－24）。

基于以上的“认识”，我们的选材范围扩大了，《选读》中“体裁”丰富了，除了文学体裁的“故事－小说”“诗歌”“戏剧”“散文”等外，还有一些具有历史－文学价值的“历史叙事”“历史回忆”材料等。

俄国文学史家利哈乔夫院士认为俄国文学史上的十七世纪是“从中世纪文学体系向新时期文学体系的过渡”（Лихачев, 1999: 347），“从中世纪文艺创作方法向新时期文艺创作方法的过渡，从中世纪文学体裁结构向新型文学体裁结构的过渡”（Лихачев, 1999: 492）。正因为如此，我们可以从《选读》中读到，无论是叙事性作品还是故事性作品，也无论是“宗教性”的还是“世俗性”的，原创的还是新译的，等等，在体裁和题材方面，在内容和形式方面，都表现出以往时代不曾有过的多种风格和多样色彩。我们还可以从“选文”中品味到，作品反映时代和社会问题的深度和广度，作品的思想性和艺术性，作品语言的“民族化”“规范化”“通俗化”等等，都程度不同地超过了以往时代的大多数作品（除个别例外，如十二世纪末创作的，但经过后世多次“加工”的《伊戈尔出征记》——«Слово о полку Игореве»等）。但所有这一切又为未来俄罗斯文学的发展和创新奠定了基础，创造了条件。

五

下面简要介绍十七世纪俄国文学史上的两位作者和一些作品及文体。

1. 大司祭阿瓦库姆（Аввакум, 1620—1682）被称为“俄罗斯文学史上第一位有才华的作家”。他一生（特别是他在流放俄国北方期间）写了 50 多部作品（包括谈话录、辩论文、训导词、书信、申诉书等)[1]，其中他的《自传》（“Житие, им самим написанное”）被赞誉为俄罗斯文学中第一本有真正人情味的作品（《不列颠百科全书》，1999：444)。这部《自传》中的“十年西伯利亚流放记”可说是开创了俄国文学中“流放题材”和后来的“劳改营题材”等的先河。俄罗斯媒体甚至把不久前去世的、创作了《伊凡·杰尼索维奇的一天》《古拉格群岛》等著作而荣获诺贝尔文学奖的索尔仁尼琴，称为“当代的阿瓦库姆”。此外，我们还从阿瓦库姆的著述中选译了几封书信和谈话录等，置于《选读》中，以此表现这位当时的“旧礼仪派”（或“教会分裂派”）的首领的思想观点和宗教活动。

2. 来自白俄罗斯的、在乌克兰基辅受到西方文化影响和波兰教育熏陶的、通晓拉丁语和波兰语的修士西梅翁·波洛茨基(Симеон Полоцкий, 1629—1680)，被认为是早期俄罗斯诗歌(“俄语音节格律诗”—— вирша，来自波兰语 wiersz；或称 русское книжное стихотворение）的奠基人之一，据说他写有“上千”首诗歌（主要用教会斯拉夫语和波兰语)；他被认为是俄国第一位“宫廷诗人”，还是“巴洛克风格”诗人。其实，西梅翁是位“多面手”：他还被认为是俄国“戏剧”创作的奠基人之一，又是教育多名王子公主的宫廷教师；此外，他还是反对“教会分裂派”并与之进行辩论的宗教政论作家等。

3. 十七世纪，特别是它的下半叶，产生了最早一批与时代精神和社会生活息息相关的、称为 повести（“故事”）的作品；

---

① 所谓“50 多部作品”是一些人的“说法”，也有人认为他写了“80 多部”，甚至“近 90 部”(90 种）作品。

作品的作者大多佚名。其中一些具有虚构性质的人物塑造和情节描写的“故事”，可以称为“俄罗斯早期小说”（或“俄罗斯小说文学”—— новеллистическая литература 或 беллетристика）的“萌芽”。例如诗体故事《倒霉鬼和苦命人的故事》（«Повесть о Горе и Злочастии»）中的年轻主人公是当时文学作品中第一个虚构的、概括性的人物形象；《萨瓦·格鲁德岑的故事》等被看作是俄罗斯小说的“雏形”。顺便指出，当时翻译的或改编的西欧骑士小说、冒险故事、社会言情小说、爱情故事等，如《波瓦王子的故事》（«Повесть о Бове-королевиче»）、《金发瓦西里的故事》（«Повесть о Василии Златовласом»）等，对俄罗斯小说文学的形成和发展也起了一定的作用。因此，如果说在中国“小说是明清文学的代表形式”（吴小如，2001：210），那么“故事”（повести）就是俄国十七世纪文学的“代表形式”。从我们的《选读》中便可以看出。

4. 十七世纪的故事作品中，值得一读的是那些反教权主义的、反专制独裁和政府衙门（приказы）腐败的作品。它们揭露、谴责、讽刺、嘲笑教会教士们的虚伪、伪善和违背教规的劣行，以及法官等官员的贪赃枉法、鱼肉百姓的劣迹。此外，一些作品也讽刺了社会的陋习丑行。例如《酒徒的故事》（«Повесть о бражнике»，又名《酒徒升天记》—— «Слово о бражнике, како вниде в рай»），通过一醉汉之口嘲讽那些“登天成圣”的使徒和帝王们。在俄国文学史上，这类故事统称为“讽刺文学”（сатирическая литература）作品，又称“笑文学”（смеховая литература）作品。

5.《选读》中选了几篇翻译的“笑文学”故事——这就是通

过其他语言转译为俄语的意大利的《诙谐故事集》（或《笑话集锦》）。它们本是一种民间故事。俄语词 фацеции［（文艺复兴时期西方和十七世纪末俄国的）滑稽小说］译自拉丁语 facetiae。在俄国文学史中也把这类故事称为“逗笑故事”（смехотворные повести）。它们颇似中国文学史上清代作家“游戏主人”编的《笑林广记》。

6. 十七世纪的“故事”（повести）中有些来自民间故事或民间歌谣。如比较著名的《倒霉鬼和苦命人的故事》和《棘鲈的故事》（«Повесть о Ерше Ершовиче»）等。试比较这些故事的“民间版”：《关于棘鲈的童谣》（«Сказка о Ерше Ершовиче... »）、《关于倒霉鬼的民歌》（«Народные песни о Горе»）等。《选读》中这两类作品都加以采用，以便我们了解并比较这个时期两类文学体裁的作品。

7. 十七世纪下半期的俄罗斯戏剧是俄国文学的一个新“品种”。它的特点（从一开始）就是：有剧本和说唱戏文，有编导和“演员”，有固定剧场和戏台布景，还有幕间的“插科打诨”等。这些大不同于古代罗斯街头场地流浪艺人的“表演”。从1672年第一次由德国新教牧师约翰·戈特弗里德·格列戈利（Иоганн Готфрид Грегори）编导演出《以斯帖》（«Эсфирь»）起，到1676年沙皇阿列克谢去世演出中断，五年内演出了十来个剧目（常为“多幕剧”）：有约翰·格列戈利编译的［如«Комедия о Юдифи»（《友弟德的喜剧》）等，其中一些剧是根据当时（和其前已上演的）英国的“剧目”改编的］，还有从“南俄学校剧”（южнорусские школьные драмы）移植的。其中多数剧可看作“宗教剧”。《选读》中包括了以上三类剧（全剧或其中一幕）。

8. 欧洲中世纪（五世纪至十五、十六世纪）文学中，最盛行和种类较多的作品当属宗教文学（广义）作品，因为当时基督教教会处于至高无上的“万流归宗的地位”（《马克思恩格斯全集（第七卷）》：400）。千余年的中世纪分为早期、盛期和晚期几个阶段，而且每个阶段的“情况”也有差异。

但是，对处于十七世纪（特别是下半期）的俄国和进入一个“新阶段”的俄国文学来说，一方面是“宗教文学也有了新的特色”（曹靖华，1989：20），另一方面则是某些体裁题材的“状况”仍然“一如既往”。

六

《选读》中共有三十多篇篇幅长短不一、涵盖各种文学类型的作品。我们不按作品产生的时间先后“排序”，而是按作品题材内容性质相近或体裁相同归列在一起。

《选读》中的作品大多译自苏联最著名的学者、俄罗斯文学史家、版本学家古济（Н. К. Гудзий）院士编选的《十一至十七世纪古代罗斯文学选读》（«Хрестоматия по древней русской литературе XI – XVII веков»，第 6 版，俄联邦教育部教育出版社，莫斯科，1955 年），小部分译自其他古俄语材料，个别的还参阅了从俄罗斯网站下载的古文材料。我们在《选读》的每篇的“注释”中都说明了译文的出处。

古济院士对自己编选的材料也做了简要说明：“依据作品的篇幅和所具有的历史 – 文学价值，这本选读的作品或采用全文，或只用其片段，但两者都是从最权威的文本（наиболее авторитетные тексты）中选出的。”（见该书“序”）此外，古济院士特别指出：“十六至十七世纪的作品，因为它们在时间上离我们较近，其文本则按现代俄语正字法（современная орфография）印行，但同时保留词语书写时的语音特点和形态特征。”（见该书“序”）印本的这些处理，十分有助于我们阅读原著的文本。我们附上的每篇作品的俄语原文材料就是这样印行的。

但是，我们不能认为，俄国十七世纪印行的书面材料，特别是当时的抄本（списки），也是以这样的字体形式出现的。

从十六世纪中期起，俄国的印刷业（其奠基人是伊万·费奥多罗夫）才开始用铅字来印刷书面作品。第一本印刷书就是《使徒行传》（«Апостол»）。与此同时，俄国也开始使用自己生产的纸张。我们可以看到，手抄本和铅印本在字体（графика）和行书上不完全相同。为此，我们在《选读》中另附上六张“插页”（如“大司祭阿瓦库姆《传记》的作者墨迹”等），以便读者了解不同的俄语材料的“字体”是不完全相同的。

《选读》“前言”中的一些行文用语，本该放在全书第一部分的“概述”内。但因《选读》（第二部分）先编译出版，而其中一些“选文”是第一次向读者介绍，为避免给读者造成“突兀”感和“陌生”感，故在《选读》前加个“前言”并在此“前言”中写了上面那些“说明”文字。

参考文献

[1] ЕФИМОВ А И. История русского литературного языка [M]. M.: Издательство Московского университета, 1957.

[2] ЛИХАЧЕВ Д С. Раздумья о России [M]. Санкт-Петербург: Издательство Logos, 1999.

[3] ФИЛИН Ф П. Русский язык. Энциклопедия [M]. M.: Издательство «Советская энциклопедия», 1979.

[4] 美国不列颠百科全书公司. 不列颠百科全书（国际中文版）. 第 14 卷 [M]. 北京: 中国大百科全书出版社, 1999.

[5] 曹靖华. 俄国文学史 [M]. 北京: 人民文学出版社, 1989.

[6] 陈志强. 拜占廷学研究 [M]. 北京: 人民出版社, 2001.

[7] 瓦·奥·克柳切夫斯基. 俄国史教程（第三卷）[M]. 左少兴, 徐天新, 谢有实, 等, 译. 北京: 商务印书馆, 1996.

[8] 马克思, 恩格斯. 马克思恩格斯全集（第七卷）[M]. 北京: 人民出版社, 1959.

[9] 吴小如. 中国文化史纲要 [M]. 北京: 北京大学出版社, 2001.

[10] 杨周翰. 镜子和七巧板 [M]. 北京: 中国社会科学出版社, 1990.

[11] 杨周翰. 十七世纪英国文学 [M]. 北京：北京大学出版社，1985.

《契诃夫作品集——短篇小说·幽默小品》译者的话[①]

一

安东·巴甫洛维奇·契诃夫（1860—1904）是俄国著名的现实主义作家。他的中短篇小说、杂文小品、戏剧作品，享有极高的声誉。他继承了优秀的俄国文学传统，特别是继承并发扬了前辈作家（如果戈理、谢德林等）的创作思想、风格以及题材、语言等等。他在创作中不断吸吮着俄罗斯民族漫长奋斗历史中积累的文化养分，不断吸取国内外伟大作家诗人（如国外的莎士比亚、雨果、塞万提斯等）的文学精华。

契诃夫出生在祖辈（父系和母系）都是罗斯托夫省的赎得自由的农奴家庭，而出生的时间（1860年）正好是1861年亚历山

① 原载于［俄］契诃夫著，左少兴译：《契诃夫作品集——短篇小说·幽默小品》，中国青年出版社2014年版。

大二世签署改革法令和关于废除农奴制诏书的前一年。经过 20 年后——1881 年，沙皇亚历山大二世被俄国民意党人刺杀，沙皇政府进一步加强封建专制统治并采取各项严厉的反动措施。契诃夫的童年、少年和青年早期，就是在这 20 年内度过的。1879 年，19 岁的契诃夫考入莫斯科大学医学系（五年制），于 1884 年毕业。毕业后，契诃夫有一段时间从事医生工作，但他后来逐渐成为一位有名的“职业”作家。

在俄国作家中，像契诃夫这样的“学历”和“专业”出身者，不说是绝无仅有，但恐怕也是凤毛麟角。然而正是医学专业的知识帮助契诃夫成为一位别具一格的多才多艺的文学大家。

时代、环境、家庭、教育以及民风社情等等，使得契诃夫从青少年时期起就在生活中和观察社会的过程中逐渐养成自己的观察力、判断力、分析问题和辨别是非的能力，逐渐学会独立思考，形成自己的独立人格。

二

契诃夫很早就开始学习写作了。一说他于 1880 年（20 岁时）开始创作；但据研究契诃夫的专家学者推测，他开始写作的时间“不晚于 1878 年”，即他进入莫斯科大学的前一年。专家们认为，“未保存下来”的作品«Нашла коса на камень»（直译为《大镰刀碰石头》或《针尖对麦芒》，意译为《硬碰硬》）和«Недаром курица пела»（《难怪母鸡打鸣儿》）等均出自契诃夫（早期）笔下。他早期发表的作品用了 50 多个笔名（或化名），如“安托莎·契洪杰”“无脾的人”“我兄弟的兄弟”等等。

契诃夫之所以在早年就开始写作，向彼得堡和莫斯科等地的一些文学刊物（最早是某些“幽默”期刊）投稿，除了创作的激情和冲动等原因外，还有一个原因：由于家境贫寒，他需要为自己挣得在莫斯科生活和学习的费用，可能的话，尽量补贴家用，资助弟妹求学和赡养父母。

契诃夫在世时间只有 44 年。尽管他开始写作的时间较早，但如果从 1880 年算起，到他 1904 年去世，他创作的时间也不过 24 年。像他的前辈文学家（如普希金、果戈理、莱蒙托夫、别林斯基、杜布罗留波夫等人）一样，英年早逝，令人痛惜。然而，正是在这短短的 24 年内，我们看到一位“文学青年”如何成长为一位文坛巨匠。

古今中外，大多数作家，总要经历一个成长过程，总要在艺术上经历一个成熟的过程，契诃夫也不例外。从作者在不同时期创作的作品来看，他早期的和中后期的作品，无论在思想性上还是在艺术性上，其揭示社会生活的广度、探究事物本质的深度和创作水平达到的高度，存在着一定的差别。例如，契诃夫最早期的短篇小说和幽默小品，与后来创作的戏剧作品相比，两者（尤其前者中的一些作品）显然不可能处于同一个层次上。但是，尽管如此，作者的主观能动作用、作家的社会担当，以及希望作品取得良好社会效果的企求和努力，应该是大致相同的。

三

我们的这本书是一本契诃夫早期短篇小说和幽默小品选集，译自 1974—1983 年莫斯科出版的《契诃夫作品和书信全集》

(«Полное собрание сочинений и писем», 共 30 卷, 其中“作品”18 卷,“书信”12 卷)的第二卷《短篇小说·幽默小品(1883—1884 年)》(«Рассказы. Юморески. 1883 – 1884»)。在“本版”之前,曾在不同时间出版过不同卷数的契诃夫“全集”,如 1903—1916 年圣彼得堡出版的《作品全集》(23 卷),1944—1953 年莫斯科出版的《作品全集》(20 卷)等。

20 世纪 70—80 年代的契诃夫“全集”中的前五卷(包括我们译的第二卷)几乎都是“同名”的:《短篇小说·幽默小品(年份)》[«Рассказы. Юморески. (Каких-то годов)»],如 1. «Рассказы. Повести. Юморески. 1880 – 1882», 4. «Рассказы. Юморески. 1885 – 1886», 5. «Рассказы. Юморески. 1886 – 1887»等。由此可见,在契诃夫的早期创作中,幽默小品(包括诙谐、讽刺、嘲笑、批评揭露等“杂文”以及所谓“滑稽故事”等)占有很大的分量。不少作品,短小精悍,言简意赅。随着作者在思想上和艺术上(包括语言文字上)日趋成熟,作品的语言(特别是各色“杂文”的语言)有很大的进步:有的作品虽隐晦曲折,但言必有中;有的作品语言机智幽默,但直言不讳,以至酣畅淋漓。与此同时,作者刻画出了社会上形形色色的鲜明生动的人物形象[而这些形象又分别出现在契诃夫的《中间人物》(«Средние люди»)、《多余人物》(«Лишние люди»)等后来的作品中]。读者可以小中见大,见微知著。

我们译的这本书共有长短不一(从几十个字到上千字)的作品 131 篇。据统计从 1884 年中期(大学毕业时)到 1888 年年初中篇小说《草原》出版,契诃夫创作了 350 多个作品,仅 1887 年就写出了 65 个短篇故事,这一年被称为作者的“多产年”。此时的契诃夫不仅在作品的数量上多产，而且在作品的质量上也出现了新的变化。从某些作品可以看出，从19世纪80年代中期起，契诃夫的写作风格开始有了一定的变化，其题材选择范围更扩大了。他从善于“捕捉”并描写“凡人琐事”“日常生活情趣”等，到更多地对有影响、有轰动效应的政治和社会等方面的问题做出反应。例如，对沙皇政府一贯采取的严厉的书刊检查措施，契诃夫不得不用迂回曲折的方式遣词造句、行文用语，甚至“反话正说”或“正话反说”。例如杂文《报刊读者的想法》《出版消息》《颠三倒四的告示》等极尽讽刺嘲弄之能事，让人不能不佩服青年作家契诃夫艺术构思和文字运用之妙。再如，有一个超短篇杂文，名为《问题和答案》——很一般的标题，但此文的“版面”（页面）却极为罕见（可说是绝无仅有）：“问题”版面正排，而“答案”版面倒排，而且两者并排在同一页的左右两边。这充分表现出契诃夫的机智和敏锐的一面。

类似上面谈到的几部作品，在本书中还有许多（如《俄语中使用的三千个外来词》《我的官衔和爵号》《我的俏皮话和喜爱的格言》等），但总的来说，其“社会意义”有大有小，揭示社会生活真谛有深有浅。虽然契诃夫一生仅有二十多年的创作生涯，但他是19世纪最后20年和20世纪初4年的最伟大的俄罗斯作家之一，是俄罗斯文学史上最杰出的现实主义小说家和剧作家。

2014年5月4日于北京大学承泽园

《俄语的数、数词和数量词研究》前言[①]

长期以来，俄罗斯语言学界（甚至斯拉夫学界）在研究俄语语法体系和一个个语言事实等方面，曾有过并且至今仍存在着不同的学派，学者们发表了不同的学术见解，采用不同的研究方法。正如苏联科学院俄语研究所的《俄语语法》[②] 的作者们所说："在现代语法学（无论是本国的还是外国的）中采用各种不同的描写语言语法结构的方法。在这些描写中，提出了各种不同的主张和见解，使用了多种多样的方式方法。主张和见解的多样性，方式方法的多样性——本身就是一个积极的现象：因为多样性可以使我们从不同的观点、从不同的立足点来研究语言的诸多领域和范畴以及各范畴之间的联系，也让我们可以看到以往常常

① 原载于左少兴著：《俄语的数、数词和数量词研究》，北京大学出版社 2006 年版。

② 《俄语语法》，指«Русская грамматика»（Академия Наук СССР，Издательство «Наука»，Москва，1982），以下简称《语法—80》。

不被注意的东西，语言的实质自身容许这种种各不相同的，而且经常相互排斥的研究方法。”（《语法—80》，第 13 页）

20 世纪下半叶，从 50 年代初期起，俄语语言学界发表了许许多多有关俄语语言结构方方面面的研究论著和教学材料。一般而言，这些论著和教材对整个俄语语法体系做了比较全面和详尽的描写。我们看到，除了苏联科学院在这一时期撰写的《俄语语法》[①] 外，“还存在其他的观点、见解和方式方法，而且它们在实践中不断地发展”（《语法—80》，第 13 页）。因此可以说，在俄语研究领域中，呈现出一种“百家争鸣”的局面，而不仅仅是“形式学派”和“语义学派”等少数几“家”。

俄语语法研究的发展导致多种类型的“俄语语法”的面世：除了“传统语法”“描写语法”等外，还有诸如“实践－规范语法”“功能语法”“理论语法”等“俄语语法”。这些类型的“俄语语法”使得俄语研究“园地”呈现出“百花齐放”的局面。从 20 世纪 50 年代起，我国许多高校大规模开展俄语教学科研工作。半个多世纪里，我国的俄语教学科研工作取得了长足的进步，成绩斐然，成果显著。特别可贵的是，中国的俄罗斯学家（特别是俄语语文学者）提出了自己的、有中国特色的学术观点，表现出自己的研究方法。正如“国际俄罗斯语言文学教师联合会”（МАПРЯЛ）前秘书长科斯托马罗夫（В. Г. Костомаров）教授在 1990 年 8 月“第七届国际俄罗斯语言文学教师代表大会”期间所说的，中国的俄罗斯学家在俄语教学研究工作中不

① 除了上面说的《语法—80》外，这里说的《俄语语法》是指«Грамматика русского языка»（АН СССР，1952—1954），以下简称《语法—50》，还指«Русская грамматика»（АН СССР，简写本，1990），以下简称《语法—90》。

仅取得了惊人的成就，而且正在形成自己的学术观点和研究方法及教学方法。他把这些称为“中国学派”（китайская школа）。

俄语的“数”这个“语法范畴”和“数词”这个“词类”，在整个俄语语法体系中既是重要的理论性研究课题，又是复杂的实践性很强的语言现象。正如我们前引的《语法—80》中所说的：“多样性可以使我们从不同的观点、从不同的立足点来研究语言的诸多领域和范畴以及各范畴之间的联系，也让我们可以看到以往常常不被注意的东西。”我们在长期的俄语教学科研实践中，在传统语法的“数”和“数词”等范畴内看到一系列“以往常常不被注意的东西”，甚至不少错讹和遗缺的“地方”。因此，我们把这本论述和描写“俄语的数和数量词”的书称为“拾遗和释疑”（原稿取名为《拾遗和释疑——俄语的数和数量词研究》），是在“成体系”的范围内的“拾遗补阙”和“质疑释疑”。但我们并不奢求对有关“数和数量词”的所有“疑难”加以解析。

我们不追求“标新立异”，但也不“陈陈相因”，不“拘泥成说”，也不陷于“低水平重复”。我们仍然在传统的、描写的、规范的、实用的“俄语语法”范围内“行事”，摆事实（即陈列语言材料），讲道理（即陈述学术观点）。与此同时，我们始终遵循“学以致用”“洋为中用”的原则，坚持“理论与实际相结合”，适应广大读者的需要。

这本书仅是俄语词法的一个部分，然而正是这个“部分”描述的“数和数量词”常常给我们“带来极大的麻烦”［苏联著名语法修辞学家罗森塔尔（Д. Э. Розенталь）语］；但与此同时，我们认为，正是我们所探讨的这“部分”，不仅可能帮助读者解答有关俄语“数和数量词”的疑难问题，认识到“以往常常不被注意的”语言现象，而且会帮助读者扩大和深化自己的俄语知识，从而有助于我们的俄语教学研究工作的进一步提高。

参考文献

[1] АН СССР. Русская грамматика [М]. Москва: Издательство «Наука», 1982.

[2] АН СССР. Грамматика русского языка [М]. Москва: Издательство Акад. наук СССР, 1952－1954.

[3] АН СССР. Русская грамматика [М]. Москва: Рус. яз., 1990.

《文字的历史》译序[①]

一

维克多·亚历山大罗维奇·伊斯特林（Виктор Александрович Истрин，1906—1967）教授是苏联著名学者、语言文字学家、书籍学家。20 世纪二三十年代，伊斯特林就读并毕业于莫斯科大学文学艺术系，获语言学博士学位。毕业后他长期在科研机构和高校工作，对苏联印刷出版事业和世界语言文字研究贡献颇多。

我们翻译的伊斯特林教授的这本书，原作初名是《文字的发展》（«Развитие письма»），于 1961 年问世。本书出版之后，受到苏联国内外学术界的广泛注意，得到文字史学、语言学、历史学、考古学、民族学、人类学、宗教学、文化史、文学史等学科

① 原载于［苏联］В. А. 伊斯特林著，左少兴译：《文字的历史》，中国国际广播出版社 2018 年版。（原《文字的产生和发展》）

专家教授的好评，特别是苏联科学院多位院士和通讯院士［如维诺格拉多夫（В. В. Виноградов）、康拉德（Н. И. Конрад）、雷巴科夫（Б. А. Рыбаков）、季霍米罗夫（М. Н. Тихомиров）等等］，亲自给作者提出许多宝贵的意见和建议。

本书作者广泛收集有关材料，并在众多意见、建议的基础上，对第一版做了大量修改，重写了其中一些不确切的地方，同时用新材料充实内容，从而进一步提高了该书的学术质量。然后，于1965年以《文字的产生和发展》（«Возникновение и развитие письма»）为名再次出版发行。我们就是根据这个版本来翻译的。

伊斯特林博士写道："本书是苏联时期第一部论述文字的一般历史和理论的综合性专著。作者力求使本书不仅对专家适用，而且也为广大读者所接受。"译者对此深有同感。我们认为，本译本的宗旨也是与此相同的。

这部著作以社会经济和文化为背景，比较全面地论述世界各主要文字体系的产生和发展，以及它们之间的相互关系，从语言特点等方面谈到文字的类型学和分类学上的一些问题以及文字史学界在这方面的不同观点，阐述人文社会科学各学科与文字及其发展历史的相互关系和相互影响。作者运用科学的方法论比较正确地分析文字产生的原因和发展的途径，描述从远古"图画文字"到现今许多文字体系的发展过程，同时还对文字发展的前景做了初步探索和预测。

本书"以理论阐述为主"。它虽是一部学术著作，但同时不少章节写得很通俗，知识性强，是我们进行"通识教育"的好教材。此外，本书还包含大量的史料和各种文化知识信息，有160

多幅插图，其中值得注意的是几个“文字发展谱系示意图”［如“以（印度）婆罗米字母为基础产生的各文字发展谱系表”“在希腊文字基础上产生的各最重要文字发展谱系示意图”等］。

总而言之，本书内容丰富，史料充分，融科学性、知识性和可读性为一体。

二

作者在书的“引言”中写道：“近几十年来，由于大量文物的发现，文字史更加丰富了……”（第I页）因此，我们将本书的译名改为《文字的历史》。而且，就全书的主要内容而言，这里说的“文字”是指世界古今一些主要文字和类型，本书反映了它们的形成（或曰出现、产生、衍生）以及发展、演变的历程。它们有的源远流长，有的“谱系”分支众多。从20世纪60年代初期（本书原著出版时间）起，迄今（2017年）又过去了半个多世纪，应该说，由于学术界更深入而广泛的研究和大量历史文物资料的发现，文字史又进一步丰富了。

然而，世界自古至今人类社会有过（和现有）多少种文字，恐怕无人精确统计，因此也难以回答这个问题。此外，文字有多少种类型，有多少个“文字发展谱系”，它们如何分类、归类，等等，这诸多问题还有待中外学术界进一步共同努力来加以解决。

我们浅见，这里主要存在两方面的原因：一是世界的语言有多少种没有精确统计；二是对“文字”下的定义各有不同，“见仁见智”。

美国学者肯尼思·卡兹纳在《世界的语言》一书的“序言”中写道：“目前世界的语言有数千种。要确定一个准确的或约略的种数，是不可能的，因为有许多语言，还几乎不为人所知；并且不可能在语言和方言之间划一道明显的界线。在很多情况下，当一个地区的语言渐渐地和邻区的语言混合起来时，就很难确定当地说的是什么语言了……”（卡兹纳，1980：序1）

众所周知，文字是用来记录语言的，它在语言的基础上产生，文字与语言有密切的关系；世界上有的语言历史上存在过（而后“消亡”的或被当作“死的语言”），有的语言有文字，而更多的（特别是那些“不为人知”的小语种）语言则是或可能是“无文字的语言”。如果说“目前世界的语言有数千种”，那么，目前世界的文字（且不说历史上出现过而后消亡或被别的文字取代的各种文字符号）有多少种，确实也是一个“未定数”。

我国著名语言文字学家、北京大学和复旦大学教授裘锡圭说：“在文字定义问题上，语言文字学者分狭义和广义两派。狭义派认为文字是记录语言的符号。广义派大致认为，人们用来传递信息的、表示一定意义的图画和符号，都可以称为文字……我们是狭义派，因为在传统的汉语文献里，历来是用‘文字’这个词称呼记录语言的符号的……”（裘锡圭，1998：1）

但是我们通读这部“译本”，再对应上面的引文，可以得出这样一个看法：伊斯特林本人没有说自己属于“广义派”还是“狭义派”，但他的《文字的历史》对文字的“定义”和阐述，表明他本人既是“狭义派”，又属于“广义派”（见译本的“第二章”和“第三章”）。

虽然世界的文字种数“未定”，但文字学的研究并不追求对世界古今文字种类的数量统计，而是着力于描述和分析研究文字的类别、类型与分类，以及各文字产生的历史条件、发展阶段，它们的“发展谱系”和相互关系，以及与一定语言的关系，与历史上形成的“宗教”的关系等；此外，文字学的研究还须考虑到在新条件下出现的新问题，如“文字改革”“正字法”等如何满足和适应社会需要等问题。

但是，我们看到，即使上面列举的一些问题（如文字发展的阶段），中外学界也有不一致的认识和阐述。例如，我国20世纪出版的《辞海·语言文字分册》中写道：“文字有表形文字、表意文字、表音文字。这三种类型标志着文字发展的三个不同阶段。”（《辞海·语言文字分册》，1980：26）试比较：“D. Bolinger等人编的*Aspects of Language*（《语言面面观》第11章第2节‘The Growth of Writing’——‘文字的发展’）……将文字发展的三个阶段表述为：（1）‘Word writing’（表词文字）；（2）‘Syllable writing’（音节文字）；（3）‘sound writing, the alphabet’（表音位文字，字母）。取消了不准确的、容易使人产生误会的ideographic writing（字面翻译是‘表概念文字’，我国常误译为‘表意文字’）。”（伍铁平、王庆，2007：17）

再比较本译著的相关章节和使用的“分类法”以及名称术语等，我们会看到不同作者之间在相关问题上存在着彼此相同和不同的方方面面。

三

不管世界古今的文字（包括某些已消亡的“书写符号”）经

历什么“阶段”和几个“阶段”，但有一点必须提及，也是本书作者伊斯特林所强调的，世界文字史上，没有任何一种文字系统都经历过这“三个”（或更多的别的）发展阶段，即使最古老的文字也是如此。

为什么这样呢？这就要分析研究世界古今不同类型的文字体系（现有的和曾有过的）是如何产生（出现）的，或者说，这些文字的形成方式大致是怎样的。

裘锡圭教授认为：“事物都有一个发展过程，文字也不例外。以别的语言的文字为依傍，有时能为一种语言很快地制定出一套完整的文字来。但是对完全或基本上独立创造的文字来说，从第一批文字的出现到能够完整地记录语言的文字体系的最后形成，总是需要经历一段很长的时间的。我们把还不能完整地记录语言的文字称为原始文字。”（裘锡圭，1998：1）

以上的论述告诉我们，世界各类文字的形成基本上有两种方式（甚至还可以说两种“速度”）：一种是“完全或基本上独立创造的”，需要“很长的时间”；另一种是“以别的语言的文字为依傍”（即“借鉴”别的语言的文字符号）而“制定出”的（我们认为，这实际上是“仿造的”），而且这种文字是“很快地制定出”来的。前者以我们的汉字、古埃及文字、两河流域的楔形文字等“独立创造的”文字为代表；后者为数更多，例如当今世界众多语言使用的拼音文字（又称字母文字）几乎都源自拉丁字母（又称“罗马字母”），而拉丁字母和斯拉夫文字（俄语字母、保加利亚语字母等）都源自古希腊字母，而古希腊字母又源自腓尼基字母，等等。

本书中的各类文字体系的发展谱系示意图在这方面给了很好

的展示。本书作者甚至斩钉截铁地说："文字史上没有任何一种字母－音位文字体系是完全独立形成的。"所谓"字母－音位文字"又称为"字母－表音文字"等。

除了我们知道的自古至今世界各类型文字归结为"独立创造"型和"借鉴仿造"型（这是译者自造的文字学"术语"）这两类外，我们还需要知道，谈语言文字时，要分别**文字学上用的"文字"**二字和**特指的文字符号**（或文字体系、文字类型等）。在这方面，我们在翻译和审校本书译文和作者使用的"引文"时有这样一段经历。

作者在本书第六章《字母－音素文字①的产生》（«Возникновение буквенно-звукового письма»）（该书第二版第258－259页）一开始就写道：

> 字母－音位文字的出现对发展世界文化有过重大的意义。例如，恩格斯就把字母－音位文字的出现同由"野蛮"时代向"文明"时代过渡联系起来。他在叙述"文明"时代以前的"野蛮"时代的各个不同阶段时写道："高级阶段。从铁矿的冶炼开始，并因字母－音素文字的出现与它的应用于文献纪录而转入文明时代。"

上文恩格斯的这句话的译文摘自《家庭、私有财产和国家的起源》（人民出版社，1972年版，第25页）；二十多年后，1995

① "字母－音素文字"是旧译，现常用"字母－音位文字"或"字母－表音文字"，或简称"字母文字""表音文字""拼音文字"等。

年人民出版社出版的《马克思恩格斯选集》第四卷，恩格斯《家庭、私有制和国家的起源》中的译文是：“高级阶段。从铁矿石的冶炼开始，并由于拼音文字的发明及其应用于文献纪录而过渡到文明时代。”（第 21 页）

我国著名语言文字学家，北京大学叶蜚声、徐通锵教授在其所著的《语言学纲要》中写道：“文字的创制使人类的发展出现了质的飞跃……”“所以恩格斯说，人类‘从铁矿的冶炼开始，并由于文字的发明及其应用于文献纪录而过渡到文明时代。’文字的创造和发明是人类社会发展中的一个重要的里程碑。”（叶蜚声、徐通锵，1981：154）[①] 这里用的“文字”二字是否就是指“字母 - 音位文字”（即“拼音文字”）？

针对苏联有些语言文字学者没有把恩格斯在此文［俄语译文«Происхождение семьи, частной собственности и государства»（《家庭、私有制和国家的起源》）］中关于“字母 - 表音文字”的出现（Появлепие «буквепно-звукового письма»）和关于“一般文字系统”的产生（Возникновение «письменности вообще»）加以区别的种种说法，本书作者伊斯特林特意在同页的注①上写明：“某些作者错误地把恩格斯的这一说法当作是谈一般文字系统的产生，而不是谈字母 - 表音文字的出现。”（“Некоторые авторы ошибочно относят это высказывание Ф. Энгельса не к появлению буквенно-звукового письма, а к возникновению письменности вообще.”）

---

① 引文同页引用“恩格斯：《家庭、私有制和国家的起源》，《马克思恩格斯选集》第四卷第 21 页”，此卷未注明出版社名和出版时间。

在本书中，包括第九章“斯拉夫－俄罗斯文字的产生和发展苏联各民族的文字体系”在内，第六章“字母－音素文字的产生”、第七章“辅音－音素文字发展的规律”和第八章“元音－音素文字的产生和发展的规律”这四章占全书篇幅的一半，值得我们一读。

四

作者根据20世纪四五十年代苏联出版的语言文字书籍的实际情况写道：“用俄语出版的有关普通文字史的著作为数极少。”（第Ⅱ页）相反，我们读到，当时用俄语出版的（包括翻译的）有关斯拉夫－俄罗斯语言文字史和文字学理论的著作和论文却为数甚多，有的堪称“鸿篇巨制”，如苏联学者切列普宁（Л. В. Черепнин）著的《俄罗斯古文字学》[①]，600多页，几十幅插页插图等。

作者还写道：“苏联出版了两部国外学者著的有关普通文字史的著作：1950年出版的捷克学者劳科特卡（Č. Loukotka）的《文字的发展》（据1946年版）[②] 和1963年出版的英国学者迪林格（D. Diringer）的《字母》（据1949年版）[③]。但是无论对广大读者还是专家——历史学家和语文学家，这两本书都不能满足

---

① Л. В. 切列普宁. 俄罗斯古文字学（Л. В. Черепнин. *Русская палеография*）. 莫斯科：国家政治文献出版社（Государственное издательство политической литературы），1956.

② Č. Loukotka. *Vývoj pisma*（Ч. Лоукотка. *Развитие письма*. 1950）.

③ D. Diringer. *The Alphabet. A Key to the History of Mankind*. 俄语翻译时此书名简称 *The Alphabet*（《字母》）（Д. Дирингер, *Алфавит*, 1949年第2版）。

他们的需要。”（第Ⅱ－Ⅲ页）

如果我们将上面的“用俄语出版的”和“用俄语翻译的”中的“俄（语）”改为“汉（语）”或者改为“中文”，并以此来说明我国的有关普通文字史的著作的出版和使用情况，我们觉得，那也可能是符合中国实情的。①

如果说伊斯特林的《文字的产生和发展》是“苏联时期第一部论述文字的一般历史和理论的综合性专著，作者力求使本书不仅对专家适用，而且也为广大读者所接受”，那么我们中国是否有过与上述“苏联时期”的情形相类似的情况呢？

周有光先生在2011年的一次访谈中说道：“1954年我写了一本小书《字母的故事》，略述世界古今字母历史，提供选择字母的参考。毛主席的秘书曾来取去这本书。”（周有光、陈明远，2011：121）

所谓“世界古今字母的历史”就是世界古今字母文字的历史。20世纪50年代上半期，我国正酝酿“汉字改革”，征求改革方案——采取何种“字母形式”供“汉语拼音方案”之用；后来“还是采用罗马字母”（周有光、陈明远，2011：121）（又称拉丁字母）。周有光先生提出的“汉语拼音体系”，被“文字改革委员会”优先选用，因而他也被后世人称为“汉语拼音之父”。

我们不能断言，周有光先生的“略述世界古今字母历史”的《字母的故事》，是不是当时中国的“第一部”论述字母文字的

① 由于我们接触相关图书资料不多［例如，我们至今尚未读到一本2005年出版的、译自法文的书《论文字学》（作者雅克·德里达，译者汪堂家）］，因此只能说“可能是符合中国实情的”。

一般历史和理论的专著，但无论如何，这本供当年做“决策参考”的“小书”，却起了极大的作用。

翻译和出版外国学者的学术著作，是我国学界和文化出版各界的一种担当。但总的来说，一些“涉外”学科和学术领域，不仅翻译的数量少，而且质量也有待提高。正如鲁迅先生谈到当年我国翻译外国文学作品的状况时所说：“外国文学的翻译极其有限……所谓可资‘他山之石’的东西实在太贫乏。”（《中国杰作小说》小引）今天我们同样也可以说，我们翻译外国学术著作（除外国文史哲的经典著作和少数西方美学、伦理学等学科的著作外），如关于语言文字的理论和历史，“可资‘他山之石’的东西”同样也贫乏，虽然情况已经开始发生变化。

20世纪80年代，我国著名历史学家周谷城、吴于廑、林志纯等撰文呼吁：“古典文明研究在我国的空白必须填补。”[①] 世界各种文字、由不同文字书写的文献，以及文字学、文字史等，与世界古典文明的关系极大。例如，谈拉丁字母，必然要与古希腊字母联系起来；谈古希腊字母，必然要同远古腓尼基字母联系起来，进而与“两河（幼发拉底河和底格里斯河）流域文明”等联系起来。两河流域文明的初期阶段，那里的人民——先是苏美尔人，后来是阿卡德人、亚述-巴比伦人等，早在公元前3000年就创造了一种文字——所谓“楔形文字”［见本书（即《文字的历史》）第五章等有关部分］。作为推进人类文明的先行者之一，他们同古代中国人、古埃及人等一样，对人类社会的进步做出了很大的贡献。

---

① 见《世界历史》，1985年第11期，文章标题。

五

十分可喜的是，进入新世纪以来，我国学界对世界的（特别是“西方的”）古典文明的教学研究有了新的发展。例如：南开大学开展了“拜占庭学”的教学研究；北京大学成立了跨院系实体教学科研机构——“北京大学西方古典学中心”，使“西方古典学”发展成为一个含希腊语和拉丁语文本的，横跨语言、文字、文献、文学、历史、哲学、考古、艺术等诸多学科的“复合学科”。这个北京大学第一次设立的“古典学中心”，人才济济，学科较全，科研成果和人才培养指日可待。此外，国内还有一些高校正在这个学术领域准备大显身手。

我们再以北京大学外国语学院开设的古代语文课程为例。在这一方面，它的一些系科具备较好的条件，有着较为优良的传统。除了继承如原“东方学系”季羡林、金克木等前辈学者开设的“梵语”“巴利语”等以外，进入21世纪以后，由于北京大学引进不少海外留学人才，学术视野进一步扩大，陆续开出了不少新的课程。例如，其中与远古“两河流域文明”有关的课程：“苏美尔语语法”“阿卡德文献阅读”“赫梯学专题”“赫梯历史与文化”等；再如，外国语学院新设立的“西亚语言文化系”为该系研究生开设多门与古代东方文明有关的古代语言文字课程；其他外国语言文学系也开设了相应的与东西方国家历史文化有关的课程，如“希伯来语言文化”“希伯来语圣经研究”“古埃及及象形文字”等，以及“波斯历史文献研究”“印度文化典籍选读”“阿拉伯伊斯兰文化”“俄罗斯文化史”“德国文化专题”①，等等。

与上述情形相类似的还有不少。正如本书作者所说：由于本书所阐述的有关文字理论和历史的“题目特别大的缘故”，“作者一个人是不可能在一本书之内把这一内容广泛的题目包罗无遗的”（第Ⅵ页）②。对于本书译者来说，由于本书所阐述的有关问题涉及的学科和语种很多，名词术语也很多，译者一个人，无论从知识面还是从能力来说，都是“难当重任”的。所幸译者几十年来身处像北京大学这样的最高学府、学术殿堂，它不仅人文社会学科比较齐全，人才众多，而且馆藏图书资料充盈；特别是外国语学院诸多系科和文史哲等文科各系，译者请教了不少“一字师”和“多字师”，他们从各个方面帮助译者解决了许多翻译难题，特别是正确的译名译语问题。

译者从20世纪80年代初期起，开始将《文字的产生和发展》（俄文版）这本原著，给北京大学俄罗斯语言文学系研究生开设有关“古代斯拉夫－俄罗斯语言文字”课程时作“教材”用，随后又将此书翻译成中文。在这一过程中，我们先后请教了北京大学外国语学院各系季羡林、杨业治、刘麟瑞、裘锡圭（中文系）、殷洪元、黄宗鉴、黄敏中、金鼎汉、陈嘉厚、王廷荣、赵登荣、王逢鑫、赵振江、叶奕良、崔荣林、朴忠禄、韩振乾、

---

① 此处列出的一些课程名目（必修课和选修课）是根据2013—2014学年度第一学期“北京大学课程表（外国语学院）”和“北京大学外国语学院”新编的“今日外院”（介绍）摘选的。

② 本句中的“包罗无遗”应改为“阐述得巨细无遗”，以与所标注的“第Ⅵ页”中的文字对应。——编者注

张会成等学者专家（包括一些未记住姓名的或遗漏的北大学者）；特别要提及的是当年北京大学出版社的胡双宝、王荣宅等先生的大力帮助。在此，译者再次向他们表示衷心的感谢，同时诚心请求广大读者和专家学者对这个译本中的不足和错误提出批评意见。

2017年1月31日于北京大学承泽园

参考文献

[1] 辞海·语言文字分册［M］. 上海：上海辞书出版社，1980.

[2] 肯尼思·卡兹纳. 世界的语言［M］. 黄长著，林书武，译. 北京：北京出版社，1980.

[3] 裘锡圭. 文字学概要［M］. 北京：商务印书馆，1988.

[4] 伍铁平，工庆. 正确的翻译是从事学术研究的前提［C］//屠国元. 三湘译论（第六辑）. 长沙：湖南人民出版社，2007：15-25.

[5] 叶蜚声，徐通锵. 语言学纲要［M］. 北京：北京大学出版社，1981：154.

[6] 周谷城，吴于廑，林志纯. 古典文明研究在我国的空白必须填补［J］. 世界历史，1985（11）：1-3.

[7] 周有光，陈明远. 百岁学人周有光先生谈话录（之五、之六）［J］. 社会科学论坛，2011（6）：108-126.

《古俄语简编》导言[1]

一

1995年春中国俄语教学研究会第四届理事会常务理事会在举行的会议上确定了自己的工作方针，其中一项是："随着我国社会主义现代化建设事业的快速发展，进一步提高俄语教学与科研水平，培养跨世纪的俄语界接班人和学术带头人。"这项方针可以作为我们这个"读本"编著的宗旨和任务，同时也加深了我们对编著这样一本教材的必要性的认识。

要培养跨世纪的俄语教学和研究的接班人和学术带头人，要使我们的年轻人尽快成才，就必须让他们在俄罗斯语文、俄国文化和文化史等方面，使他们在"三个面向"方面有比较广阔的学

① 本文原版初次载于左少兴编著：《俄语古文读本》，北京大学出版社1997年版。后经修改再次载于左少兴编著：《古俄语简编》（原《俄语古文读本》增订本），北京大学出版社2018年版。

术视野，有更加扎实的学术功底。

我国俄语界的跨世纪青年学人面临着新形势下的新任务。在俄罗斯语文的教学和研究方面，在俄罗斯－斯拉夫学等方面，存在着有待我国俄罗斯学界学者和俄语工作者，尤其是青年学者进一步深入进行学术研究并施展才华的广阔领域。同时我们也看到，在这广阔的领域中有不少是我们未曾涉及或未来得及探索的方面和问题。或者严格点说，仍然有一些“空白点”有待填补。

我国学术界前辈周谷城、吴于廑等人曾著文大声疾呼：“古典文明研究在我国的空白必须填补。”（见《世界历史》1985 年第 11 期）虽然他们指的是属于世界古典文明之列的古埃及学、亚述－巴比伦学、赫梯学等，但他们的“呼吁”具有普遍意义，因而受到国内学术各界的普遍重视。同样，中国的敦煌学、吐鲁番学等也受到国内外学者的重视和广泛研究，例如国内有以季羡林先生、饶宗颐先生等为代表的众多学者，国外有以 С-ПО ИВАН（俄罗斯科学院东方研究所圣彼得堡分所）[①] 为代表的研究机构。

综观世界，国外许多学者对于世界上古往今来的文化精粹的研究可说是硕果累累。这不仅体现在研究古希腊－罗马文明方面，而且也体现在其他方面。他们不仅研究不同时间和地域的古代文化、中世纪文化和现代文化，而且研究人种学、人类学、民

---

① 原文中有误，此处特加此注。该所 1956 年起称 ЛО ИВ АН СССР（苏联科学院东方学研究所列宁格勒分所），后更名 СПбФ ИВ РАН（俄罗斯科学院东方学研究所圣彼得堡分所），2005 年独立为 ИВР РАН（俄罗斯科学院东方手稿研究所）。可参考：http：//www. orientalstudies. ru/rus/index. php？option = com_ content&task = view&id = 46&Itemid = 82。——编者注

族学等。仅以“古文字学”为例，我只列举几位代表人物及其著作就可见一斑。如德国霍梅尔（F. Hommel）的《埃及文化的巴比伦起源说》（*Der babylonische ursprung der ägyptischen kultur*），加特豪森（V. Gardthausen）的《希腊古文字学》（*Griechische palaeographie*）；英国斯蒂芬斯（F. Steffens）的《拉丁古文字学》（*Paléographie latine*），比恩鲍姆（S. A. Birnbaum）的《希伯来文字》（*The Hebrew Scripts*），迪林格（D. Diringer）的《字母：人类历史的钥匙》（*The Alphabet: A Key to the History of Mankind*），埃文斯（A. Evans）的《米诺斯的宫殿》（*The palace of Minos*）和《克里特线形文字》（*Cretan pictographs and prae-Phoenician script*）；法国勒纳尔（M. Renard）的《伊特拉斯坎学入门》（*Initiation à l´étruscologie*），科昂（M. Cohen）的《文字的伟大发明及其发展》（*La grande invention de l´écriture et son évolution*）等。俄国和其他斯拉夫国家的学者在这些研究领域也做出了自己的贡献。如卢里耶（С. Я. Лурье）的《迈锡尼希腊的语言和文化》（«Язык и культура микенской Греции»）、利夫希茨（Г. М. Ливщиц）的《死海古卷及其历史意义》（«Кумранские рукописи и их историческое значение»）、格朗德（Б. М. Гранде）的《希伯来语语法概论》（«Грамматический очерк языка иврит»）和《希伯来语－俄语词典》（«Иврит-русский словарь»）等。我们可以列出许许多多杰出的学者及其著作。他们不仅研究世界各地的古代文化，而且致力于古代的语言文字的研究，如埃及圣书字（旧称象形文字）、巴比伦楔形文字、复活节岛的文字等。值得一提的是俄国著名学者克诺罗佐夫（Ю. В. Кнорозов）利用现代化技术手段对美洲玛雅文字的解读［他的

论著有《玛雅印第安人的文字》（«Письменность индейцев майя»）、《中美洲的古代文献》（«Древняя письменность Центральной Америки»）、《研究玛雅文字的几个问题》（«Проблема изучения иероглифической письменности Майя»）等］。

世界各国学者研究中国的古代文明和现代文化是极富有成果的。我们仅以俄国学者为例。早在十八世纪初期，郎格（Ланг）根据彼得大帝的谕旨来北京采购中国的实用艺术品等，中期俄国科学院委派科学家叶拉金（Елагин）到中国，接着又有许多学科的科学家相继来到中国。十九至二十世纪来的就更多了，如施伦克（Шренк）、维列夏金（Верещагин）、拉德任斯基（Ладыженский）等。他们不仅研究中国的物质文明，而且研究中国的精神文明，对中国的文化表现了极大的热情和兴趣。例如他们不仅研究现代汉语，也研究古代汉语和文字，包括甲骨文、金文等；他们不仅研究汉民族的文化，而且研究中国其他民族的语言文字——如唐古特学（Тангутоведение，即西夏学）、藏学、满学等。俄国著名佛学专家瓦西里·瓦西里耶维奇（В. П. Васильев，1818—1900）在北京十年，研究了汉语、藏语、满语，收集了大量中国手稿；1887 年著名汉学家伊万·米纳耶夫（И. П. Минаев，1840—1890）写出了有重大学术价值的巨著《佛学·研究和资料》（«Буддизм. Исследования и материалы»）。我们还可以指出二十世纪有代表性和有影响的俄国汉学家，如康德拉、鄂山阴（И. М. Ошанин）、龙果夫（А. А. Драгунов）等，以及俄罗斯科学院东方研究所和远东研究所的一大批专家学者。值得一提的是，2012 年商务印书馆出版了俄罗斯科学院东方研究所研究员、著名汉学家、西夏学家捷连季耶夫－卡坦斯基

（А. П. Терентьев-Катанский）的力作《从东方到西方》（«С Востока на Запад»，商务印书馆，2012 年出版，左少兴译），书中介绍了中国古代一些少数民族（如西夏、契丹、女真、蒙古、吐蕃、回鹘等）的文化和文字，同时着重谈到这些东方文化如何“通向西方”。

与之相对照，尽管俄罗斯和其他斯拉夫国家不像世界一些国家如所谓“四大文明古国”那样古老，但它们的历史和文化，它们的语言和文字，它们的社会和民族等，仍有许多值得深入研究的课题。许多国家——主要是欧美一些国家——的学者早就开始了俄罗斯学、斯拉夫学的研究并取得了明显的成果。我们仅列举其中几位及其代表性专著：法国的尼德勒（L. Niederle）的《斯拉夫古代文明指南》（*Manuel de l′antiquité slave*）（第一卷《历史》，第二卷《文明》，巴黎，1926），德国的米克洛希奇[①]（F. Miklosich）编有《斯拉夫语词源词典》（*Etymologisches Wörterbuch der slavischen Sprachen*，维也纳，1886）等。二十世纪五十年代苏联学者还把一些著作译成俄语，如：梅耶（A. Meillet）的《共同斯拉夫语》（*Le slave commun*）、瓦扬（A. Vaillant）的《古斯拉夫语指南》（*Manuel du vieux slave*）（均译自法语），范维克（N. van Wijk）的《古斯拉夫语史》（*Geschichte der Altkirchenslavischen Sprache*）（译自德语）等。特别令人感兴趣的是，二十世纪上半叶，著名法国斯拉夫学家马宗（A. Mazon）教授对俄国十二世纪的英雄史诗《伊戈尔远征记》的时代性和原创性进行质疑，引起了整个斯拉夫学界的热烈讨论，同时也重重冲击了苏俄

① 应为奥地利和斯洛文尼亚学者。——编者注

学者们的固有看法。但是，这位法国学者的学术勇气和学术视野，值得我们学习。

二

学习和研究现代俄语、俄国文学和俄国历史离不开对俄罗斯古代文化的学习和研究［这里首先指的是对古代俄语和古代罗斯文学（广义地说，古代罗斯各种体裁的文献）的学习和研究］。我国俄语界跨世纪的学术带头人和广大青年学者有必要在已有的一些“古代语文知识”和掌握一般人文社科知识的基础上再进一步开阔自己的学术视野，拓宽自己的知识结构，使自己能够成为真正的“宽口径、厚基础”的复合型人才。

恩格斯在谈到语文学和语言教育时，强调通晓古代语言的知识和现代语言的知识的同等重要性，他把两者比作“使人超越狭隘的民族观点的两种杠杆”。他在批判杜林的《哲学教程》中关于语文学和语言教育方面的错误观点时写道：“在杜林先生看来，现代人的民族狭隘性还是过于世界化了。他还想消灭在目前的世界上至少有可能使人超越狭隘的民族观点的两种杠杆，一个是至少为各民族中受过古典教育的人展现一个共同的广阔视野的古代语言知识，一个是可以使各国人民相互了解并熟悉本国以外所发生的事情的现代语言知识。相反地，他认为应该把本族语言的语法读得烂熟。但是，要了解‘本族语言的质料和形式’，就必须追溯本族语言的形成和它的逐步发展，如果一不考察它自身的已经消亡的形式，二不考察同源的各种活的和死的语言，那这种追溯是不可能的。而如果进行这种考察，我们就再次进入了明确的禁区。杜林先生既把整个现代的历史语法从他的教育计划上勾掉，那么在他的语言教学上就只剩下一种老式的、完全按照旧的古典语文学仿造的技术语法了，这种语法由于缺乏历史的基础而带有自己的全部诡辩性和任意性。”（《马克思恩格斯选集》第三卷，第671—672页，人民出版社，1995年第2版）。

现代民族的语言都有自己的历史过去，都是由自己古代语言的状态变化和发展而来的。在这一发展过程中它同其他民族——此前为部族、部落，或者同族的，或者异族的——语言（或方言）相互影响和作用，但它的语言结构基本上仍保留古代语言的质态。要了解某种语言的质料和形式，就必须追溯这种语言的形成和逐步发展。具体拿俄语来说，既要了解它本身的已经死亡（或过时）的形式，同时又要（在可能条件下）大致了解与其“同源”——即有共同来源的、所谓“同族”的——活的和死的语言（如古斯拉夫语对现代诸斯拉夫语而言）。缺乏历史的基础，就难以深入研究俄语语法和俄国文学以及其他人文科学中的某些问题。举例说，如果不知道古俄语曾有过双数这个语法范畴和名词五种变格法体系，那么对现代俄语中某些名词的变格形式就难以解释。以名词 час 的单数二格为例：два часá，с первого чáса，час óт часу，с чáсу（或 чáса）на час 等。

了解古代语言的质态当然要以学习和掌握它的现代语言为基础。除学习和掌握现代语言的语音、词汇、语法及各种语体外，还必须学习表现古代语言的书面文献。

俄罗斯和某些斯拉夫国家的高校（甚至某些欧美国家高校的斯拉夫语专业），除语文系学生必须学习“古代俄语”及某种斯拉夫语以外，像历史、法律、哲学等系某些专业的教学计划中也用一定时间来讲授古代俄语和它的古文献，甚至连档案学专业、历史地理学专业也如此。这里举两个我们亲身接触的事实为例：俄国最著名的历史学家克柳切夫斯基的五卷本《俄国史教程》（«Курс русской истории»译本，五卷集，于2013年由商务印书馆全部出版）和著名地理学家热库林（В. С. Жекулин）的《历史地理学——对象和方法》（«Историческая география — предмет и методы»，韩光辉译，北京大学出版社，1992），用了大量古俄语文献的史料。至于许多尚未触及的诸多领域的历史档案材料（如反映中俄关系、俄蒙关系等的资料）就更加如此。这不仅需要现代语言的知识，而且要借助古代语言的知识来阅读和了解。

目前我国俄语界的中青年学者（我这里主要指有学位的和在校的俄语研究生）虽然有比较扎实的语言功底，但主要是在现代语言方面，虽然他们受过一些古代语文知识的教育，多少了解一些语言国情和俄国历史及文学史，但这些毕竟不能代替对古代语言的学习和研究。恩格斯的“两种杠杆”论应成为我们驰骋在俄罗斯语文学习和研究的跑道上的两个车轮。

三

古代俄语是现代俄语的“前身”。所谓现代俄语，据俄罗斯学界一种普遍的观点（也是一种广义理解），是指“从普希金到现在”（от Пушкина до наших дней）的语言。但是学习古代俄语，了解俄罗斯的古代文化，所依据的一种主要手段就是学习古俄语的文献。古代罗斯的书面文献仅从十一世纪开始，但从十二世纪起各类文献逐渐增多，仅十二至十六世纪就有数以千计的各种文献的不同抄本。

在古代罗斯，曾经流传着两种书面文学语言：古俄语的——用罗斯人民活的语言写成的文献（及抄本），和古斯拉夫语的——主要用于宗教书籍和教会祈祷等仪式中的文献（抄本或译本），关于这方面的情况参阅下面“古俄语概说”有关部分。前者可概称为世俗性书面文献（包括民间文学、故事、军事小说、史记、人物传记、游记等）；后者可归为宗教性的书面文献。但即使世俗性的作品也程度不同地渗透着某种近于宗教性的“说教”。

从以上所述出发，我们的读本就必须在选材上做如下考虑。

选材的语言性质。即以表现古代罗斯人民的活的语言的书面文献为主，力求语言材料的人民性和代表性，力求从语言材料中看到与现代俄语的渊源关系。

选材的文献性质。作为古代书面文学语言，罗斯人民的语言表现在不同的文体中，除文艺性的以外，还有非文艺性的，如“法典”、日常书札等，有时也不能将两者截然对立，如莫诺马赫（Владимир Мономах）的《训诫》（«Поучение»）。而《罗斯法典》（«Русская правда»）则属于古代的公文语言。

选材的时间性质。我们把古代俄语的时间不仅仅限于十一至十四世纪，而且“延伸”到十七世纪，即俄罗斯民族及其语言开始形成时期。因为十四至十七世纪期间正是大俄罗斯部族及其语言的发展时期，也是以莫斯科为中心的俄罗斯中央集权国家兴起和蓬勃发展时期。因此，从时间跨度为六百多年（十一至十七世纪）的选材中不能不精选，使每个世纪至少有一两篇（文选中不少是十六世纪的抄本）。这不仅反映在历史长河中语言发展的延续性和整体性，而且也可表现出不同时期同一语言在发展中的阶段性和差异性。

在一个篇幅不大的读本中，不能不在选材上力求“少而精”。此外，也不能不考虑当前我国高校俄语专业教学计划的学时和其他主客观的各种因素。除了注意语言的科学性和作品的代表性、时代性以外，还必须注意选材的可读性（这不仅指语言，还主要指题材）。因此，从选材的内容出发，考虑其故事性、情节的完整性，既要注意突出罗斯人民的活的语言，又要与罗斯－俄罗斯文学作品和文学史“挂钩”。例如把俄罗斯人民和俄国文学史引以为豪的史诗性文学著作《伊戈尔远征记》（«Слово о полку Игореве»）全文收入这个读本，另外又把编年史中关于“Поход Игоря на половцев”的一篇作品也纳入“文选”之中，都是出于上述考虑。

为了增加对所选作品的阅读兴趣，我们在很多选篇（不是原来的手稿或抄本）前加入一个插页并对该选篇附一个时代背景和文化背景的简单介绍。

俄国著名学者、俄语史研究的奠基人之一——斯列兹涅夫斯基（И. И. Срезневский）院士——他也是至今仍在被俄罗斯－斯拉夫学界广泛使用的三卷本巨著《古俄语词典材料》（«Материалы для словаря древнерусского языка»）（1893—1903）的编纂人——早在约 150 年前发表的《关于俄语历史的思考》（«Мысли об истории русского языка»）［见本书（即《古俄语简编》）“引言”简介］——这是 1849 年他在圣彼得堡大学讲演会上发表的著名演讲——中从广度和深度上论述了“俄语的未来”（Судьбы русского языка)；不仅如此，他还把对俄语史的教学与对俄国青年学生进行所谓“爱国主义教育”联系起来。对于我们来说，至少可以通过俄语史和俄国古代文化的教学研究来加深学习和研究现代俄语以及十九至二十世纪的俄国文学，加深了解俄罗斯人民及其历史，了解他们的文化、宗教，了解罗斯-俄罗斯的语言国情，甚至还可以深入认识俄罗斯民族性格和意识形态的形成、演变、继承和发展，认识俄国社会的发展变化、俄罗斯联邦及苏联各民族间错综复杂的关系及其由来，了解东正教文化在俄国当前形势下的“复兴”等。所谓“观今鉴古”，在这些方面俄语古文献材料可能给我们提供一个较好的观察点和与现实比较的立足点。

《古俄语简编》后记[①]

二十世纪五十年代中期（1956—1957）北京大学俄罗斯语言文学系领导让我全脱产学习，先后跟两位来华（在北大任教）的苏联专家（А. И. Клитин 和 И. С. Козырев）专门学习与“古代俄语”有关的课程（如“俄语历史语法”“俄罗斯文学语言史”“古俄语文选”等），同时大量阅读他们指定的有关学科的书籍［如谢利谢夫（А. М. Селищев）的《古斯拉夫语》（«Старославянский язык»）、梅耶（A. Meillet）的《共同斯拉夫语》俄文译本（«Общеславянский язык»）等］。但是长期以来我却从事现代俄语（主要是俄语语法）的教学和研究。从二十世纪八十年代初起，在给我系俄语研究生开设“现代俄语词法学”的同时，还给他们讲授了“俄语历史语法”“古俄语概论”和“俄语古文选读”等课程。

① 本文初次载于左少兴编著：《俄语古文读本》，北京大学出版社 1997 年版。再次载于左少兴编著：《古俄语简编》（原《俄语古文读本》增订本），北京大学出版社 2018 年版。

长期以来，我有一个想法：结合中国学生和俄语工作者的实际，在他们已有的俄罗斯语言和文学知识的基础上，编选一本能为他们（包括自学者）接受的、适合教学和自学使用的、把几门课程（学科）的基本知识纳入一本书中的课本（即使是一个“入门”）。因此，我在实际工作中一方面使用自己初选的材料，一方面多次对材料进行筛选；与此同时，围绕选材对哪些语言知识和问题必须讲授也加以选择。迄至今日，这项工作才基本告一段落，并且得到了北京大学教材建设委员会的审订和批准。

早在二十世纪五十年代，我国有大批学生在苏联一些高校学习俄语，同时国内一些高校的青年教师（包括当时的研究生）向来我国教学的苏联专家学习俄语诸多学科，其中包括“古代俄语”（主要是“俄语历史语法”）。然而时过境迁，迄今为止他们中绝大多数或者退休了，或者已作古了（如北大龚维泰、北外刘环宇等老师）。而少数仍留在教学岗位的或另有任务，或早已忘记所学，即使从事这方面的教学，也总感到力不从心。本人自不量力，明知自己势单力薄、“捉襟见肘”，加之资料欠缺，求教无门，但也力图尝试一下，哪怕它极为粗糙。希望它至少能起个抛砖引玉的作用，对我国俄语界的中青年学者多少有点帮助。

虽然自己对编著这样一个“ABC”的指导思想是明确的，但在着手进行具体工作时遇到一系列具体问题：如何编写（规模如何、哪些内容、规格如何、怎样的尺度等），如何选材，如何注解和说明，如何把有关知识与选文配合起来，等等。许多问题还有待解决。既然是《俄语古文读本》，当然就应以“文例”为主。然而当前我国俄语界，尤其是青年学人，恐怕在“文例”面前会“不知所措”。据我所知，他们既没有必要的各类参考书籍

［如斯列兹涅夫斯基（И. И. Срезневский）的《古俄语词典材料》(«Материалы для словаря древнерусского языка») 等］，也没有阅读“古文”前的必要的语言文字的准备。本人在教学工作中经常遇到同行（从事俄罗斯语言或文学教学研究的教师）提出的有关古代罗斯语言和文学的某些问题，甚至听到一些“似是而非”的说法，例如有人往往把二十世纪初俄国出版的俄文称为“古文”，原因就在于其中使用了 1918 年苏维埃文字改革时废止的几个字母：i，ѣ 以及词末硬辅音后的字母 ъ（例如在表现十月革命时期的影片中见到的横幅标语«Вся власть Совѣтамъ! »）。其实，这正如我国用繁体字排印的茅盾、巴金的小说不能当作古文一样。纯粹的现代俄语，是完全用现代俄语书写的出版物。因为照俄罗斯学者的普遍看法：现代俄语是“从普希金到今天”（от Пушкина до наших дней）。这些字母的使用甚至在 1918 年后苏俄境外用俄语出版的书籍中也屡见不鲜（如 1940 年在尚未合并到苏联的立陶宛出版的某些俄语小说）。几个即将被废除的字母当然不能“代表”古代语言，因为古代（书面）语言是文字书写、语言结构（语音、词汇、语法、文体等）以及语言所描述的历史事件等多方面的“综合体”。

一方面由于国内在这类教材方面没有先例可循，另一方面尽管俄罗斯有这方面的材料，但他们的实际材料与我们的需要、我们的“口径”和基础相距甚远，因为那些教材是供俄罗斯的大学生或研究生以及俄罗斯语文工作者使用的。例如俄国的文学史家［如古济（Н. К. Гудзий）、利哈乔夫（Д. С. Лихачев）等］从俄国古代文学的角度有自己的“选编”，而语言学家［如奥布诺尔斯基（С. П. Обнорский）、巴尔胡达罗夫（С. Г. Бархударов）等］则从俄语史的角度有自己的“选本”［见本书（即《古俄语简编》）“主要参考书目”］。但他们的选本可以作为供我们再精选的基础。

古代罗斯的语言和文学以及一般古罗斯文化的教学和研究、斯拉夫学的研究等，并不仅仅限于俄罗斯和一些斯拉夫国家。在欧美不少国家，一些著名学者历来重视这些方面的研究并卓有成效［如法国的梅耶（A. Meillet）、马宗（A. Mazon）等］。在我们的近邻日本，一些高校中也有人从事这方面的教学和研究。在这里，我想提一下日本爱知大学佐佐木秀夫教授和他的著作《ロシア古文典》（四册，1984—1987）。1988 年佐佐木秀夫教授通过北京师范大学钱诚教授把他的这四册书赠送给我，同时希望我能就此写一篇评介文章在日本发表。由于该书用日文编著，而我欠缺日语知识，加之教学科研等工作繁忙，等到我多少能够（正着手准备）学习该书并草写“评介文”时，佐佐木先生竟不幸于二十世纪九十年代初与世长辞。因此在这里写上几句也算是对同行、一位外国学者的一点纪念。这四册《俄语古文典》由佐佐木秀夫编、著、释和监修。第一册是“文法”和“文例”；第二册是“追章”（即“补充”）；第三册是“音韵考”（即古俄语语音学研究）；第四册是“文献注释”。四册共 750 多页。仅从量而言就十分庞大。我们把几册中的“文例”与我们的“文选”做了比较。“文例”共有 25 个选编（各册中有的重复），而且宗教性的和世俗性的“作品”几乎各占一半；而我们的“文选”仅 11 篇［包括补充课文的短诗《爱情颂》（«Гимн любви»）和《伊戈尔远征记》（«Слово о полку Игореве»）全文的续］——主要是能反映古俄语状况并能同俄罗斯文学史“挂钩”的世俗性作品。我们的“文选”和佐佐木教授的“文例”除一篇［即《奥斯特罗米尔福音书》（«Остромирово евангелие»）的后记］相同外，其余的因各有侧重和关注的问题不同而彼此不同。如在反映俄国“中世纪”的文献方面，各自的选材就不同：“文例”中选了1564年的《伊凡雷帝（Иван Ⅳ Грозный）的书简》，而我们的“文选”中用了1466—1472年阿法纳西·尼基金（Афанасий Никитин）的《三海游记》（«Хождение за три моря»）和1672—1673年的《大祭司阿瓦库姆行传》（«Житие протопопа Аввакума»）。此外，我们还从文字、语音、语法（主要是词形变化等）、缩简词以及古俄语文献中的古斯拉夫语成分等方面来襄助“Как читать древнерусские тексты?”。这也可算是我们这个“读本”[①] 的一个特色。但无论如何，佐佐木秀夫教授的书给了我们一些启示和借鉴。

因此，我们在着手编选、注释和说明时先给自己定出几条“规则”以便遵循：1）结合实际（除使用者的实际外，还包括自己开设相关课程的多次教学实践经验，如材料的筛选等）；2）紧扣与现代俄语和俄罗斯文学的渊源关系；3）在一个“紧缩的框架”（即在有限的时间和空间范围）内提供尽可能多的必要的知识和信息；4）在编选方式和体例上仿效我国的《古文观止》和现代俄语的教科书。

此外，本书在编选、注释和说明等工作中也得益于本人所翻译的几部学术著作：《俄语历史语法》［与他人合译切尔内赫（П. Я. Черных）（出版时译为车尔内赫）教授著«Историческая

① 这里指1997年出版的《俄语古文读本》。

грамматика русского языка»，商务印书馆，1959 年]，《文字的产生和发展》[伊斯特林（В. А. Истрин）著«Возникновение и развитие письма»，北京大学出版社，1987、1989 年] 和《俄国史教程（第三卷）》[与北大历史系合译克柳切夫斯基（В. О. Ключевский）教授著«Курс русской истории(часть Ⅲ)»，商务印书馆，1996 年]。与此同时，本书还得到北京大学俄罗斯语言文学系师生和校外不少同行的鼓励和支持，在此谨向他们致谢。

泰山不辞抔土，所以成其高；大海不弃涓流，所以成其大。我们的这个“读本”对于我国俄语界学人来说，只不过提供些许“抔土”和“涓流”而已。但愿它在我国俄语界跨世纪人才的培养中能起到点滴的作用。同时我们希望能得到俄语界诸同行和学者专家们的批评指正。

谨以本书献给中国俄语界中青年学者。

谨以本书献给北京大学建校一百周年（1898—1998）。

1995 年 12 月 26 日于北京大学承泽园

《古俄语简编》增订本后记[①]

原《俄语古文读本》（以下简称“读本”）于1995年夏得到北京大学教材建设委员会审订和资助并由北京大学出版社于1997年出版。从该书出版至今，已有二十年了。“读本”出版后，受到一些高校俄语专业师生的重视；如1998年，黑龙江大学资深教授李锡胤先生在《中国俄语教学》（1998年第3期）上发表了《喜读〈俄语古文读本〉》一文，对此书做出了积极反应。他认为：“左少兴教授编著的《俄语古文读本》于1997年问世，填补了空白，正适合有志深造的俄语学者的需要。”（李锡胤，1998：54）同时他也指出了某些“不足之处”（如“关于俄语句法史叙述得不够多”，某些版面“不够清晰”等）。针对这些“不足”，我们在增订本中做了大幅的增补和重印一些“版面”。

---

① 原载于左少兴编著：《古俄语简编》（原《俄语古文读本》增订本），北京大学出版社2018年版。

2009—2010 学年度，北京大学外国语学院俄罗斯语言文学系重聘我开设 Лекционный курс древнерусского языка и литературы 这门课程。时任系主任查晓燕教授带领一些博士生、硕士生和外校进修师生专门选修本课。我们使用“读本”作为辅助教材，听课者“人手一册”，从而使此书受到一次全面检查。

通过校外读者的反应和我们在校内的实践，我们体会到，对此书仍需要充实提高，使之“百尺竿头，更进一步”。我们曾在“读本”的“后记”中谈到自己的一个想法：“结合中国学生和俄语工作者的实际，在他们已有的俄罗斯语言和文学知识的基础上，编选一本能为他们（包括自学者）接受的、适合教学和自学使用的、把几门课程（学科）的基本知识纳入一本书中的课本（即使是一个‘入门’）。”

这次我们在原书基础上所做的增补工作，就是按这个思路来做的。因此，我们将本书不仅分为“上编”（语言文字）和“下编”（古俄语文选），而且按“教学法”要求将阅读材料也分为“第一类文选”（保留该书原有的选材和语言注释）和“第二类文选”。由于有了“第二类文选——双语对照篇”，本书不仅增加了古文献的阅读量，而且使得我们的“俄国文学史”的教材和教学研究中的语文材料更加实际、更加丰富了。

读者一定会注意到，在增加的十二至十七世纪的俄国古代文学作品中，几乎每个世纪都有一两篇“代表作”，但十三世纪的较多；因为这个世纪的文学，正如著名文学史家利哈乔夫（Д. С. Лихачев）的一篇论文的篇名所显示的，是“俄罗斯历史上悲剧世纪的文学”（«Литература трагического века в истории России»）。为此，我们从该世纪著名神职人士（他先是“基辅山洞修道院的修士大司祭”，后为弗拉基米尔城主教）谢拉皮昂的仅“存世”的五篇“布道文”（或“布道宣讲”—— проповедь、проповедное слово）中选用两篇。这些“布道文”具有“宗教－时政”的性质，对教区教民起着“启示－训诫”作用。此外，也正如我国著名英国文学史家、北京大学西语（英语）系教授杨周翰先生所说：“我们习惯于把有定型的文类（genre），称为文学，如小说、戏剧、诗歌……”；“文学的概念不应过于狭隘，布道文如果确实能够在‘立意’上有所‘增华’，也应引进文学的园地”（杨周翰，1985：11）。

编选本书的过程，几年来得到北京大学俄罗斯语言文学系多级的硕士生、博士生等以及他（她）们的导师的帮助（几乎全部电脑打印、复印、网上下载等技术工作都由这些同学完成），他们是：尹旭、王梓、吴石磊、张杰、陶智旭、郝悦如、赵凤枝、欧阳诗怡、汤晨、刘晨、田文娟、宋捷、张兴艺、顾新亚、夏琪等，以及北大外院“学工组”多名同学、曾在北大俄语系听课的校外同学邵青等人、在系办公室工作的牟爽爽等同学。我在此向他们表示衷心的感谢。此外，我还要特别感谢为本书多篇文选的某些译文提出中肯意见的著名翻译家顾蕴璞教授和为本书的编排、审校与出版等工作大力相助的几位曾在北京大学俄罗斯语言文学系学习的同学：冯华英博士（现商务印书馆编审）、张冰博士（现北京大学出版社编审）和责编李哲等人。

参考文献

[1] 李锡胤. 喜读《俄语古文读本》[J]. 中国俄语教学，1998

(3)：53－54.

[2] 杨周翰. 十七世纪英国文学 [M]. 北京：北京大学出版社，1985.

拨火传薪启后来

——900 年庆话《古史纪年》（古俄语—汉语对照）[1]

一

王松亭博士翻译的俄罗斯最古老的编年史《古史纪年》由享有“中国现代出版从这里开始”盛誉的商务印书馆出版了。它的出版是2010 年“俄罗斯汉语年”的盛事之一，也是继2003 年该出版社出版的李锡胤教授（下称“李先生”）翻译注释的《伊戈尔出征记》之后，中国学术界、文化教育界和中俄文化交流的一项具有重要学术意义的活动。这将进一步加深、巩固中俄两国人民的传统友谊。

“中国现代出版”俄国古代史籍：中国—俄国，现代—古代，汉语—俄语，这些崇高而庄严的字眼让人浮想联翩，显示出它们

① 原载于王松亭译注：《古史纪年（古俄语—汉语对照）》，商务印书馆 2010 年版。

之间的相辅相成、相映成趣的密切关系。

《古史纪年》的翻译出版，是一项“拨火传薪启后来”的事业。“拨火传薪启后来”这一诗句出自李先生笔下。1994 年李教授应邀出席俄罗斯科学院汉学研讨会。当时他会晤了俄罗斯著名汉学家宋采夫（Виктор П. Солнцев）院士，为后者作诗一首相赠：

中俄唇齿互依偎，师尽喜看比象回；
盈室通人论汉学，跻堂远客佩高才。
旁搜远绍光先哲，拨火传薪启后来。
倘许二生伺程雪，狂饮今日替千杯。

（见李锡胤诗存《霜天星影》：莫斯科杂诗［一］）

宋采夫院士十分赞赏王松亭的《古史纪年》（译注本，指 1994 年黑龙江大学“内部发行本”）。他认为从古俄语文本（实为后期抄本的铅印本）译成汉语，确非易事，其中包含了王松亭和他的导师李先生花费的很多功夫。如今该译本正式出版，译文质量上乘，更是凝聚了多位译校者的心血。

1997 年李先生将《伊戈尔出征记》和《古史纪年》两部“译注本”赠我，使我有机会先睹为快，最早受益。新世纪伊始，我于 2003 年和 2008 年前后两次（在李先生举荐之下）受商务印书馆之聘，为两部“译注本”做审校工作。我把这项工作看作自己俄语教学 60 年（1950—2010 年）中最有意义的工作之一。

二

《古史纪年》和《伊戈尔出征记》是基辅罗斯时期两部重要

的“扛鼎”之作，堪称古代罗斯文学中的“鸿篇巨制”。前者属于文学题材的“编年史”。而古代罗斯的编年史是一种史学和文学相结合的体裁，因而也是古代罗斯文学中最有史料价值的文学性历史文献。

欧洲中世纪被称为“宗教世纪”“信仰时期”，《古史纪年》这部编年史，同欧洲中世纪许多书面文献一样，受到当时宗教－社会思想的影响，带有或多或少的宗教色彩和或轻或重的宗教痕迹。但编年史仍然属于世俗性质的作品。尽管如此，古代罗斯的编年史，也如中世纪欧洲许多国家的“编年史”和“年代记”等史籍一样，出自修道院僧侣之手。例如比较著名的《法兰克人史》就是在中世纪初期由都尔教会主教、史学家格雷戈里（约538—594年）所编纂。古罗斯的这部由修道院汇编的《古史纪年》，从一定意义上说，可以被称为“古罗斯人史”或者“早期罗斯史”。

后来，中世纪编年史逐渐由修道院进入王公府邸，编年史家除了修士还有“书吏”（相当于我国古代的“吏官”），但中世纪罗斯的史家“编史”都属于“官修”范围。

每个民族（此前的部落部族）发展到一定阶段时，特别是进入恩格斯说的“从铁矿石的冶炼开始，并由于拼音文字的发明及其运用于文献纪录而过渡到文明时代”（《家庭、私有制和国家起源》）的阶段时，都要从世代“口口相传”的历史转入用“留之久远、传至远方”的书面文字来记载自己的历史，用“历史文献”（即编年史之类）来确立自己是一个独立存在的历史个体及其在历史进程中所处的地位。这是这个民族自我存在意识的表现，是民族意识提高的表现。本族历史的记载，加强并促进了民族的集体记忆和集体认同。

《古史纪年》一开始就亮明了自己的主旨（有人称其为该书的“全名”“主题”等）：

“这是对往年历史的记载，它叙述了罗斯族人（Русская земля）从何而来，谁是基辅的开国大公，以及罗斯国家（Русская земля）如何建立。”

这几句话可谓是开宗明义，言近旨远。Русская земля（在古俄语文献中写成 Руская земля）这个词语就像是一根红线，是贯穿全书的中心词、关键词。在《古史纪年》中，公元 9 世纪有三个以数字“2”结尾的年份值得注意：852 年、862 年和 882 年。例如，在“6360（852）年”项下［其中 852 年指从公元元年到这一年过了 852 年，6360 年指从所谓“上帝创世”到这一年过了 6360 年，而两者相距 5508 年］写道：“拜占庭帝国米哈伊尔皇帝开始执政，此年才有罗斯国（Русская земля）这个名称。”这是《古史纪年》中第一次写明的年份（依据当时译自希腊语的拜占庭史料），或者说，从 852 年起开始“逐年记载”有关“史实”。而其前“历史”是“无文字记载”的。因此，对东斯拉夫人来说，852 年之后，称为“有历史时期”，852 年之前，称为无历史记载的“史前”时期。852 年不仅成了年代“分水岭”，而且是一个重要的“年代标记”。

但是，《古史纪年》中仍以《圣经》为据，从上帝的“创世”（及之后的“大洪水”“挪亚方舟”“人种分布”等）一直讲到“当世”（即史家所处时代）。这是古代史籍中的“神话传说”时期。中世纪欧洲史家在叙史时有一个惯例（即所谓教会惯例）：叙史必从《圣经》开始。《法兰克人史》是这样，《古史纪年》也是这样，但它们都能“略”古而详“今”。

至于862年，因为《古史纪年》上记录了留里克在诺夫哥罗德建立了古罗斯的第一个王朝（这一年还被称为“立国年”）。1000年后，于1862年，在诺夫哥罗德建立了“俄罗斯千年纪念碑”（Памятник тысячелетию России）。而882年是留里克（879年去世）委托亲信族人奥列格“摄政”后带领罗斯北方的东斯拉夫人各部南下，占据南方大邑基辅并定都于此。从此，基辅大公国一直延续到《古史纪年》记述的1117年——弗拉基米尔·莫诺马赫大公在位时代（1113—1125年）。换句话说，“按年”记述的罗斯《古史纪年》（852—1117年）共有265年之久。

三

从《古史纪年》中的文字叙述和其他相关的俄国文史资料可以看到，有关这一史籍还有一些问题，值得向读者（尤其是向“俄罗斯学家”）提供一些信息，做一些简单的介绍，同时也谈点我们的看法。

（一）关于编者

我国有关俄国古代文化的书籍或俄国文学史中，几乎一直认为《古史纪年》是“12世纪初由基辅山洞修道院僧侣涅斯托尔（Нестор）编成的”。其实问题并非如此简单。1994年俄罗斯科学院通讯院士米洛夫（Л. В. Милов）主编的《从涅斯托尔到冯维辛》（«От Нестора до Фонвизина»）文集第一篇就是《谁是

〈古史纪年〉编著者?》(«Кто был автором “Повести временных лет”? »)。文章第一段写的是:“《古史纪年》的编著者问题是最复杂的史料学问题之一,迄今为止还没有满意的解答。在学术界这个问题讨论了整整二百年之久”(第 40 页)。有学者提出,是基辅山洞修道院邻近的另一修道院院长西尔韦斯特尔(可能在涅斯托尔编纂的史料基础上)加工续编而成的。19 世纪俄国著名史学家克柳切夫斯基认为:“这个西尔维斯特[1]就是编年史汇集的编者”,“涅斯托尔是最早的基辅编年史的作者,但这部编年史的真本没有流传下来……”[《俄国史教程(第一卷)》,商务印书馆,1992 年,第 81—82 页]。

《古史纪年》的“1110 年”项下最后一段写道:“我乃圣米哈伊尔修道院院长西尔韦斯特尔,于 1116 年……弗拉基米尔·莫诺玛赫任基辅大公期间写成此书,以期求得上帝赐福……”因此,学术界就采取一种“折中”办法:1110 年以前由涅斯托尔所编而未传留至今者看作《古史纪年》第一版(первая редакция),而在此基础上由西尔韦斯特尔加工修正续写(至 1117 年)的《古史纪年》看作“第二版”(вторая редакция)。罗斯各地编纂的编年史(如《拉夫连季编年史抄本》等)均将后者置于卷首,从而《古史纪年》被称为《俄罗斯编年序史》(或《初始编年史》)。

(二)关于史料

《古史纪年》的史料多种多样,克柳切夫斯基认为:“构成

① 即“西尔韦斯特尔”,不同版本译名有所不同。——编者注

最初的编年史汇集的三个主要部分就是：1）1054 年前编成并叙述到奥列格统治时期为止的《往年纪事》；2）十二世纪初叶编成、在汇集中置于 986—988 年项下的《罗斯接受基督教的传说》；3）叙述十一至十二世纪（到 1110 年为止）的事件的《基辅佩切尔斯基寺院编年史》。”［《俄国史教程（第一卷）》，第 79 页］。

此外，还有分别置于“912 年”“945 年”等项下的法律文书——与拜占庭希腊人签订的和约（含通商贸易条款等）以及莫诺玛赫的《训诫书》（据认为在早先的《基辅编年史》中没有这两件史料）。

最值得一提的还有《古史纪年》的最早编纂者大量引用了 9 世纪拜占庭史学家乔治·阿马托尔（也译为阿玛尔托拉或阿玛托卢斯）的一本类似“欧洲通史”的《年代纪》（罗斯受洗后最早引入罗斯并译成古俄语，名为«Хроника»），特别是在“852 年”项之前，引用该《年代纪》达十七八次之多。编年史还大量引用并改编故事、传说等（如“奥莉加替夫复仇记”等）。

《古史纪年》中的重要年份还有 986、987、988 这三年（与“罗斯受洗”的关系极密切）的记述，特别是其中“哲学家（这里有神学家的意义）的谈话”（речь философа）。它们不仅篇幅大，而且史料多（既有《圣经》的材料，但有点差异，也有“仿经”的材料，还有口头传说等）。从某种意义上说，“谈话”颇似简本的“早期基督教史”。

（三）关于编年史家的史识和史德

基辅罗斯立国后，罗斯人一直面临维护国家统一的斗争；

1054 年基督教在组织上（此前已在思想上和教义诠释上）正式分裂为“东方正教”和“西方天主教”。因此，史家在编史时必然从王族和教会这两个方面来选取材料，亮明观点（即自己的史识）。《古史纪年》的史家之史识实质上就是“成王败寇”的“正统观”和“东正西歪”的“正宗观”（书中把“拉丁人”天主教说成是 вера кривая）。

1054 年雅罗斯拉夫大公临终之际嘱咐儿子们要“尊长爱幼”、相互友爱。有人把这看作是他们的王室“立长（继承）制”的遗训。然而历史告诉我们：从弗拉基米尔一世（从他 980 年统治全罗斯）起，到弗拉基米尔二世（1125 年去世）止，在 145 年内，当年的“立长制”始终没有真正实行，王公内讧也很少停止过。它与中国封建王朝的世袭制“立长不立幼，立嫡不立庶”不完全相同。即便如此，如我国唐朝李世民称帝前还有“弑兄杀弟”、夺取继承权的“玄武门之变”。

从《古史纪年》多次用到的两个词语“吻十字架对天明誓”（крест честный）和“父辈遗训”（завещание отцовское）来看，这是古罗斯编年史家评判人事的两个标准：明誓不可违，祖训不可逆。在《古史纪年》中，违誓逆训的事例不少。

所谓“史德”，就是史家是否敢于秉笔直书，直言不讳。自古以来，世界各国的史家修史就有直书和曲笔之分。中国汉朝史官司马迁不以汉武帝雄才大略而不书其奸诈：“陛下内多欲而外施仁义”（《史记·汲郑列传》）；他的《史记》被誉为“其文直，其事核，不虚美，不隐恶，故谓之实录”（均引自王锦贵主编《中国历史文献目录学》，北京大学出版社，1994 年版，第 51 页）。

《古史纪年》的编年史家在一定程度上也有这样的“史德”：首先是实录。他们不以弗拉基米尔一世“引进基督教”的丰功伟绩而不书其“受洗礼”前“弑兄纳嫂”“奸淫妇女”等劣行；也不以雅罗斯拉夫大公的文治武功而不记录“6525（1017）年，雅罗斯拉夫（率部）进基辅，焚毁教堂”等罪恶；此外，编年史家从王室和教会的利益出发，不断地揭露谴责王公中兄弟反目成仇，叔侄之间兵戎相见，危害国家，荼毒生灵等恶行。正如前面所说，由于史家的“正统观”和“正宗观”，他们又不得不“曲笔”而“党同伐异”，为尊者讳。

（四）关于“纪年”

通常认为编年史是按年份逐年编写的，所以有时它被称为“按年纪录”（погодная запись）。在《古史纪年》中，从852年开始“记事”到1117年，历时265年。然而有104年（近2/5的年份）是“有年无记”。有时把某年发生的事挪到其他年份，即“合年”记事，或“移年”记事。这往往造成史实杂乱，语焉不详。例如“898年”项下记录着863年发生的事，即拜占庭传教士基里尔兄弟应邀到大摩拉维亚公国传教，同时创建了一种斯拉夫字母并用这种新创字母文字翻译了《使徒行传》《诗篇》等《圣经》书籍。基里尔本人于869年去世。因此一些读史书的学人对这种“年份”与“史实”不符的情形甚感困惑，连呼неясно（莫名其妙）。

（五）关于《古史纪年》的语言

《古史纪年》这部古罗斯书面文献，在材料、内容、语言、文体诸多方面，可谓丰富多彩，在古罗斯的文献中，首屈一指。由于其材料来源不同——如取自东斯拉夫流行的民间传说故事，来自像《哲学家的谈话》之类的宗教－教会著述言论，等等，结果它们使用来记事的语言也有所不同（主要表现在词汇用语上）。

我们看到，一些非基督教－教会性质的"记事"（如：多神教时期古罗斯的民间故事传说，再如莫诺马赫的《训诫书》等）是用以东斯拉夫全民语为基础的古罗斯书面语言写成，而含宗教－教会内容的材料，多数是用罗斯化的古斯拉夫语，即教会斯拉夫语写成（或译成）的。当然，各类材料的语言词汇是相互渗透，交互为用的。

四

《古史纪年》是全部东斯拉夫人（即后来俄罗斯人、乌克兰人和白俄罗斯人）的极珍贵的历史文献，人们誉其为"档案室"（архив），因为它保存着许多已遗失的文献史料的信息和遗迹。由于它材料的丰富多样还被誉为古罗斯社会历史文化的"百科全书"；它给后世的文学史家、史学家、地理学家、社会民俗学家、宗教学家、法学家以及语言文字学家等提供了宝贵的史料。

俄罗斯人热爱自己的历史，尊重自己的历史；俄罗斯学者把《古史纪年》赞誉为"有许许多多单个画面的大型壁画"（利哈乔夫院士语），"我国历史的一面镜子"等。把"史书"比作"镜子"（зеркало），正是我国的"以史为鉴"（"鉴"——古时之"镜"）的俄式说法。众多的俄罗斯人文社科学者，长时期以来致力于研究探索本族（包括斯拉夫人种集团）的历史、历史“真实”和各种史籍，并取得丰硕的学术成果。而《古史纪年》的翻译出版，必将推动我国俄罗斯学界在学术研究上的进一步开展，澄清我国学界中存在的被人为弄乱了的一些“是非问题”和“违反史实”的问题，有助于我国学者取得更多的学术成就。

《古史纪年》从在古罗斯的基辅初版汇编成的1110年，到它在现代中国北京正式翻译出版的今年——2010年，经过了整整900年。它也许是在中国翻译出版的第一部有“900岁高龄”的俄罗斯古籍。

900年庆，可喜可贺！

2010年夏于北京大学

《古俄语纲要》书稿代序

一

由中国社会科学院马福聚研究员和黑龙江大学叶其松教授合著的《古俄语纲要》(«Очерк древнерусского языка»)，是新世纪开始以来我国俄语学界的又一部专门谈及古代罗斯语言文化的重要成果。它是时代的需要，又是我国文化教育事业发展的需要，也是进一步更全面、深入开展中俄两国文化交流的需要。

马福聚教授是20世纪50年代初新中国最早的一批“留苏生”之一，就读于莫斯科大学语文学系，当时学习了相关语言诸课程（包括“古俄语”)。学成回国后，长期在中国社会科学院从事学术情报翻译和研究工作。十多年前，马福聚先生从中国社会科学院荣休以后，一边参加《新时代大俄汉词典》的编写工作，一边开始古俄语教学活动。他受邀到黑龙江大学俄语学院给中青年教师、研究生讲授“古俄语”课程，叶其松也是此课程的忠实听众之一。马福聚教授不顾年事已高，坚持定期来往于北京和哈尔滨之间“讲课授业”。与此同时，他收集资料，编写讲义，为今日问世的《古俄语纲要》打下基础。

2017 年，《古俄语纲要》手写稿完成，交由商务印书馆外语室审订。承蒙商务印书馆和马福聚教授的信任与厚爱，书稿交由本人校阅，同年阅完“复命”，书稿返回给作者复审。但是，马福聚教授于 2018 年 5 月不幸去世，未竟之业由其学生叶其松继承。2019 年初，商务印书馆和叶其松又将审改后的书稿（印刷稿）交给我并希望本人为饱含马福聚教授及其学生、商务印书馆编辑们的努力和期待的著作写一篇序言。秉承敬畏学术、尊重历史的学界精神，敝人写下如下一些文字。

二

在俄罗斯的学术传统中，以“古俄语”“俄语史”或“古俄语史”，乃至“俄语历史语法”命名的著述，就叙述的内容和范围、叙述的方式和引用的例证、列举的参考文献等，基本相同，或大同小异。古俄语是一门知识，也是一门课程，还是一门斯拉夫学－俄罗斯学学生研究的对象。

古代语言，作为一门人文知识，几乎所有现代语言的“古代质态”都是如此。古俄语也好，古英语也好，都是外国语言文学教学研究中通识教育的重要组成部分。因此，古代语言知识的重要性不亚于现代语言知识。

恩格斯在谈及语文学和语言教育时，强调通晓“古代语言的知识和现代语言的知识”的同等重要性，他把古代语言知识和现

代语言知识比作“在目前世界上有可能超越狭隘的民族观点的两种杠杆”。[《马克思恩格斯选集（第三卷）》，1995]

20世纪90年代初，我国已有学者指出学习和通晓现代俄语知识与古代俄语知识的必要性，同时将两者作为一种语言的两门知识提到学科建设的高度。“重要的还是把俄语作为一门科学或学问来加以学习和研究。这里有两个方面：一是现状，二是历史。对现状，我们非但进行了长期的认识（开设‘现代俄语’各门课程），而且已经对现代俄语进行了多方面的研究。……至于俄语历史，只是限于为小部分……开设俄语历史语法、俄语史之类课程的‘认知’阶段。”（俞约法、李锡胤，1992：57）

几十年来，这一状况有少许变化。个别高校也曾开班授课，但为时甚短，教材建设尚未系统化，也未形成规模。例如20世纪50年代全国有很多高校的俄语专业借助在校苏联专家之力，编写讲义，翻译出版基本古俄语著作，包括中国人民大学翻译出版了《俄语历史语法》。商务印书馆1959年出版了北京大学几位教师翻译的苏联学者切尔内赫（П. Я. Черных，1959年出版时译为“车尔内赫”）的《俄语历史语法》。此后，这门“学问”就完全不再提及。直到改革开放以后，华中师范大学出版社于1988年出版杨隽教授编著的《俄语历史语法概论》。1997年，北京大学出版社出版该校俄罗斯语言文学系教师编著的《俄语古文读本》。21世纪以来，古俄语、古代罗斯文学史及相关译本等材料逐渐增加，例如商务印书馆2003年出版李锡胤教授译注的《伊戈尔出征记》、2010年出版王松亭教授译注的《古史纪年（古俄语—汉语对照）》，北京大学出版社2014年出版左少兴编译注的《十七世纪俄国文学作品选读》等。上述几部古代罗斯的著作均以双语对照，即古俄语与汉语对照版本问世。

三

应当承认，近年来我国外国语言文学的一些专业，也包括俄语在内，在学习和研究各自语言的相关古代语文知识方面开创了新的局面。但是，不可否认的是，仍然存在某些思想认识问题，首先是怀疑学习古代语言知识是否有用。这是因为历史上类似的情况也曾出现过。而且，长期存在的一种狭隘的实用主义观点，认为厚古薄今，古不能为今所用，因此古俄语、古英语之类的课程和研究容易被忽视，甚至被取消。

在此我们借重北京大学英语系李赋宁教授的“经验之谈”。他曾经有过连续四次（每次一学年）给英语专业高年级学生和研究生开设“古英语”和“英语文学史”等课程的经历，并从中取得以下的教学经验和认识：“关于早期英语的知识通常容易被忽视，因此需要一个专门课程来提供这方面的知识。而这方面的知识是一切深入学习英语和英国文学的学生都十分需要的。”（李赋宁，1991：前言页）对俄语专业以及其他外语专业的师生而言，又何尝不是如此。李赋宁教授在谈及学生们的学习效果时指出：“他们学了这门课程之后，大都能借助词典和注释阅读古英语散文和乔叟、莎士比亚的作品了”，“对于专门研究英语语音、语法、词汇的学生来说，这门课也使他们初步学会了如何从历史发展和演变的角度来分析语言现象”（李赋宁，1991：前言页）。我们期望俄语专业的师生能从古俄语这门专业课程获得同样的学习效果。

当然，将古俄语视为一门专门课程，并不是什么轻易之举。这涉及师资力量、教材及其参考材料等问题，乃至一些思想认识问题。我们还认为，为了巩固所学的知识，似乎还应安排一定的作业，包括习题、文本阅读和语言学习等等。此外，还要考虑该课程与所开设其他课程的协调问题。

四

读者们和俄罗斯学界的专家学者们可能注意到近几年内出版的古俄语书籍。这里只谈两本。一本是《古俄语纲要》，即将于2020 年由商务印书馆出版，另一本是北京大学出版社 2018 年出版的《古俄语简编》（2019 年第二次印刷）。两部书都冠以“古俄语”名头，但实则有别。前者着重古俄语的语音、词法、句法的发展变化。后者包括两个部分：上篇是古俄语语言文字概论，下篇是古俄语文选，也可称为古俄语文本阅读，这是全书的主要部分。两本书可以互为补充，彼此相辅相成，为学习者、使用者提供更多的选择余地和可用的材料。

与此同时，我们还注意到，21 世纪的最初几年，俄罗斯学术界出版或再版的古俄语书籍也有这样两种情况：一种是纯古俄语的语言质态及其变化的描述，没有文选，例如维诺库尔（Т. Г. Винокур）的《古俄语》（«Древнерусский язык»）（2007 年，第二版），另一种是除了古俄语的语音、词法形态和句法结构及其变化的描述外，还带有附录，包括 12 个挑选出来的供阅读和翻译用的文本，例如鲁西诺夫（Н. Д. Русинов）的《古俄语》（«Древнерусский язык»）（2013 年，第四版）。鲁西诺夫教授写道："在阐述语言历史时，重要的在于指出：第一，语言变化的本质；第二，语言变化的时间；第三，语言变化的原因。"由此我们也认识到，学习俄语或其他某种语言的历史，往往也是学习、研究和掌握历史比较语言学、斯洛夫语言学乃至印欧语言学、普通语言学等学科所不可或缺的课程。

最后，本人不才，诚惶诚恐；行将九秩，唯恐误事。但躬逢盛世，不忘初心，欣然命笔。如有错讹，请批评指正。

2019 年 12 月 25 日于北京大学承泽园

参考文献

[1] 李赋宁. 英语史 [M]. 北京：商务印书馆，1991.

[2] 俞约法，李锡胤. 评信德麟新作《斯拉夫语通论》[J]. 外语学刊（黑龙江大学学报），1992（1）：57－58.

[3] 中共中央马克思恩格斯列宁斯大林著作编译局. 马克思恩格斯选集（第三卷）[M]. 2 版. 北京：人民出版社，1995.

《当代俄语语法》代序[①]

一

张会森教授离开我们六周年了！

会森与笔者，私交甚笃。我们之间，颇似兄弟关系。正如他在一篇文章中写道："在我国，好友之间常用名字称呼，如北大左少兴教授（年长于我）称我为'会森'。"（张会森，2010）的确如此，笔者甚至称他的妻子（汤雅茹教授）也是直呼其名——"雅茹"。而雅茹（曾为哈尔滨师范大学俄语系教授）早在几年前也去世了。

1950 年会森就进入哈外专（1958 年改为黑龙江大学）开始学习俄语，后留校从事教学工作。在六十多年的学术生涯中，会森勤耕不辍，著述甚丰。我在本文中只谈谈他近年（从 20 世纪

① 原载于张会森著：《当代俄语语法》，商务印书馆 2019 年版。

末到2011年）的学术活动（几个片段）。

正如我国俄语界著名教授谭林先生（曾任教于吉林大学，也于2011年初辞世）所写的："张会森教授是我国当代俄语名家，长期从事俄语语法教学与研究……"谭林教授的这些话写在商务印书馆出版的新版会森著《当代俄语语法》（2010年）的腰封上。《当代俄语语法》是在2000年商务印书馆出版的会森著《最新俄语语法》的基础上修订、充实、提高而成的。如果我们把这部"俄语语法"往前推（1979年的《现代俄语语法新编》、1963年的《现代俄语语法》等），就更能看出这些著作凝结了会森及黑龙江大学其他俄语语法学家的心血。笔者不才，十分荣幸地在会森著的这部《当代俄语语法》的腰封上写了一首打油诗："力作已逾半世纪，每版出新多创意。欣逢俄语汉语年，商务为学再献力。"这些由商务印书馆出版的俄语语法佳作，在我国俄语界影响巨大，惠及几代学人。其中，会森功不可没。

二

会森的学术活动还表现在其坚持俄语语法教学研究，坚守俄语语法教学研究的"阵地"。在他已逾古稀而将进入耄耋之年时，作为黑龙江大学俄罗斯语言文学与文化研究中心的专职研究员，他仍笔耕不辍。他从不倚老卖老，他总是朝气蓬勃，积极进取。他总是在学术积累、学术传承、学术创新上下功夫。他的学术思想（以我的粗浅看法）是坚持传统，与时俱进。

在中国俄罗斯学的教学研究领域，张会森教授是少数几位具有较为广阔的学术视野和深厚学养的学者之一。他在20世纪90

年代初，撰写了描述俄语中出现的一些“新的”语言现象的专著（《九十年代俄语的变化和发展》）；又是在20世纪90年代末，他着手编著中国俄语界第一部《俄汉语对比研究》。令我难忘的是，会森数度来京，约人参加此项规模浩大的编写工程。我十分荣幸，应邀负责会森主编此专著的“俄汉语数词、量词对比”研究章节。

最令人感动的是：他不顾自己年老体弱（几年前他曾从心脑血管疾病突发中“死里逃生”），坚决维护俄语语法教学研究的地位。

在新世纪进入第二个十年之际，会森发表了两篇文章并专门做过一次学术会议发言，批评了我国高校俄罗斯语言文学教学研究中出现的种种学风浮躁现象，同时也指出，我国俄语语法研究的“冷寂局面亟待结束”，他提出语法要在教学中“扶正”。这两篇文章是：《语法和语法教学》（《中国俄语教学》2010年第1期）和《俄语语法研究：现状和问题》（《中国俄语教学》2011年第1期）（以下简称“两文”）。2010年10月在北京大学举办的“现当代俄语语言学理论与实践论坛”上会森做了主题发言（以下简称“发言”。内容即后来发表在《中国俄语教学》2011年第1期上的“两文”第二篇）。文章和发言的中心，是呼吁进一步提升我国高校俄语语言，特别是俄语语法教学研究。这可以称为俄语界的一次振聋发聩的呼声。

“生年不满百，常怀千岁忧。”会森在为中国俄语语言教学研究的现状和问题而忧心忡忡，“奔走呼号”。他的忧心是有根据的。他在“两文”中对俄语教学研究的现状做了这样的表述：由于“认识上的偏差，学风上的偏差”，“在一些院校俄语语法课被砍掉，而且是基础阶段的语法课被砍掉”，“在‘教学改革’的旗号下，竟然砍掉了‘实践语法’课”，“我国俄语语法研究处于萧条不振的境地”，“特别是研究语法教学的文章，几乎一篇不见”，“我们国内近 20—30 年的俄语研究，可以说不断地出现跟‘风’热。出来一股新的思潮，新的风向，一批学人就紧追其后，介绍和模仿……新的思潮一来，就扔下尚未搞好的学科去抓新的了。于是很少有人搞语法研究了”。正如会森指出的，结果是，俄语语言教学研究“花架子很多，实用的很少”，充斥着学术泡沫，华而不实，学而不能“致用”。而我们中的某些学人却“乐此不疲”。

三

笔者十分同意会森的这些见解。笔者在 2008 年北京大学 110 周年校庆纪念时撰文《重读蔡元培的就职演说》（指 1917 年 1 月蔡元培《就任北京大学校长之演说》），批评了当时学界的某些现象：“当今一些社会‘颓俗’正影响着学界，危害着学人：‘净土’被污，学界‘流俗’，德行不砺，正气不张；浮躁之风，浮华之气，浮夸之言，浮浅之作，正在学界泛滥，北大也无法幸免。”（左少兴，2008）

会森在“两文”中表达了这样的希望：“就俄语语法研究的现状、问题和应努力的方向发表一些看法，希望与国内同人切磋、共勉”（我冒昧地第一个响应）；“敦请俄语教学界同人认真考虑课程设置的原则和理据问题”。“两文”各自的最后一句话是：“希望中国俄语教学（研究）会能抓一下这个问题，开个有的放矢的研讨会，好好讨论讨论”和“希望我国俄语语法研究兴盛发达”。这就是我将本文称为“会森的希望”的根据。

这是会森生前表示的希望，也是他在《中国俄语教学》这本发挥重要作用并影响深远的刊物上的“绝笔”，或者说，最响亮的 лебединая песня（swan song）！

在“两文”和“发言”中，会森在强调语法教学研究的重要性时，多次引用了19世纪俄国著名文学批评家别林斯基（В. Г. Белинский）的一句话：“Грамматика — это душа языка.”（“语法是语言的基础、灵魂。”）。

在2010年10月北京大学的“现当代俄语语言学理论与实践论坛”上，会森被安排第一个发言，笔者被安排第二个发言［我的题目是《（俄语）构词与造词》］。为了呼应会森引用的别林斯基的这句名言，我在发言一开始也临时加进（原稿没有）一句别林斯基关于语法的作用的话：“Грамматика не дает таланта, но дает таланту большую силу.”。用我们当前一个流行用语来说，就是语法“给力”，“给大力”。因此，学界有人也把张会森教授的“俄语语法”称为“力作”，即“给大力之作”也。

会森指出，“作为俄语教学的一部分，语法和词汇是基础，永远不可轻忽”，“曾经是语言学‘女王’（如同数学是自然科学的‘女王’）的语法学永远是一门不容忽视的基础科学”（2011年文）。但是，近二三十年来（从国外到国内），出现了“语法无用”论，一些从事语言教学的教师甚至认为从事语法教学研究不过是“雕虫小技”而已，而“雕虫小技，壮夫不为”！然实非“不为”也，是不能也！

另外，我们也注意到，长期以来，国内外有人坚持语言教学中将语法与词汇并重，因为它们起着同样的、不可或缺的作用；而且，也有人把语法是否正确使用，抬到“吓人”的高度。例如，法兰西学院院士、当代著名小说家让·迪图尔在谈到法语中的语法错误时指出：“在我看来，一个法语语法错误是一种比抢劫、谋杀，甚至大屠杀更为严重得多的犯罪行为。”（刘国栋，1986）这位学者的话当然有些过分，但却反映出法国学者对待语言（特别是本族语）的严肃态度。无独有偶，在俄罗斯，刚当上总统的普京对净化俄语问题也“一再强调：要运用法律手段，对讲出脏话和犯下俄语语法错误的国民进行惩罚”（王仰正等，2006）。

重视语法教学在整个外语教学中的作用，并不意味着墨守成规，而是要与时俱进，不断改进教学方式，不断纳入新的内容和语言材料，但首先要保证它在教学计划中占有一定的学时。不仅如此，在其他的“语言课”中（如“翻译”“精读”“视听”等），也要加入一定分量的语法使用和分析。

四

会森指出，“就俄语而言，离开语法寸步难行”。这是一个铁定的道理。但在那些轻视语法及语法教学的学人看来，这个道理就不足为训了。对于他们——不管他（或她）是学生还是教授——最具说服力的，是展示我们在教学研究中发现的语法错误，特别是那些翻译中的硬伤。

著名学者钱锺书先生在《林纾的翻译》中写道：“一位文学史家曾说，译本愈糟糕愈有趣：我们对照着原本，看翻译者如何

异想天开，把胡猜乱测来填补理解上的空白，无中生有，指鹿为马，简直像‘超现实主义’诗人的作风。”（钱锺书，1979）

当前这类“超现实主义诗人”还不少。笔者甚感欣慰的是，《中国俄语教学》从2011年第1期起，登载了朱达秋教授的文章《谈学术著作翻译的常态性批评——兼评别尔嘉耶夫的〈俄罗斯思想〉中文译本》。难能可贵的是，在这篇批评性文章的前面有期刊的“编者按”，内中写道：“翻译批评开始进入学者们的学术视野，这是非常难得又十分可喜的开端。对译著的常态性批评和学术商榷不仅是提高翻译质量、确保原著的思想不被曲解的迫切需要，也是对净化学术氛围、坚守学术‘底线’的疾声呼唤。本期特设专栏刊登部分有代表性的论文，以期引起对这些问题的关注和探讨。”

笔者认为，我们这篇文章既是对会森的“希望”的一个回应，也是对《中国俄语教学》编辑部“按语”，亦即“常态性学术批评”建议的积极响应。

我们的某些译著的翻译质量不高，原著的思想被曲解和词句“乱译”，有多方面的原因，其中一个主要原因是不懂原文的语法，或者说，不重视对俄语原文文本做认真细致的语言分析。例如，朱达秋在文中指出译者不懂语法的例证：将“Красота ему была дороже человека”译成“他认为，人最珍贵的东西是美”；将“в Россию можно только верить”译成“在俄罗斯，只有信仰是可能的”；将“Не в силе Бог, а в правде”译成“不是由于上帝，而是由于道理”；将“Высказывалась мысль, что перевод Священного Писания Кириллом и Мефодием на славянский язык был неблагоприятен для развития умственной культуры”

译为“有一种思想认为，基里洛姆（Кириллом）和梅弗基叶姆（Мефодием）将圣经翻译成斯拉夫语对于俄罗斯智力文化的发展是不利的”，等等。

这类不顾语法的翻译文字在近一二十年的出版物中可说是比比皆是。与此同时，学术界在学风建设、学术批评等方面做了不少的工作，也取得了不小的成绩。笔者从 2000 年起，就有关“俄罗斯学”的一些书文进行了学术分析和学术批评，陆续发表在相应的刊物上。笔者的“学术批评”中有一多半是“批评翻译”。

鲁迅先生说：“在工作上，批评翻译却比批评创作难，不但看原文须有译者以上的功力，对作品也须有译者以上的理解。”（见鲁迅《再论重译》）鲁迅先生的“看原文……的功力”和“对作品……的理解”很大程度上是对原文的语言结构（主要是词汇和语法）和作品的思想内容的“功力”和“理解”。而商务印书馆一再出版的“会森的力作”，正好提供了这样的对原文作品的“功力”和“理解”。

不仅“翻译作品”中出现乱译现象，那些含有翻译文字的“专著”“学术著作”，如文学史等书籍中，也有各种各样的乱译。而乱译的产生，在多种情况下是由于译者（或编著者）对原著的语言（词语、语法、文体等）和思想内容没有正确的分析和理解。我们见过这样的学风浮躁现象：有人可以不依原著而对作品大加“分析”，可以不读原作或读而不懂便大发“议论”……今天，我们又见到，少数人不懂语法，甚至不学语法就敢于着手翻译，就敢于把自己胡写乱译的东西称之为“科研成果”。

如果我们希望在译著、教科书、论文中少出现或不出现类似翻译错误，那么我们就要去掉学术浮躁之风，减少学术泡沫。这不仅是“会森的希望”，也是所有有识之士的希望。

2019 年初于北京大学承泽园

参考文献

[1] 刘国栋. 法国维护法语纯洁性 [N]. 参考消息，1986 - 01 - 10 (3).

[2] 钱锺书. 林纾的翻译 [M]. 北京：商务印书馆，1979.

[3] 王仰正，赵爱国，周民权. 俄罗斯概况 [M]. 上海：上海外语教育出版社，2006.

[4] 张会森. 作为称呼语的姓、名的语用对比——俄汉称呼语用对比之三 [J]. 俄语语言文学研究，2010 (3).

[5] 左少兴. 重读蔡元培的就职演说 [N]. 北京大学校报，2008 - 03 - 26 (4).

评论文

刍议文学翻译中的“言象意”[①]

一

北京大学外国语学院教授、资深翻译家臧仲伦先生在纪念我们的老系主任曹靖华先生诞辰110周年之际[②]，撰文论述“文学翻译”等译事。此文一开始就写道：“文学翻译不是简单的语言转换，不是对照原文、逐词逐句的双语翻译，而是像曹老师所说：‘文学翻译在某种意义上是文艺的再创造’……‘文学是语言的艺术品，它是用形象来感染人，而不是用逻辑来说服人的’。”臧仲伦教授据此指出：“这样的再创造……既忠实于原

① 本文曾发表于2014年第1期《俄罗斯语言文学与文化研究》。

② 2007年10月30日，北京大学和国内多家单位联合举办“曹靖华先生诞辰110周年纪念会暨俄罗斯文学国际研讨会”，会后出版了《曹靖华诞辰110周年纪念文集》（查晓燕主编，红旗出版社，2009年，以下简称《纪念文集》）。《纪念文集》分上编（“贺信·题词”“致辞”“纪念文章”等）和下编（“曹靖华研究”“俄罗斯文学、中俄比较文学与文化研究”等）。

作，又要不即不离，无缚无脱，贵在艺术的再创造”，为的是“让中国读者取得与原文读者相同的概念、印象和美的感受。”（臧仲伦，2009：179）①

终生在北大从事俄语翻译教学和译事活动（先后译校了俄国文学作品约1 500万字，有1 000多万字正式出版）的臧仲伦先生有极丰富的翻译经验和对翻译精深的认识。他特别向读者和学生介绍前人和老辈学者的学术思想和翻译理念。例如，他在该“纪念”文章中引用了我国曹魏时代的玄学家王弼有关“言象意”的学说：“‘夫象者，出意者也。言者，明象者也。’又说：‘故言者所以名象，得象而忘言；象者所以存意，得意而忘象……是故，存言者，非得意者也。’”（臧仲伦，2009：179）

二十世纪初，我国最伟大的翻译家，1912年担任改名为“北京大学”（原名“京师大学堂”）后第一任校长的严复先生提出翻译要致力于“信达雅”之说。为了说明翻译中“信”“达”“雅”之间的关系和“信”之重要，以及它们与“言象意”的“互动”关系，臧仲伦教授又引用了钱锺书先生在《管锥编》中所说：“‘雅之非润色加藻，识者犹多；信之必得意忘言，则解人难索。’钱先生强调的是，翻译必须求信，但信，必得意而忘言……译事在信，在达雅，功夫多在译笔（技巧）之外。”（臧仲伦，2009：180）所谓“译事在信”，用译界语言来说，就是

① 这里指臧仲伦所著文章《文学翻译及其他》，载《曹靖华诞辰110周年纪念文集》（查晓燕主编，北京：红旗出版社，2009）。——编者注

“忠于原文的翻译”[①]。因此，笔者认识到，欲“得意”而又“存言”，恐怕会使“信”之不实，词不达意；而求信，就“必得意而忘言”。

读《纪念文集》中的“曹靖华研究”诸篇对我都有帮助，但臧仲伦先生的文章和文章中阐释的“信达雅”中“信”为先和“得意而忘言”中“言”以“信”为准，对我从事学术活动和翻译实践启发最大，帮助也最大。

二

笔者在多年的教学工作之余也曾译过一些俄文书（独译或合译），但那主要是不同门类的人文社科书籍，如语言文字学、史学、西方伦理学、法学、美学、社会学等等。翻译这些学科的外文书籍，或者说学术著作，首先要求的是“信”，“信”为先，“信”为准，“信”必实，“信而有征”。

但是，笔者近十余年来述译校过一些主要是“涉古”的文学作品，如《十七世纪俄国文学作品选读（17 世纪俄语—汉语对照）》[②] 等。此前，受商务印书馆之聘，于 2002—2003 年审校过李锡胤教授译注的《伊戈尔出征记》（古俄语—汉语对照）和 2008—2009 年审校过王松亭博士译注的《古史纪年》（古俄语—汉语对照）等。

---

① “忠于原文的翻译”——俄语是 верный оригиналу перевод（见《汉俄词典》修订版，商务印书馆，1999 年，第 1194 页）。英语是 true to original（translation）（见《英华大词典》修订第三版，商务印书馆，2001 年，第 1652 页）。

② 见左少兴编译注《十七世纪俄国文学作品选读（17 世纪俄语—汉语对照）》，北京大学出版社，2013 年。

正如著名俄罗斯诗歌翻译家、北大外国语学院教授顾蕴璞先生所说："加强译注和附上原文，目的无非是提高译文的准确度……历史的经验值得注意：初译如果有误……特别是名家之译如有误，流传之广与纠正之难是不难设想的。这类例子不胜枚举。"（顾蕴璞，2013：159）所谓"准确度"就是对原文必"忠"和翻译必求"信"的"忠信"程度。

必须指出，上面三部作品虽然都附有用以与译文对照的"古俄语"，但所有"文本"（текст）都按现代俄语正字法（современная орфография）印行，为的是便于对照阅读和"翻检查考"；但同时保留词语书写时的语音特点和形态特征以及句法结构和旧词古词的使用。这样一来，我们往往会见到，汉语译文与"古俄语"原文有时"对照"不上（或"对不上号"）。其中一个主要原因，正如李锡胤教授在《伊戈尔出征记》的"译注者前言"中指出的："这里基本上采用逐句对照翻译，但不是逐字翻译，因为我以为逐字翻译往往貌合神离，尤其是诗歌作品。И. П. Еремин 翻译本书时，把疑窦略而不译，俗语所谓'杀强盗'者也。我以为这样会使作品有残缺之感，所以尽可能选择与上下文相通的平淡字眼进行翻译……"（李锡胤，2003：12－13）锡胤先生之谈对我也颇有教益。

但我经过一段时间的译事实践之后，特别是学习前辈学者和同辈学长的翻译经验之后，确实增长了不少见识：译事之难，不可小觑。无怪乎严复先生在谈到自己从事翻译的感受时说："一名之立，旬月踟蹰。"

鲁迅先生在评价严复的这句名言时说，这"是他（严又陵）的经验之谈，的的确确的"。因此，如同"一名之立"一样，一词之译，有时也需“踟蹰”一番，切忌不假思索，望文生义，草率马虎，“急就”篇章。这也就是说，像学风文风一样，译风也要严谨、认真、求实、求信。

严复、曹靖华等前辈翻译大家（如朱光潜、傅雷、马坚、冯至、钱锺书、卞之琳等等）既精通外语（一门至几门），又精通汉语和古汉语以及通晓国学与古典名著。他们的国学功底深厚。他们在著书译书中常常引用中国古代文化的精华和国粹以及古人的诗词歌赋和古书中的章句典故。

作为当代翻译名家，臧仲伦教授对老一辈翻译家的译作给予高度的评价：“用词精当，文字华赡”，“如行云流水”，“妙笔生花”等等。臧仲伦先生总结自己的翻译实践和前辈翻译家的经验时还指出，要丰富自己的语言文字，“就要读古书，学古文”，他特别强调指出：“曹先生和傅雷等翻译大家，就常常使用汉语中的四字成语。”（臧仲伦，2009：181）四字成语是汉语言文字中的精华部分，是我们的前人古人提炼的精辟部分，也是其他外国语言文字中不曾有的或者罕见的一种语言文化现象。

三

笔者在编译注《十七世纪俄国文学作品选读》（下称《选读》，其所有“作品”均归于“俄罗斯古代文学”之列，而其语言也属十七世纪大俄罗斯文学语言，我称之为“半古不古”的俄语）时，特别是将其中一些“体裁”的、有很大难度的（语言的、历史背景的、文字内容的）作品译成汉语时，一方面感到困难很多，有些力不从心，捉襟见肘，另一方面想到“我们的夙愿和践行北京大学俄罗斯语言文学系和俄罗斯文化研究所在学科建设和教材建设方面所作的承诺”[①]，只能迎难而上。正所谓“Взявшись за гуж, не говори, что не дюж.”（字面意思为“既然拿起了轭索，就不要说身体弱”，可对译为“言必信，行必果”）。

笔者感到欣慰的是，前辈学者和同辈学者根据自己学术生涯中的经验和信念，提出了一系列可用以指导翻译及著书的“良策”。我在翻译这本“半古不古的俄语”作品时，首先想到的是：“翻译必须求信，但信，必得意而忘言。”

我们在下面用《选读》中的一篇“作品”的几段文字为例，诚请读者和方家翻检查考，批评指正。

这篇作品名为《哀悼无上崇高和无比光辉的莫斯科王国的沦陷和最终覆灭》（«Плачь о пленении и о конечном разорении превысокаго и пресветлейшаго Московскаго государства, в пользу и наказание послушающим»，我们简称《哀悼莫斯科王国的沦陷》）。作者佚名，据认为，此人可能为教会人士。此文作于 1612 年，即在波兰和立陶宛军队于 1608 年为扶植伪德米特里二世而攻占莫斯科等地，并火烧莫斯科之后。这篇作品是为“教育听众”（实际是号召俄罗斯人进行抗敌斗争）而作，用了«Плачь о...»这个名称。在这里，плач 有“哀悼”意；《大俄汉词典》解释：“③（旧时举行送葬、追悼或送嫁仪式上的）哀歌”（第 1510 页）。俄语词 причитание 的意义与此 плач 的意义相近。我们认为，它颇似我国安葬死者时写的祭文或读的悼词。李锡胤先生在其译注的《伊戈尔出征记》的前言“关于文体特

① 见《十七世纪俄国文学作品选读》的“前言”第 1 页。

点”中谈到，“плач（或西欧的 chansons de toile）……在《哭夫》① 中表现得淋漓尽致，‘泪尽继之以血’，简直是一曲哭丧歌”。但我们的这个在十七世纪“动乱时期”（Смутное время——通常指 1601—1613 年之间）由无名氏作者写成的作品更像一首哭诉国破家亡的哀曲，这是作者怀着深厚情感，运用极具感染力的“笔墨”，书写出这呕心泣血的“国殇”悲歌。

四

下面我们从中选出几段，同时按“双语对照”编排。作品一开始就写道：

① Откуду начнем плакати, увы, толикаго падения преславныя ясносияющия превеликия России? Которым началом воздвигнем пучину слез рыдания нашего и стонания? О, коликих бед и горестей сподобилося видети око наше!（《选读》第 14 页）

“我们的悲歌将从哪里开始？呜呼，莫非要从无上崇高、无比伟大、无限光明的俄罗斯王国的倾覆来开始吗？我们的那流不尽的泪水，那一声声的哭泣，哀怨和呻吟，那是种什么样的开始啊?! 我们的眼睛见过了多少的悲哀、痛苦和人间不幸！”（同。第 14 页）

② Ох, увы, горе! Како падеся толикий пирг благочестия, како разорися богонасажденный виноград, его же ветвие много-

① 指«Слово о полку Игореве»中的 плач Ярославны。

лиственною славою до облак вознесошася, и грозд зрелый всем в сладость неисчерпаемое вино подавая?（第 15 页）

"呜呼，悲哉，哀哉！那顶天立地的中流砥柱怎么竟然倾倒？上帝培植的果园——枝繁叶茂，果实累累，食之不尽，取之不竭——怎么竟然凋零和荒芜？"（第 15 页）

③ Кто от правоверных не восплачет или кто рыдания не исполнится, видев пагубу и конечное падение толикаго многонароднаго государьства, християнскою верою святаго греческаго от бога данного закона исполненаго и, яко солнце на тверди небесней, сияющего и светом илектру подобящася? И многими леты основан, вскоре прият разорение и всеядным огнем погоре!（第 15 页）

"莫斯科王国是一个人口众多的、全民信仰基督教——上帝恩赐的神圣希腊正教的国度。她像天空中的太阳，以琥珀般的光辉照耀大地；然而，任何一个正教徒眼见这样一个王国竟然遭此劫难并最终陷落，他怎么会不痛哭流涕？怎么会不放声大哭？莫斯科，一个多年建成的城池，竟然毁于一旦！一场邪恶的大火竟然把她焚毁烧光！"（第 15 页）

④ ... Колики быша царския многоценныя полаты, внутрь златом украшени и шары доброцветущими устроены! Колико сокровищь чюдных, царских диадим пресветлых царских багряниц и порфир, и камения предрагаго, и всякаго бисера многоценнаго бысть преисполнено!（第 15—16 页）

"……皇家的宫廷殿堂，美轮美奂，画栋雕梁，金镶玉嵌，金碧辉煌，五彩斑斓，建筑何等气派，装饰何等美观！有多少奇

珍异宝，多少绫罗绸缎，多少皇冠玉串，多少服饰服装，多少珍珠玛瑙，多少金玉宝玩！”（第 15—16 页）

⑤ Какови быша доми благородных двоекровныя и троековныя, богатством и честию кипящая! Сим преветлым и предивным государьством преславни быша велицыи царие величашася благороднии князи;

И во всем, дерзновенно рещи, толикаго учреждения бысть преисполнено, и светом и славою превзыде, яко невеста на прекрасный брак жениху уготована.（第 16 页）

“那些豪门贵族的双穹屋顶和三穹屋顶的府邸宅第，何等雄伟壮观，何等富丽堂皇！伟大的沙皇正是以这个光辉灿烂的王国而四海名扬，而出身名门的王公世家也因这个王国而受世人敬仰。

“可以大胆地说，这个王国荣华富贵，国泰民安，正好比：新郎新娘结良缘，欢乐喜庆彩满堂。”（第 16 页）

我们从中只选出上面一些文字，在译文的个别词语上还做了一些改动。读者可以看到译文中用了不少“四字成语”（或“四字组合”），而且还力求顾及各相连“四字组合”间所蕴含的“韵味”。——曹靖华先生所说的，翻译时要尽量避免“死抱着词典照抄、硬搬而不加思索……”，同时还要力求不“因语文习惯的差异而露出生硬牵强的痕迹”。（臧仲伦，2009：180）为此我们就必须深入分析、深刻理解作品的“原意”（作者写作的时代背景和作者写此的意图动机和蕴含的情感以及精神寄托等）。因此只有“渗透原文”，才能理解原意从而“得意”和“真释”“真译”。何况上面原文中有不少表现古代生活的旧词、古词，有的词不见之于现代词典中，它们多半属于外来词或者方言词。例如第②中的толикий пирг благочестия 的 пирг 来自古希腊语，意为 башня（塔楼），此句直译为“神圣的高塔怎么竟然倾倒?”，这样译出也未尝不可，但我们译为“顶天立地的中流砥柱”则完全是“意译”。这里有一些与历史有关的“讲究”。在古代罗斯，башня 和 столп 具有“神圣”“崇高”“虔诚”的宗教意义，而后者常用来比作“社会中坚”“中流砥柱”。特别在动乱时期，国家处于内忧外患之中。1588 年俄国教会“升格”为独立自主的“牧首管辖区”后担任第一任牧首的约夫（Иов）和第二任牧首叶尔莫根（Ермоген，也称 Гермоген）号召信徒反对并抗击波兰和立陶宛侵略军及其傀儡、僭位者伪德米特里一世和伪德米特里二世。两位德高望重的牧首先后于 1607 年和 1612 年受迫害致死。在当时的“纪事”和“回忆录”中，这些在信徒中有极高威望的“殉教”“殉国”的宗教人士被称为 Столпы。因此，笔者翻译时，遣词用语既要考虑“信达雅”，又要注意在整体意义上“得意（得象）而忘言”。

无名氏作者为了加强作品的感染力，“煽起”人们的“悲情”，增加 плачь 的悲愤色彩，用了许多有强烈“对比意义”和有“喻意”色彩的词句或段落。例如，为了加深人们对侵略者火烧莫斯科、摧毁莫斯科王国的仇恨，他用了许多文字来渲染莫斯科曾经的繁华、富庶和兴盛，建筑的雄伟壮观等。

但这些渲染文字是道地的（当时的）俄语表示法，例如，使用了一些有“感叹”意义（用于感叹句或疑问 - 感叹句）的“旧词”，如 толикий，толико，толика，како，какови，колико，колики，коликих 等等；为了加强感情色彩，用了一系列带前缀

пре（除 прекрасный 外）的形容词（最高级形式），如 пресветлый，предивный，превеликий，предрагий（即 предорогой）等，以及复合形容词 многоценный（～полаты，～бисер），ясносиящий，доброцветущий 等等。

再如，作者对作为京城帝都的莫斯科城进行了描述——主要对宫廷殿堂、府邸宅第的美观外表和内部装饰以及皇室的穿戴披挂等做了绘声绘色的渲染和夸张。如用了这样一些词语和句子："... царские многоценные полаты（现为 палаты），внутрь（应用 внутрú）златом（即 золотом）украшени и шары（шаръ 的复数第五格，古义为 краска，цвет）доброцветущими устроены"，直译是"……极其富丽堂皇的皇家宫殿，内部用黄金装饰，用五颜六色的图案彩绘（其间）"；此外，还有 царские багряницы и порфиры（帝王穿的紫红袍和大红袍），царские диадимы（或 диадемы）（帝王和王后戴的冠冕），以及 камение предрагое（宝石）和 всякий бисер（各种各样的珍珠或"珠串"）等等。如果我们逐字逐句全用"直译"，恐怕"效果"就会差许多。

因此，我们从 златом украшены（"用金子装饰"——所谓"贴上金箔"之类）的"金"字出发，用了一些含"金"字的四字成语来描述皇家宫室殿堂，如"金碧辉煌""金镶玉嵌""金玉宝玩"等并与文中有的"奇珍异宝""珠宝、玉石"等词相映成趣。此外，为了表现原文中的"惊叹"（"感叹句"）的"语气"，我们用了几个"何等"，如"何等气派""何等美观""何等雄伟壮观""何等富丽堂皇"等和六个"（有）多少……！"来代替具体表现的帝王王后的"穿戴"和"宫室"的珠光宝气。

此外，⑤段中的最后几句，似乎是作者对往昔莫斯科王国的

"大好形势"的回顾。对此，我们做点说明。原文中有 дрезновенно рещи（"可以大胆地说"），所以我们在接着的两句就做了"大胆地译"，如 толикаго учреждения бысть преисполнено（"充满"，被动形动词短尾中性形式与 бысть = было 一起做此无人称句的谓语，要求第二格），句中 учреждения 没有现代俄语的词义，在古俄语中意为 угощение，пиръ（盛宴、盛馔、酒席）（И. И. Срезневский，1903：1342），接着另一句 и светом и славою превзыиде 中两名词（светом，славою）第五格表示"原因"意义（古俄语的"原因第五格"），动词谓语 превзыиде 是由 превъзойти 构成的过去完成时（аорист）单数第三人称形式，其意义是"超过、超越"或者"崇高、卓越"。句子表示王国（在"动乱时期"之前）"声威远扬""国运昌隆"。在《选读》中这两句译成"这个王国荣华富贵，欣欣向荣，处处莺歌燕舞，喜气洋洋"。看来这译文"得意忘言"有些过头了。最后一句是用 яко（= как，"好似、正如"等）连接的比较从句："яко невеста на прекрасный брак жениху уготована"，直译就是"正如新娘已准备好同新郎喜结良缘"。但在《选读》中除了译成"好有一比，正所谓：新娘新郎结良缘，恩恩爱爱入洞房"，如今读来，感到有些"同义重复"，不如译为"正好比，新娘新郎结良缘，欢乐喜庆彩满堂"，这种"彩满堂"，正如"春色满园"一样，也可说明当年莫斯科王国一派大好形势。可是在 17 世纪初十来年，正经历内忧（天灾人祸）外患（外敌入侵）的莫斯科，形势大变。正如《哀曲》中所写的："正因为如此，从前如日中天，光辉灿烂，如今从九天坠落，天使般的光辉和荣耀已烟消云散。"——原文是"ея же ради иже преже бысть пресветел，яко денница, с превысочайшаго небеси спаде и ангельския светлости и славы отпаде” 等用于“对比”的词句。

以上是笔者通过一篇俄语“古文作品”（几段文字）的翻译，谈点自己对文学翻译中“言象意”和“得意而忘言”的粗浅认识。

参考文献

[1] СРЕЗНЕВСКИЙ И И. Материалы для словаря древнерусского языка (том третий) [M]. Санкт-Петербург, 1903.

[2] 顾蕴璞.《十七世纪俄国文学作品选读》出版 [J]. 国外文学，2013 (2)：159－160.

[3] 李锡胤. 伊戈尔出征记 [M]. 北京：商务印书馆，2003.

[4] 臧仲伦. 文学翻译及其他 [C] //查晓燕. 曹靖华诞辰110周年纪念文集. 北京：红旗出版社，2009：179－182.

引文—译文—原文

——借重并评析“一文”和“一书”的两段引文和译文[①]

一 引子

所谓“一文”，是指《中国俄语教学》（下简称“该刊”）2016年第4期上发表的一篇学术论文《为他人建构的话语——普京演讲的对话性》（下简称“该文”）；所谓“一书”，则指“该文”引例（译文）的出处，即刘圆媛、姬丽娟两位老师编译的《王者归来：普京的魅力演讲》（下简称“该书”）。

我们所说的“该文”和“该书”的两段引文都采用了俄汉双语对照形式，因此，所有“引例”既有译文，又有俄语原文（见下面详细列出）。

引文—译文—原文彼此间有着密切的语言文字关系。常言

① 本文曾发表于2018年第2期《俄罗斯语言文学与文化研究》。

道：译文要做到“信达雅”，要“忠实于原著（原文）”；此外，引文要力求引用“准确”“完整”，与全文或全段相适等。从学术规范的角度而言，无论是引文，还是译文（除非是自己译的文字）以至外语原文，都必须有来源，必须确实可靠。不仅如此，正如北京师范大学伍铁平和王庆两位学者所提出的：“引用他人的译文时，应核对原文。译文的错误不应沿用不改。”（伍铁平、王庆，2007：17）所谓“核对原文”——这是对通晓该外文的译文引用者而言的。但是我们仍不时见到，译文引用者（即使通晓该译文的原文）有时也不慎连同“译文的错误”一起引用。

笔者再次认为，必须强调引文（引用的原文和译文）注明出处的必要性，这是学术规范的要求。新世纪初年，许多高校和学术研究机构都制定了学术道德规范条例，其中就有这样的规定：“在作品中引用他人的成果，必须注明出处”，“从他人作品转引第三人成果，应注明转引出处”等。（教育部社会科学委员会，2005：7）

就以本文“借重并评析”的“该文”而言，它在文末的注释中就写明：“1. 以下演讲译文均引自刘圆媛、姬丽娟，《王者归来：普京的魅力演讲》[M]，北京，中国宇航出版社，2012.”[该刊第60页]。但这注释中只说明“译文”的出处——“均引自”该书。很遗憾，“该文”却没有明确指出：该文中与“译文”并列（同时引用）的俄语原文，是否也出自该书？因此，我们只得既“使用”该文，也“利用”该书。因为两者的译文和原文大致是相同的，尽管两者之间还有些许差异。[见下面谈到的“引例二”]

我们秉着“文责自负”“责有攸归”的精神，对引文、译文和引用的原文及其使用者，提出我们粗浅的看法。

二　两个“引例”——第一个“引例”

“该文”全文共有12个这样的“引例”。下面我们对其中两个“引例”分别加以评析。

两个“引例”（原文和译文）均在该刊第59页上。

引例一：

“Великий Конфуций говорил: из благородного человека не сделаешь орудия. Заметьте, как созвучна эта мудрость словам Достоевского о том, что красота спасет мир. И в России, и в Китае классическая литература всегда играла особую роль в укреплении нравственных, моральных основ общества.（同上）”

“伟大的学者孔子曾经说过，‘君子动口不动手’，陀思妥耶夫斯基也曾经说过，‘美可以拯救世界’。无论是在俄罗斯还是在中国，古典文学在加强社会思想道德的基础方面起着特殊的作用。（同上）”

无论是俄语原文还是汉语译文，也无论是“直接引语”还是“间接引语”，它们的出处在“该文”中都用“同上”二字代替。那么，“同上”是什么意思呢？按“该文”所写，是«Выступление Президента России В. Путина на траурном приеме после прощания с первым президентом России Борисом Николаевичем Ельциным»和《俄罗斯总统弗·普京在首任总统鲍里斯·尼古拉耶维奇·叶利钦追悼会上的致辞》——以上双语的文字均在该刊第58页上。

但是，当我们再将“同上”的两个出处向《王者归来：普京的魅力演讲》求证时，发现上面的俄语原文和汉语译文均在另一篇演讲词（第12篇）上，其篇名是：«Председатель правительства России В. Путина принял участие в церемонии открытия Года китайского языка в России»和《俄罗斯总统弗·普京出席俄罗斯汉语年开幕式并讲话》（两者的全文均在“该书”第67—74页上）。

读者看到，一个是追悼会上的悼词，另一个是“汉语年”开幕式上的祝词，只用两个“同上”二字来代替实际出处——因此“出错”！这说明注解不实，不过有时的确难以避免。

但是我们对“该文”引例的评析不在“同上”二字上，而是在它的引文、译文以及引用的原文上。

“引例一”的问题在哪里？

引例的译文和原文，在“该文”与“该书”是完全相同的。尽管如此，我们认为译文在某些方面仍有不足，值得商榷。例如，两者都没有译出原文有的词句：“Заметьте, как созвучна эта мудрость словам Достоевского о том, что красота спасет мир.”［我们代试译：“请注意，这些睿智之言同陀思妥耶夫斯基说的美能拯救世界的论点是多么协调一致。”］。再如，两者都将“Великий Конфуций говорил: из благородного человека не сделаешь орудия”译为“伟大的学者孔子曾经说过，‘君子动口不动手’……”［分别在“该书”第72页和该刊第59页］。笔者认为，孔子不仅是“学者”，主要还是思想家、政治家、哲学家和儒家学说的创始人。

读者怀疑，孔子说过“君子动口不动手”这句话吗？它出自儒家学说的哪部经典？有网友曾向百度提问：“君子动口不动手”是谁说的？“百度知道”上有人答曰：“君子之语多出自儒家学说，但儒家中也只是说君子规范，并没有直接说出‘君子动口不动手’……”（笔者注：这段话是网友给我们下载的）

中国新闻社驻莫斯科记者田冰先生于2010年3月24日发出“中新社莫斯科3月23日电 题：习近平（笔者注：当时还是国家副主席）普京旁征博引 妙解‘汉语年’”。这位在场聆听过普京演讲的中国记者写道：“他（笔者注：指普京总统）又援引孔子‘君子不器’的话说，‘我们注意到，这句话与陀思妥耶夫斯基说的“美丽拯救世界”含义非常契合’。”这些话显然译自当时的普京演讲。值得注意的是，这位记者把“Из благородного человека не сделаешь орудия”译为“君子不器”，而不是什么“君子动口不动手”。

“君子不器”这句话出自《论语·为政篇第二》。杨伯峻先生在《论语译注》中解释：“子曰：‘君子不器’（一）。”“［译文］孔子说：‘君子不像器皿一般（只有一定的用途）。’”“［注释］（一）古代知识范围狭窄，孔子认为应该无所不通。后人还曾说，一事之不知，儒者之耻。虽然有人批评孔子‘博学而无所成名’［见《论语·子罕篇》］，但孔子仍说‘君子不器’。”（杨伯峻，2005：17）

令人感兴趣的还有：“该书”编译者在“难点解析”中写道：“⑦Из благородного человека не сделаешь орудия 此句为孔子名言，意为‘君子动口不动手’，有时也译为‘благородный человек — не орудия’。”（《王者归来：普京的魅力演讲》：74）

对此“解析”我们还得再问两句：既然是“孔子名言”，那它的出处何在？既然“有时也译为……”，那它的译者是谁？（这里应是哪位俄国汉学家译出的？）

“该文”为了说明“对话性”中“‘主体—主体’关系”，对所引用的例子进一步阐释道：“通过例③（笔者注：指上面的引例）可以看出，说话人（笔者注：这里指普京总统）选择特别具有代表性的观点，即，‘孔子’与‘陀思妥耶夫斯基’对社会思想道德的观点，并让其直接对话，得出的观点更具权威性，更易为受话人所接受。”［该刊第59页］

我们在本文前面曾对所谓“君子动口不动手”当作“孔子名言”表示怀疑。现在“该文”作者又把这句话当作孔子的“更具权威性”的观点，也让我们不太理解。

北京大学中文系老一辈研究孔孟儒家思想的杨伯峻教授在其《论语译注》的“试论孔子”（笔者注：相当于该书“代序”）中对“孔子身世”“孔子思想体系的渊源”“孔子论天命、鬼神和卜筮”“孔子的政治观和人生观”“关于忠、恕和仁”“孔子对后代的贡献”等，做了全面而深刻的论述。杨伯峻先生特别强调：“仁是孔子的最高道德标准”，“他的思想核心是仁”；孔子“热心救世”的思想和行动是他的政治观和人生观的表现。孔子在《论语》第一篇“学而篇”就提出了自己的“论世”的主张：“弟子入则孝，出则悌，谨而信，泛爱众，而亲仁，行有余力，则以学文”等等。特别是孔子在其中谈到的“泛爱众”——一种“大爱无疆”的说法，是一种“博爱大众”的精神。这些以“仁”为本的“泛爱众”与十九世纪俄国某些作家主张并推行的“基督精神”或者所谓“用基督精神去救世界”的“博爱”（“爱一切人，一切物”）精神，颇有某些共同之处。著名俄国作家陀思妥耶夫斯基的所谓“美可以拯救世界”，实则用“爱”的精神——博爱“可以拯救世界”。我们粗浅地认为，或许这些才是孔子与陀思妥耶夫斯基的“具有代表性的观点”——“对社会思想道德的观点”。

对于我们外语专业的学人来说，如果要从以孔孟等人为代表的儒家学说和儒家经典中“引经据典”，最好的办法是向研究古汉语、古文献的专家学者及其著作请教。

三　第二个“引例”

“该文”原文：“И Есенина будем помнить, будем помнить все наше величие. Так вот помним эти слова? «Умремте ж под Москвой, как наши братья умирали! И умереть мы обещали, и клятву верности сдержали мы в Бородинский бой». (Выступление В. Путина на митинге в Лужниках в 2012 году)”［该刊第59页］。

“该文”译文：“我们将记住叶赛宁，我们将记住我们所有的丰功伟绩。我们来重温一下这些诗句吧：‘我们将为莫斯科而捐躯，如同我们的兄弟为国牺牲！我们许下诺言血洒战场，我们兑现了效忠誓言！’”（2012年弗·普京在卢日尼基集会上的讲话）［该刊第59页］

照“该文”所说：“演讲译文均来自‘该书’”。下面我们将“该书”的相应“译文”照样抄上：

“译文”：“我们将记住叶赛宁，我们将记住我们所有的丰功伟绩。我们来重温一下这些诗句吧：‘我们将为莫斯科而捐躯，

如同我们的兄弟为国牺牲！我们许下诺言血洒战场，我们兑现了忠诚誓言！”［“该书”第22页］

这里的“译文”几乎完全相同（除了用词“效忠”和“忠诚”稍有差异外）。但是两者的“原文”如何呢？下面我们照“该书”直抄。

该书“原文”是：“И Есенина будем помнить，будем все помнить наше величие. Так вот，вспомним эти слова：«Умремте ж под Москвой，как наши братья умирали! И умереть мы обещали，и клятву верности сдержали.»”［“该书”第22页］。

我们可以看到，两个“原文”除个别标点和все的位置不同以及动词помним和вспомним不同外，最突出的是“该文”有“в Бородинский бой”这个词组，而“该书”却无。此外，“该文”虽有这个词组，但却没有相应译文。

从这段文字我们还注意到，“引文—译文—原文”这个“系列”中可能还含有另外的“系列”：“原文”中有自己的“引文”（我们在这里指的是引用的诗句）和“译文”（如果译成别的语言）。

如前所说，无论是“引文”还是“译文”或“原文”，引用者都应该注明相关“引语”的出处。因此，我们对“该文”和“该书”中引用的诗句出自哪位俄国诗人笔下就得追问一下。其实，“该书”写得很明白，“普京的演讲”是在2012年，适逢1812年俄国人战胜拿破仑法国侵略军的“波罗金诺”战役200周年，“该书”在“И Есенина будем помнить...”这些文字之前还有普京在集会上的讲话：“В этом году（笔者注：指2012年）мы будем отмечать 200-летие со дня Бородинской битвы，и как не вспомнить Лермонтова и его Чудо-богатырей? Мы помним эти слова еще с детства, со школы, помним этих воинов, которые перед битвой за Москву клялись в верности отечеству, и мечтали умереть за него. Помните, как они говорили?..."（笔者注：接下去才是«И Есенина помним...»）［"该书"第22页］。

同页上的译文是："今年我们将举行博罗季诺（笔者注：地名Бородино还译为"波罗金诺"）战役200周年的纪念活动。这怎能不让人想起莱蒙托夫和他的'神奇的勇士'。小时候我们在学校里就记住了这些诗句，记住了这些在莫斯科保卫战前夕宣誓效忠祖国并甘愿为祖国献出生命的战士们。还记得他们是怎么说的吗？……"

"还记得他们是怎么说的吗？"——当时普京总统在演讲中问道，但随着就是"我们将记住叶赛宁……"我们认为，这里加进的这一句话（不像是俄语句法中的"插入句"或其他）似乎与整段演讲词无必然关联。我们不知道，1895年出生的诗人叶赛宁是否也写过关于1812年波罗金诺战役的诗作。但演讲词中"嵌入"的这颇似"即兴"之言的一句话，反而给人造成这些诗句出自叶赛宁笔下的印象，如果引用者不加注意或者误解误读的话。

果不其然，"该文"中就如此。文中写道："……可以看出，直接引语'我们将为莫斯科而捐躯，如同我们的兄弟为国牺牲！我们许下诺言血洒战场，我们兑现了效忠誓言！'是诗人叶赛宁广为人知的诗句，说话人（笔者注：这里是指演讲人）对此表示认同。同时，将自己置于叶赛宁的阵营，使受话人（笔者注：这

里是指出席大会的听众）认同说话人的观点。”［“该文”第59页］

“该文”中的这段议论让人不由得想起了前辈学者钱锺书先生的感叹之言：“你不说，我倒清楚，你越说，我反而越发糊涂。”（刘玉才等，2001：2）

普京演讲中说的“我们来重温一下这些诗句吧！”的“这些诗句”，出自诗人莱蒙托夫的《波罗金诺》这首诗。

1837年，时年23岁的诗人莱蒙托夫（1814—1841年）在波罗金诺战役（Бородинская битва）胜利25周年之际，写出饱含深情的《波罗金诺》（«Бородино»）这首诗。此诗共有14节，第9节诗行便是：

“И молвил он, сверкнув очами:

«Ребята! Не Москва ль за нами?

Умремте ж под Москвой,

Как наши братья умирали!

И умереть мы обещали,

И клятву верности сдержали

Мы в Бородинский бой.»”（Лермонтов, 1986：44－45）

下面我们借用著名翻译家顾蕴璞教授翻译这首诗的第9节诗行：

“当时他目光炯炯地说道：

‘弟兄们，后面不是莫斯科吗？

让我们战死在莫斯科城下吧，

像弟兄们那样把热血抛洒！’

我们誓以决死为国报效，

我们在波罗金诺的战役中，

履行誓言肝胆照!”（顾蕴璞，2006：128）

这里诗行中的“他”是指俄军统帅米·伊·库图佐夫（М. И. Кутузов），他当年指挥俄国军队，在莫斯科附近及周围地区打击拿破仑皇帝亲自率领的法国侵略军。我们在《波罗金诺》（Бородино）中读到的诗行“Умремте ж под Москвой, Как наши братья умирали!”的译文（“让我们战死在莫斯科城下吧，像弟兄们那样把热血抛洒!”）比“该书”及“该文”的译文（“我们将为莫斯科而捐躯……”）不仅更符合原文，而且也更符合史实。当拿破仑率领的法国军队占领莫斯科城——一座被焚毁、居民被撤离的“空城”时，俄军统帅库图佐夫在一次在莫斯科郊外召开的军事会议上说：“С потерей Москвы — не потеряна еще Россия.”（Сыров，1987：141）。我们试译：“莫斯科虽失，仍有俄罗斯。”可见不是“为莫斯科而捐躯……”，当年那些在战场上英勇牺牲的“创造奇迹的勇士－战士们”是“为自己的祖国”而战，为整个俄罗斯而血洒疆场。当年的 Москва 还不是后世的作者们当作的 Отечество（Вся Россия）的“代用词”。

四　值得一读“该书”和“该文”

我们完全同意三位学者（刘光准、夏忠宪、刘文飞）在《王者归来：普京的魅力演讲》这本书的封底上的题词，以及对“该书”的译文和原文所做的精彩的语言文字评价。对于俄语读者来说，又正如“该书”封面所写：“聆听普京演讲，学习地道俄语。”“该书”既采用俄汉双语对照形式，又附赠 MP3 光盘供读者提高听力之用。我们十分赞赏两位编者（也称“编译者”）下的功夫和这本辛劳之作。

特别难能可贵的是，“该书”编译者为读者正确理解原文着想而对演讲中的某些词语做了词汇－语法和文化国情知识的“难点解析”。正如鲁迅先生在《论重译》中所说：“难解之处，忠实的译者往往会有注解，可以一目了然，原书上倒未必有……”［《翻译研究论文集（1894—1948）》，外语教学与研究出版社，1984 年；鲁迅，《论重译》］

鲁迅先生的这些话，不仅对译者适用，就是对译文和外语原文的引用者也是适用的。但我们有时看到，某些文章作者或者忽视必要的注解，或者为“回避”某些“争议”或“难点”而放弃注解。

让我们回到上面谈到的两个“引例”。例如“引例一”的“Из благородного человека не сделаешь орудия.”——无论从词法（如 орудия 的数和格）还是句法（谓语的表现形式和句子结构），都有可注解之处；这句俄语（译文）出自哪位俄国汉学家笔下，所谓“君子动口不动手”（如果中国经典中有这句话）的出处何在等等都被忽略！

再如“引例二”中（“该书”漏掉的和“该文”未译的）“мы в Бородинский бой”很有注解的必要。

有些读者曾对“в Бородинский бой”（第四格形式）提出疑问，认为该用“в Бородинском бою”（第六格形式）。难道普京总统也犯了语法错误？否！普京总统在这里没有错，而读者的提问也是“应该”的，演讲中引用的出自诗人莱蒙托夫笔下的这个诗句也是正确的。

普京总统“早在 2001 年四五月间就一再强调，要运用法律手段，对讲出脏话和犯下俄语语法错误的国民进行惩罚，同时还禁止国民在说话时滥用外来词”（王仰正等，2006：258）。

俄国伟大诗人普希金曾经说过，容许诗人在其诗作中写出像是“语法错误”的形式。他把使用这类形式称作“поэтическая вольность”。在《俄汉大词典》中，这个词组被解释为“诗中不合语言规范的现象”（224），还被解释为“诗歌中允许出现的语言变通现象”（第 1701 页）。我们认为，两种解释都可以成立。

我们知道，俄语诗歌中除讲究诗行的用词、音节数量、重音特点等外，特别讲究韵律。例如：“Умремте ж под Москвой（六个音节，诗行韵脚-ой）... мы в Бородинский бой（六个音节，诗行韵脚也是-ой）”。

因此，“мы в Бородинский бой”这个所谓“不合语言规范的现象”在《波罗金诺》这首诗中是被允许的。——这就是我们的“解析”。

我们在上面谈到，引文的正确与否，与译文有一定的关系；译文有错，引文“跟错”，这样的事例并不鲜见。译者有责，引用者也有责，如果后者对引文之纰漏不加“自纠”，不加注释和不加说明的话。

但是，对于引用的外语原文（即著作中的词句）是否也可能存在疏漏、缺陷和不足之处呢？我们认为，回答应是肯定的。由于外语原著作者的文化水平、受教育程度和语言文字修养及所处的时代、环境等的不同，差错失误在所难免。不过有时候我们难以断定：“文责”谁负？

例如，我们在 Н. В. 果戈理的«Ревизор»（第二幕第三场）的人物对话中读到：

“Слуга. Соуса нет.

Хлестаков. Отчего же нет? Я видел сам, проходя мимо кухни, там много готовилось. И в столовой сегодня поутру двое каких-то коротеньких человека ели семгу и еще много кой-чего. (笔者注：比较规范的是 двое людей)”

“（译文）仆人：没有调味汁了。

赫列斯塔科夫：为什么没有？我路过厨房时亲眼看见，那里准备了许多吃的。今天一大早，餐厅里就有两个矮胖的家伙在吃鲑鱼，还有许许多多其他吃的东西。”

我们不明白这（语法）“错误”（即上面引文中的划线词）产生的原因，是不是作者（果戈理）故意让赫列斯塔科夫这位彼得堡来的冒充钦差大臣的小官吏这样说的？这是否也是一种语法错误？（左少兴，2006：159）严格说，类似“двое... человека”这类词汇－语法错误，对于译文没什么影响，但必须说明（尤其在学术论著中引用的话）。

五　结束语

教育部社会科学委员会 2004 年 6 月第一次全体会议讨论通过的《高等学校哲学社会科学研究学术规范（试行）》中关于“学术引文规范”曾有这样的规定：“学术论著应合理使用引文。对已有学术成果的介绍、评论、引用和注释，应力求客观、公允、准确。”（2005：2）所谓“合理引用”“表达准确”，对于原文、译文和引文来说，都是同样要求的。这种“准确”应包括引文、引语的完整性，切忌“断章取义”。我们在本文前面指出的“该文”把莱蒙托夫的诗句——普京在演讲中提到童年起就记住了的诗句——当成了“诗人叶赛宁广为人知的诗句”，这是引文使用不准确、引用不完整的表现。

但是，尽管如此，对于“该文”和“该书”的整体来说，仍然是瑕不掩瑜的。让笔者引用刘光准教授在“该书”封底上的一句话：“喜欢俄语的读者，快来听读这本好书吧!”不过笔者还想在本文结束时，在“快来听读这本好书吧!”的后面加一句：快来研读这篇值得一读的文章（“该文”）吧!

参考文献

[1] ЛЕРМОНТОВ М Ю. Собрание сочинений в 4 томах: Том 1 [M]. Москва: Правда, 1986.

[2] СЫРОВ С Н. Страницы истории (книга для чтения на русском языке) [M]. Москва: Русский язык, 1987.

[3] 北京大学. 北京大学教师学术道德规范 [M] //北京大学社会科学部. 学术道德规范（资料汇编）. 2005: 6-12.

[4] 黑龙江大学俄语语言文学研究中心辞书研究所. 俄汉大词典 [M]. 北京：商务印书馆，2003.

[5] 教育部社会科学委员会. 高等学校哲学社会科学研究学术规范（试行）[M] // 北京大学社会科学部. 学术道德规范（资料汇编）. 2005: 1-5.

[6] 莱蒙托夫. 莱蒙托夫抒情诗全集 [M]. 顾蕴璞，译. 南京：

译林出版社，2006：125－129.

[7] 刘玉才，刘宁，顾永新. 中国文化史纲要 [M]. 北京：北京大学出版社，2001.

[8] 鲁迅. 论重译 [M] //中国翻译工作者协会《翻译通讯》编辑部. 翻译研究论文集（1894—1948）. 北京：外语教学与研究出版社，1984：238－239.

[9] 田冰. 习近平普京旁征博引 妙解“汉语年” [EB/OL]. 中国新闻网（2010－03－24）. https：//www. chinanews. com. cn/gn/news/2010/03－24/2187631. shtml.

[10] 王仰正，赵爱国，周民权. 俄罗斯概况 [M]. 上海：上海外语教育出版社，2006.

[11] 伍铁平，王庆. 正确的翻译是从事学术研究的前提 [C] //屠国元. 三湘译论（第六辑）. 长沙：湖南人民出版社，2007：15－25.

[12] 杨伯峻. 论语译注 [M]. 北京：中华书局，2005.

[13] 左少兴. 俄语的数、数词和数量词研究 [M]. 北京：北京大学出版社，2006.

构词与造词

——以 Б. Пастернак 的诗«Цыгане»为例[1]

一

构词（或构词法）早已成了俄语语法学的一个组成部分，成了公认的俄语语法体系中与词法（形态学）和句法（结构学）并列的三个“分体系”之一[2]。

尽管苏联科学院俄语研究所于 20 世纪 50 年代和 80 年代编著的《俄语语法》（50 年代 «Грамматика русского языка»和 80 年代的«Русская грамматика»）对俄语构词法做了详尽、全面的描述（特别是后者），指出各种构词类型和次类型、构词模式，列出各种构词词缀，谈到各种构词方法等，但我们中国俄语界在

① 本文曾发表于 2011 年第 2 期《俄语语言文学研究》。

② 在现代俄语语法体系中“构词法”单独作为它的一个分体系。此外，还有学者提出“词类学”（учение о частях речи）作为与“词法”“句法”“构词法”三个分体系并列的又一个“分体系”（подсистема）。

俄语构词的教学研究方面一直存在缺漏。

如果说我们俄语学术界和教学界对俄语构词的研究、探讨和教学存在缺漏，那么我们对于俄语某种“文本”中出现的所谓“造词”现象的探究，就不只是欠缺，而是空缺，是“空白”了。

但是，俄语中的某些“造词”现象，从某种意义上说，仍然或多或少与俄语的“构词”有一定联系。因此，本文把重点放在对俄语文本中的“造词”现象的描述上，并以帕斯捷尔纳克（Б. Пастернак）的«Цыгане»[①]的几行诗句中的用词为例来加以详述。

二

我们用俄语语法术语 словотворчество 来表示“造词”这个意义。《现代俄语标准语词典》把 словотворчество 解释为 создание новых слов（第 13 卷第 1243 页）；《大俄汉词典》（商务印书馆，1985 年）将其释义为“创造新词”（第 2095 页）。此外，俄语中还用另一个词—— новообразование 来表示“新造词”的意义；按《大俄汉词典》解：“новообразование〔中〕新生成；新生物；新现象；新类型的出现。”（第 1153 页）我们不妨把

① 2010 年年初，北大俄语系硕士毕业生王嘎就他正在翻译的«Борис Пастернак»传记中几行诗句（“6 行”）的某些词语的理解和翻译，问及我们几位退休教师。我们不知道这几行诗句是一首完整的诗还是该诗的一部分。所以我们只好“就事论事”，在本文中仅就这“6 行”诗中的几个词语做些分析。«Борис Пастернак»这部传记作品的作者是 Дмитрий Быков，该书于 2006 年由〈俄〉Молодая гвардия 出版社出版。

новообразование 称为“新词语”——它与外来词 неологизм（-ы）同义。

неологизмы（新词语）是俄语中不断出现的语言“现象”。在俄语历史的不同时期出现各种不同的、反映社会生活各个方面的“新词语”：既有不断涌入俄语的外来词（或“借用词”——заимствования），也有在本土大量“生成”并扩大使用范围的各类新词语（包括缩略语等）。

上面我们把 новообразования 译成“新词语”和“新造词”；但具体到本文将涉及的诗人帕斯捷尔纳克及其诗作«Цыгане»中的新词语来说，我们必须在“新词语”之前加个限定词，即“个人的”—— индивидуальные новообразования。我们可以将其称为“（个人）独创词”或“个人（新）造词”。

“个人造词”（或“独创词”）不同于我们汉语中的那种“生造词”。所谓“生造词”是一种向壁虚构、凭空制造的词语。而俄语中的“个人造词”尽管大多数未被纳入“词典”或“新词新语词典”中，但那些新词语（经过分析可以说）几乎都是按“能产型”的（但也有“非能产型的”）构词模式并使用“现成的”（готовые）构词方法（如包括各种“复合法”—— словосложение，“缩略法”—— аббревиатура 等）来构造的。当然，也存在某些个别现象、例外情形（如按过时的“构词模式”等）。

但是，俄罗斯著名学者什维多娃（Н. Ю. Шведова）和洛帕金（В. В. Лопатин）认为，所谓“个人（新）造词”就是某些作家诗人在作品中（在上下文中带一定的修辞目的）创造的“偶遇词”（окказионализмы）。这两位学者写道：“Неологизмы

（新词语）— это новые слова，вошедшие в общее употребление：**космодром**（航天发射场），**расстыковка**（破坏统一），**цементовоз**（水泥搅拌车），**дискотека**（迪斯科舞厅），**нефтехимия**（石化），**личностный**（个人的）. Окказионализмы（偶遇词）— это индивидуальные новообразования，не вошедшие в общее употребление：**громадьё**（庞然大物），**паспортина**（护照）（Маяковский）.”（Шведова、Лопатин，1990：44）。

由上引文可见，在语言学上，неологизмы 虽然与 новообразования 同义，但却与 индивидуальные новообразования 不同，两者的不同点在“语用”方面，即“已普遍使用”和“未曾普遍使用”。

但也有俄国学者认为，所谓 окказионализмы 也是一种 неологизмы，但不过是一种 стилистические неологизмы，即“个人风格的新造词”（индивидуально-стилистические неологизмы）。例如，Д. Э. Розенталь（1985：43）等人指出：“Неологизм стилистический（индивидуально-стилистический）. Неологизм，созданный автором данного литературного произведения с определённой стилистической целью и обычно не получающий широкого распространения，не входящий в словарный состав языка. Зелено-кудрые（Гоголь），москводушие（Белинский），надвьюжный（Блок），громодьё，многопудье，мандолинить，молоткастый（Маяковский）.”［说明，这里引文中的例词（除有些可以“望文生义”外）未加翻译，因为不知它们在“原作”中所表示的意义］。

三

在上面引文中，两次引用了苏联著名诗人马雅可夫斯基的一个“个人独创词”громадьё（庞然大物）。词典上没有此词，它显然是依照俄语已有的“构词模式”和利用已有的构词后缀-ьё构成：громад-ьё，试比较 громад-а。在现代俄语中，这个-ьё 是非能产型后缀，用它由少数名词或形容词构成的词多为“俗语词”，且为“集合名词”，如 смольё（含树脂的松柴，松明，比较名词 смола），дубьё（笨蛋们，比较名词 дуб-ок，口语词，转义），бабьё（村妇们，比较名词 баба），бельё（内衣等，比较形容词 бел-ый），жильё（住人的地方，比较形容词 жилой）等。

像马雅可夫斯基这样的苏俄诗人，在其诗歌创作中不仅有其独有的“构词”（确切些说是“个人造词”）特点，而且还有伟大诗人普希金曾经说过的俄罗斯诗歌中“容许”的 поэтическая вольность［我国《大俄汉词典》译为“诗中不合规律的现象”。但《现代俄语标准语词典》对它的解释是：“В стихотворной речи некоторое отступление от общепринятых правил языка, словоупотреблений, ради сохранения ритма или рифмы...”（第 2 卷，第 638 页）。“在诗歌语言中，为了保持节律或韵律，出现某种背离公认的语言规则、用词规则的现象”］。

马雅可夫斯基不仅是当年的“现实主义”诗人，而且还是“未来派诗人”（поэт-футурист），因此他的诗有的属于“未来派的诗”（футуристические стихи）。俄罗斯的诗歌创作传统之一便是诗人独有的 поэтическая вольность。如果说一般诗人可以有

поэтическая вольность，那么那些未来派诗人的 поэтическая вольность 就更大了！而至于某些所谓“超未来派的诗歌”（ультрафутуристические стихи）的 поэтическая вольность 又将如何呢？

本文所要评述和分析的帕斯捷尔纳克的«Цыгане»这首诗（其中 6 行）就是俄罗斯诗坛上的一首“超未来派的诗歌”。

俄国著名传记作者德米特里·贝科夫（Дмитрий Быков）写了«Борис Пастернак»这本书[①]。他在谈到传主创作«Цыгане»这首诗的经过时写道：俄国文艺界人士博布罗夫（Бобров）创办了一份不定期的文艺丛刊，并向帕斯捷尔纳克等人约稿。约稿的要求是创作超未来派诗歌。创作“这样的诗在于让人们清楚知道：‘真正的未来派诗人来临了！’于是，帕斯捷尔纳克匆匆草创了三首‘绝对听不懂的玩意儿’（три абсолютно невнятные поделки）。这首名为《吉卜赛人》（«Цыгане»）的诗纯粹是模仿未来派诗人赫列勃尼科夫（В. Хлебников）[②] 的诗作而创作出来的浅薄拟作”；此外，贝科夫对这首“超未来派诗歌”做了分析，认为帕斯捷尔纳克创作的这首“超未来派诗歌”还“仿照了古代斯拉夫民族的情节，采用了仿古—创新的造词方式”（Быков，

① 见本文较前部分关于«Цыгане»的注释。

② Хлебников, Виктор Владимирович（1885—1922），俄国最著名的未来派诗人，他的诗作以造词怪异、“玄妙费解”著称，对 20 世纪的俄罗斯诗歌具有广泛的影响。他的一首最具代表性的未来派诗歌«Заклятия смехом»（1909）由北京大学俄罗斯语言文学系顾蕴璞教授翻译（《笑的咒语》），发表在《白银时代（诗歌卷）》——中国文联出版公司，1998 年，第 321 页。因本文的篇幅所限，暂不收入此诗作的原文和译文。但可以说明一点，这首不长的诗作中仅由词根词（смех < сме-）构成的同根词在任何俄语词典中都没有，而且数量很多，形态各异，但顾教授都做了很好的“处理”（翻译）。

2006：111）。

四

«Борис Пастернак»这部传记的作者贝科夫之所以把传主的“超未来派的诗歌”«Цыгане»也跟着说成是“绝对听不懂的”“模仿”之作，是从两个方面来考虑的：一个是诗的语言（所谓“遣词造句”，还加上“独造”词语），另一个是诗的意境，即通过诗中塑造的形象——“造热者”若葛（Жародей Жог）和妙龄女郎来展现令人浮想联翩的意境和情调。

现在我们把这首诗（很可能是这首诗的一小部分——共6行，因为我们没有读到全诗的文字），即该传记中作为“例子”的6行诗抄录如下：

“Жародею Жогу, соподвижцу твоего девичья младёжа,

Дево, дево, растомленной мышцей ты отдашься, долони сложа.

Жглом полуд пьяна напропалую, запахнешься ль подлою полой,

Коли он в падучей поцелуя сбил сорочку солнцевой скулой.

И на версты. Только с пеклой вышки, взлокотяся, крошка за крохой,

Кормит солнце хворую мартышку бубенца облетной шелухой.”

（抄自«Борис Пастернак», Москва: Молодая гвардия, 2006, С. Ⅲ）

当笔者被问及这“6行”诗文中几个被误认为是“古俄语词”（但现代俄语词典中没有）的现代俄语词的意义时，笔者没有深入全面分析这几个“新造词”的结构和正确理解其“词义”，就依据自己当时的“理解”注释了其词义并请顾蕴璞教授翻译出来①。但经过几个月的学习和查询相关材料，笔者觉得（在征得顾老师的意见后）有重译的必要：因为这短短“6行”诗包罗的语言问题和诗的意境与意蕴都有重新探讨的必要；何况这“6行”诗（或者整首诗«Цыгане»）被称为“绝对听不懂的玩意儿”（之一），而且这还是对俄罗斯人来说是如此的，那么对于我们这些学习俄罗斯语言文学的非俄罗斯人来说，就更加是“绝对听不懂”、弄不明的поделка了！

怎么办？笔者认为，唯一的途径，有效的方法，便是对该诗作进行两方面的分析：（1）由于这首诗作意象新颖，意蕴丰富，必须反复琢磨，领会其诗义，为此，要对该诗进行诗意分析；（2）由于这短短6行诗文中有一些“独创词”和某种特殊“结构”，为此，要对其进行“语文分析”（лингвистический анализ）。本文着重在“语文分析”方面，因为我们的翻译错误往往是由于对该文本中遣词造句的不正确理解而引起的。

这6行诗有如下结构特点：（1）共49个词，实词43个，虚词6个；（2）每行诗有19个音节，每两行为一“诗节”（或“诗段”）——俄语名为двустишие（或двоестишие）（二行诗；二行的诗段）；（3）这6行诗有3个“二行诗段”，分别以

① 笔者在文末的该“6行”诗的译文就是根据顾蕴璞教授的“初译”文字经过斟酌后修改翻译的。

“-жа”，“-лой”（第 3、4 行）和“-хой”（第 5、6 行）为韵脚。这是俄罗斯诗歌（包括民歌民谣）的一种“格律”诗。此外还有 четверостишие（四行诗；四行的诗节），трёхстишие（三行诗；以三行为一节的诗）等。

五

上面谈到要对这“6 行”诗进行语文分析。众所周知，对于俄语文本可以有多种多样的分析，仅以“语言分析”而言，有语音分析、正字法分析、标点符号分析、修辞分析、词源分析等等。然而对于我们的俄语语文教学研究来说，更常用、更有效的是词汇分析、词素分析、词法分析（如构形分析等）、句法分析等；这些分析中最有效的是词的结构分析（构词分析—— словообразовательный анализ）和句子结构分析（主要是词组、句子成分和句型的分析）等。

因此，我们对该“诗作”的分析便是以构词分析和成分分析来作为我们理解诗的意境和翻译该“6 行”诗的前提。

该“6 行”诗（49 个词中有 43 个实词）有一个“主题词”（тематическое слово），即“热”（жар 或 жара）。这个词的语义场囊括几个语义相关词，如 жародей，Жог，жглом（后两词“来自” жечь），再如 пеклый（来自动词 печь），солнце，солнцева скула 等；此外，还有一些间接表示由“热”引发的词句，如 в падучей поцелуя，（он）сбил сорочку солнцевой скулой 等。所以，当我们刚一接触这几句诗行时，获得的初步印象是：这些诗行可能有“歌颂”太阳（神）之意。对它做了一点分析后，我们便将这几行诗取名为“热”、“酷热”或者“烈日”，还取名为“烈日与女郎”，乃至“烈日下的吉卜赛女郎”等。

现在我们按“二行为一节律”来逐行逐句分析有关词句。

第1—2行：

“Жародею Жогу, соподвижцу твоего девичья младёжа,

Дево, дево, растомленной мышцей ты отдашься, долони сложа.”

这两行有一个简单句。应该说，句子很简单，但句中的词——诗人“独造词”几乎占去这两行诗的14个词中的一半。

жародею 来自 жародей（造热者），自造词，诗中指“太阳”（солнце），仿旧时俄语的构词——合词：жар-（联结元音）о-дей。例如，现代俄语的旧词 чудодей（造奇迹者；显灵者），злодей（作恶者；凶犯，恶棍）等；合成词的后一部分为 дей，来自动词 деяти（现用的 делать）。现代俄语多用-творец 来代替-дей，如 чудотворец（有灵者；创奇迹者），стихотворец（作诗者，诗人），смехотворец（搞笑者）等。试再比较汉语中的“造神者”，英语中的 kingmaker（造王者）等。

Жогу（第三格）——诗人“自造的”人名，其前后两词都是它的同位语，都受动词 отдашься（<отдаться“献身……”，“投身……”，“委身……”）支配。这个“专名”来自动词 жечь（过去时 жёг，写成 жог 是由于古俄语中尚无字母 ё，而往往用-ьо-或-о-等代用）。但它也可能受同根词的形式（如 поджечь 的过去时 поджёг 和名词 поджог“放火，纵火”）的影响。这个专名译音为“若葛”。

соподвижцу 来自 соподвижец，自造词。词典中有 подвижник（苦行者，禁欲者）。诗人用前缀 со-和后缀-ец（代替后缀-ник）构成此词。前缀 со-（和 с-）有“共同”“相伴”等意义，如：соавтор（合著者），совладелец（共有者）等。因此，我们把“自造词”соподвижец 译成“相伴者”“同行者”（原意为“共同苦行者”），相当于（旧词）сопутник（伴行者）之意，表示该女郎在烈日下一路与它（烈日——造热者若葛）相伴，成为“途中伴侣”。

младёжа（第二格）来自“自造词”младёж（阳性）。后者显然仿集合名词（阴性）молодёжь 构成。两词的构词后缀是-ёж（说明：-ёжь 的-ь 仅作为一个符号，处于咝音 ж，ч，ш，щ 之后只表示该词是阴性名词，而咝音后无-ь 者为阳性名词）。必须指出，两词的词根不同，млад-和 молод-，但在远古时期它们来自一个共同的词根（见“俄语历史语音学”）。现代俄语中有不少这类词（来自俄语固有的词，如 молодой 等，和来自古斯拉夫语－教会斯拉夫语的词，如 младой 等）。例如普希金的诗中“В то время из гостей домой/ Пришел Евгений *молодой*”（«Медный всадник»），比较“Толпа наездников *младых*/ В дубраве едет молчаливой”；再如“Раскрыв уста，без слез рыдая，/ Сидела *дева молодая*”（«Бахчисарайский фонтан»[①]），比较“*Младые девы*...”（同前）等。младёж 表示“个体”意义：“男青年”“儿郎”。汉语的“郎”字本表示“男青年”，如“郎君”“情郎”，但加上一个“女”字，则成了“女郎”“女青年”。俄

① 原文诗名有误，应为«Кавказский пленник»。——编者注

语诗行中在 младёж 前加 девичий，成了（молодая）девица。此外，девичий 在诗行中变格写成 девичья，而不是 девичьего，这多少也有点“仿古”意味。

дево 是由名词 дева 构成的形式——“呼语形式”，是仿古俄语名词（变格法）的“呼格”。在古斯拉夫语－教会斯拉夫语和某些现代斯拉夫语中，只有名词单数才有“呼格”形式，如阴性名词 жена —（呼格形式）жено，земля —（呼格形式）земле 等；再如：“Рождество твое，*богородице дево*，радость возвести всей вселенней...”（“童贞女圣母啊，你的诞生向普天下宣告了一桩喜事”。呼格形式自 богородица дева）。

долони 是方言词，意为“手掌”，诗中代替 ладони；词组 долони сложа ——“合掌”，佛教用语“（双手）合十”之意，既表示敬意，又表示虔诚，转义为“一片痴心”。

第 3—4 行：

“Жглом полуд пьяна напропалую，запахнешься ль подлою полой，

Коли он в падучей поцелуя сбил сорочку солнцевой скулой.”

这两行诗的句子结构看似简单，其实不然。这里是一个带条件从句的主从复合句，主句是“（ты）запахнешься ль подлою полой”，但其前的“*Жглом полуд пьяна* напропалую”是一个句子还是词组？是否也是“主句”？笔者倾向于把它当作一个说明句中没出现的主语 ты（因全行的音节所限）的“独立同位语”（或者充当全句的主语）。为此，我们把它改装一下：“полуд，пьяная напропалую жглом，（ты）...”。这样一“改”，这里的

“独立同位语”又带上了一个“独立定语”：“пьяная напропалую жглом”。

现在问题来了：（1）**полуд** 是什么名词？什么意思？词典中没有，是诗人的“独造词”。（2）是“阳性”还是“阴性”？首先，从 пьяна 看，它（полуд）是以辅音结尾的阴性名词，但俄语中除少数表示“女人”意义的外来词（如 мисс，мадам 等及某些专有人名）外，很少有以辅音结尾的表示“女人”意义的名词；此外，这个 полуд 是如何“构成”的？其次，**жглом** 也是个“独造词”，它是“名词”第五格（因 пьяный 要求第五格或 от чего，表示“原因”意义），也就是说它来自 жгло（词典没有此词，它是 жечь 的过去时中性形式）。最后，为什么诗人不用长尾形式 пьяная，而用 **пьяна**——这可以解释为因诗行的音节数量所限。如果我们认定“独立定语”是由 пьяна 所“引起”的，那么这个词的重音在 пья́на 上（而不是在形容词短尾阴性的“词尾”上：пьяна́）。在现代俄语中，通常是用形容词长尾形式做独立定语；但在古俄语（或“仿古”言语）中，形容词短尾形式也可以用作定语（甚至“独立定语”）。因此，通过这样的“语言分析”和语法“推论”，我们把“жглом полуд пьяна（напропалую）”定为“独立同位语”。

现在，留下来的问题便是“分析”полуд 和 жглом 的“构词”了。

жглом，如上所述，来自 жгло，由动词 жечь 构成。它与第一行的专有名词 Жог 是同根词。但这个 жгло［жечь 的过去时形式（阳）жег（<жьгль），（阴）жгла（<жьгла），（中）жгло（<жьгло）等］在古俄语中是用来构成所谓“复合过去完成时

（перфект）的、只有性和数变化的、以-л 结尾的动词过去时主动形动词”①（中性形式）的。这个 жгло 是形动词短尾形式，比较第 5 行的 пеклый［<пеклъ（阳性短尾形式），由动词 печь（<печи）构成的古俄语不变格的过去时主动形动词阳性长尾形式］。但是，按现代俄语语法规则，形容词（或形动词）只有长尾形式才能“名词化”。而我们这里的 жглом 应是 жгло 的第五格。也就是说，在诗人笔下，“动词过去时” жгло（古俄语过去时主动形动词短尾中性 жьгло）也“名词化”了！这也许就是“超未来派诗歌”中诗人用词之“无忌”。我们不妨将其视为俄罗斯诗作中的又一种 поэтическая вольность！

полуд 是个什么词？从形式上看是阳性名词，但却是“阴性”意义，因为由邻近的 пьяна 可以判定。但这个词如何构成？我们知道，俄语语法中有一种称为“截音”（усечение）的构词方式，如外来词 кило（来自 килограмм，截去-грамм）、外来词 мстро（来自 мстрополитсн，似乎“截去”-политен）等。后一个词可以比较英语词 Metro，等于 the Metropolitan Railway（地下铁道）。那么，полуд 是否也经过“截音”？如果是，那被截去的部分是什么？如果说该词的前部分是 полу-，那剩下的辅音-д 为什么没有连同后部分的“语音”一起被“截去”？也许，正好词

① 古俄语中有五种形动词：现在时主动形动词，过去时主动形动词，现在时被动形动词和过去时被动形动词，这四种形动词均保留至现代俄语中，基本相同；此外，还有一种以后缀-л-（-ъ，-а，-о，-ы…）结尾的不变格的所谓“过去时主动形动词”。这种“形动词”在古俄语中同 быти 的现在时变位形式（я）есмь，（ты）еси，（он）есть（以及复数、双数等形式）构成 перфект（复合过去完成时——其语法意义有的相当于现代俄语动词完成体过去时形式）。在古俄语中，上面所有的形动词都有长短尾之分［例如本诗中的 пеклый，但 пек（<пеклъ，短尾）］。

中保留的这个-д(-) 给我们提供了借以“找到”后部分的信息。俄语有两个明显带 полуд-的表示“女人”意义的名词：полудева ——“〈旧、谑、蔑〉品行不端的姑娘”；полудурья ——“〈俗〉傻里傻气的女人”（均见《大俄汉词典》第 1572 页）。那么要再问：полуд-是由哪个词（полудева 或 полудурья）“截音”而成？即使确定来自两词之一，但诗歌翻译的效果是完全不同的：在烈日下行走的吉卜赛女郎究竟是“品行不端”还是“傻里傻气”？是“风流女郎”（或“风骚女郎”）还是“傻妞儿”？考虑到许多欧洲人长期来对流浪在欧洲大陆的、卖艺的、替人求卜算卦的 Цыганки 的“看法”，我们只好暂且在译文中对 полуд 这个“自造”词取前一个意义。

第 5—6 行：

“И на версты. Только с пеклой вышки, взлокотяся, крошка за крохой,

Кормит солнце хворую мартышку бубенца облетной шелухой.”

首先是“И на версты”这三个词，我们将其当作“不完全句”。果真如此，那内中省去了哪些词？它与第四行的动词谓语 сбил 有无关系？我们知道，俄语中 на версту 和 за версту 是同义的，《大俄汉词典》中译为“很远”“隔很远”（第 162 页）。此外，我们还知道，某些俄语名词的单数和复数具有相同的意义：不仅词汇意义相同，而且语法意义也相同。因此，诗中的（на）версты 同义于（на）версту，即“路途遥远”。考虑到诗中的两个形象，即 Жог（若葛，即“造热者”，或者说“烈日”）和 дева［或 полудева，即在烈日下行走（诗中所谓的“投入造热者若葛的怀抱”）的妙龄女郎]，从诗行的音节数量（或者译文中汉字的数量）出发，我们最初译为“路途遥远”，后又改为“同行路漫漫”。但是，如果注意到两个诗歌“形象”——天上的“烈日”（造热者若葛）和地上行走的姑娘——在现实中相隔很远，也许这个“不完全句”中诗人省去了可以意会到的其他词，即“оба они отделились друг от друга（на версты）”，我们不妨又将其译成“（两者）相隔千万里”。斟酌再三，我们将“И на версты”译成“相隔千万里”。

诗的第 6 行有如下几个词值得分析。

мартышка 是什么意思？俄语中有两个 мартышка。据《大俄汉词典》解：“мартышка[1]... ①〈动〉长尾猴”，“②〈转、骂、谑〉丑人，丑八怪”；“мартышка[2]... 〈方、动〉鸥，浮鸥，燕鸥（民间通称）”（第 929 页）。最初我们认为是 мартышка[1]的意义，看来有错，故后来改为后者：хворая мартышка——“病弱的燕鸥”。尽管如此，笔者还是不明白，诗人加入这个“形象”是否也是指那“瘦弱”的吉卜赛女郎？

мартышка 后面的词 **бубенца** 是第二格，表示“属性”。那么要问：бубенца 与哪个词（其前的 мартышка 还是其后的 шелухой）发生关系？通过对句子成分的分析和词义分析，我们看到，由于诗的“韵脚”需要而将（облетной）шелухой 同其前的 бубенца 倒装了，即将“... шелухой бубенца”写为“бубенца... шелухой”。“倒装”是俄语韵文体的一种常用的词序。

облетный 这个词（3 个音节，词中的-е-不能读成-ё-，况且词典中也没有这个词），据我们分析，可能是诗人从诗行音节数量出发，用来代替本应用的“近形的”облетéльный（4 个音节，

“凋谢的”“凋零的”）这个词，它由动词 облететь[1]（花、叶、果实等“凋落”“凋谢”）构成。虽然没有 облетный 这个形容词，但有同根的形容词，如 полётный，взлётный 等，还有 полёт，облететь[2]等词，这些词与“飞行”意义有关，与“凋谢”无关。不过，俄语中（无论韵文、散文等）这种“假借”现象实不多见。因此，我们在此不由得想起我们古代汉字的造字法（见许慎的《说文解字》）“六书”之一的“假借”：“假借者，本无其字，依声托事”，即“借用同音字来表示。如‘来’的本义是小麦，借作来往的‘来’；‘求’（即裘字）的本义是皮衣，借作请求的‘求’……”（《辞海·语言文字分册》单行本，上海辞书出版社，1980 年，第 28 页）。但我们所译的该诗中的“用词”正好与汉字的“假借”相反：本有其词（облетельный），却依声（近音）“假借”他词（облетный）代用。这也许是诗人的又一种“个人造词”方式。

除上述的以外，我们认为诗中有些词语要用转义或“引申意义”来理解和翻译，而且要“切含”整个诗意。例如，最初我们把“бубенца облетной шелухой”直译成“用铃铛似的凋零的表皮”，后来我们把它改译为“用铃铛花凋谢的花瓣”；再如第 2 行的 растомленной мышцей 本义为“（以）筋疲力尽的肌肉”，后来我们将其引申为“浑身乏力的瘦身条（儿）”；第 4 行的 в падучей поцелуя 中的 падучая（阴）是“名词化”的形容词，意为“癫痫病”。它与 поцелуя 一起有了“狂吻”的意义；此外，第 4 行的 солнцевой скулой——原意为“（用）灼热的颧骨”，后改译为“（用）滚烫的脸颊”，实际上是指“强烈的阳光”。这也是一种诗作的“借喻”用法。

经过对相关诗句及一些词语的分析，我们将这6行诗再次翻译［俄语每行19个音节，我们的译文每行21个汉字，同时仿俄语的двустишие的韵律（二行为一诗节）］。不当之处，请大家指正。

姑娘啊姑娘，你情愿将自己热得浑身乏力的瘦身条（儿），
投入与你这佳丽同路的苦行者——造热者若葛的怀抱。
假如若葛在狂吻时用滚烫的脸颊扯下了你的衣裙，
陶醉热吻的风骚女郎，你是否会用下摆把身子裹紧？
相隔千万里——只有在炎热的天空支撑着身子的太阳，
用铃铛花凋谢的花瓣一片片地把衰弱的燕鸥喂养。

正如一篇名为«Грамматика и норма в поэтической речи（на материале поэзии Б. Л. Пастернака）»的文章①中所写：“帕斯捷尔纳克（诗中）的所有新词（自造词）从来不远离大众的视听，

① 这篇名为«Грамматика и норма в поэтической речи»的文章是王嘎同学从网上下载的。不知出于什么俄语刊物（或“文集”），也未写明此文的作者姓名。文中虽然谈到“на материале поэзии Б. Л. Пастернака”，但文中丝毫未涉及诗人的“超未来派诗歌”«Цыгане»，与该“6行”诗的造词、用词毫无关系。

最可能的是读者会弄错这样一些相近似的构词或者充其量会怀疑是否有这样的词。从本质上说，所有这些构词现象，不能称之为新词（неологизмы），因为每个构词现象都让人觉得：如果词典中没有这个词，那么它就是一种‘偶然现象’（случайность）。”（第 11 页）而俄语构词中的“偶遇词”（окказионализмы）就是语言中的“偶然现象”。«Борис Пастернак»的传记作者贝科夫在谈到帕斯捷尔纳克创作的“绝对听不懂的玩意儿”时，指出诗人奉行一条已被遗忘的“创作”原则：“越偶然就越正确”（Чем случайней, тем вернее）（第 111 页）。也许，这可能是“超未来派诗人”的一条诗作“原则”？对此，笔者不敢妄自置喙。

参考文献

[1] БЫКОВ Д. Борис Пастернак [M]. Москва: молодая гвардия, 2006.

[2] РОЗЕНТАЛЬ Д Э, ТЕЛЕНКОВА М А. Словарь-справочник лингвистических терминов [Z]. Москва: Просвещение, 1985.

[3] ШВЕДОВА Н Ю, ЛОПАТИН В В. Русская грамматика [M]. Москва: Русский язык, 1990.

《伊戈尔出征记》译注本评介[①]

一

前不久由商务印书馆出版发行的、李锡胤教授直接从古俄语翻译和注释的《伊戈尔出征记》(«Слово о полку Игореве»——下称“《出征记》译注本”),为我国俄罗斯学的教学研究和文学作品翻译又增添了一道有深厚文化底蕴的“景观”。《出征记》译注本的发行,对于我国的俄罗斯文学和语言的教学研究,对于针砭当前学术界、翻译界等的“浮躁症”,必将起到一定的作用。

李锡胤教授是当前我国俄语界少数几位进入“耄耋之年”但仍坚持在教学研究岗位的学者之一。当读着他的《李锡胤论文选》《李锡胤诗存》等著作,特别是他的《出征记》译注本时,能够深深感到,李先生不仅学识渊博,“国学”根基深厚、“西

① 本文曾发表于2003年第3期《中国俄语教学》。

学”知识丰富，而且一贯治学严谨，学风、文风、译风端正。当年中国俄语教学研究会秘书长刘光准教授说，我们的俄罗斯学家最好能做到“中西会通”“古今会通”。如今，李锡胤先生以其大量的著述和教学研究工作实践给我们做出了一个良好的榜样。

二

古代罗斯文学作品的典范«Слово о полку Игореве»(下有时称«Слово»）创作于12世纪末（佚名），至今已有800余年。它在世界文学史上占有一定的地位。18世纪90年代初，《出征记》的一个较早期的（考证为16世纪的，也是唯一存留下来的）手抄本（рукописный список）被当时俄语古文物爱好者和收藏家穆欣-普希金（А. И. Мусин-Пушкин）发现，由他整理并于1800年铅印出版[①]。这一“文学盛事”受到当时和随后的世人的广泛关注。文学家、诗人、史学家、语文学者等学者专家从不同方面对它进行广泛的研究、考证和评注。就连当时俄国最伟大的诗人普希金（А. С. Пушкин）也着手对其翻译（但未来得及完成这项工作）。

自《出征记》手抄本被发现时起，二百年来，仅世界各国出版的关于《出征记》的专门研究著述就有几百种之多（还不包括各种学术论文）。«Слово о полку Игореве»被译成了数十种语言文字。仅它的现代俄语译本就有十几种。《出征记》“译事”长盛不衰，直到前不久（1998年）还有一个名为Л. А. Амнин

① 1800年由А. И. Мусин-Пушкин整理出版的«Слово о полку Игореве»称为«Ироическая пѣснь о походѣ на половцовъ удѣльнаго князя Новагорода-Сѣверскаго Игоря Святославича»。

的俄国文学家对«Слово о полку Игореве»进行翻译和考证（Псков 版）。俄国的（和苏联的）以及欧洲一些国家的斯拉夫学家对它做了大量的研究、分析、校勘、疏凿、评注等工作，把它整理成“散文语体”“诗歌语体”等版本。早在 20 世纪初一二十年，《出征记》就传入中国，我国俄语界的先驱瞿秋白等人对这部古罗斯作品做了初步介绍（魏荒弩，2000：69）。1954 年著名翻译家、北京大学俄罗斯文学教授魏荒弩先生结合教学需要首次把«Слово»译成汉语。他是根据苏联著名文学家利哈乔夫（Д. С. Лихачев）教授的现代俄语译本（同时参考了英国牛津大学出版社 1905 年的英文译本等材料）而译出的。魏荒弩教授的《伊戈尔远征记》于 1957 年、1982 年和 2000 年三次由人民文学出版社出版，曾在我国俄罗斯文学的教学中起了很好的作用。

虽然魏译《远征记》和李译《出征记》两者所据的原文版本不同（一为译自现代俄语译本，另一为译自古代俄语整理本），但两者都忠实于原文，译笔均属上乘。两个译本各有千秋，交相辉映。

三

李锡胤先生于20 世纪50 年代中期随来华教学的苏联学者 Д. И. Буторин 和 А. И. Горшков 等学习古代俄语、古斯拉夫语，阅读大量古俄语文献，因而学有所成；加之他国学基础深厚，掌握多门外语，曾翻译了格里鲍耶陀夫（Грибоедов）的《聪明误》（«Горе от ума»）等俄国文学作品，翻译了美国作家海明威的《老人与海》（*The Old Man and the Sea*），撰写有关法语语言结构的论文（见《李锡胤论文选》，1991：228，240，246）。因此，李先生能够游刃有余地驾驭外语的翻译和语言文学的教学研究。

李先生的《出征记》是根据科列索夫（В. В. Колесов）从重音学和韵律学角度加以整理过的分行诗体本翻译的。不仅如此，锡胤先生还参阅了其他版本和苏联国内外许多斯拉夫学家的研究论著，同时还依据自己所掌握的有关古代斯拉夫人的历史知识和获得的语言知识，才将这样一个十分完美的《出征记》译注本奉献给读者。

1991 年，李先生首次译注的《伊戈尔出征记》（古俄语—汉语对照）由黑龙江大学辞书研究所印行（内部使用）。经过 12 年的反复雕琢于今年——2003 年正式出版。如果从 20 世纪 50 年代中期算起，可以说《出征记》译注本中灌注了李先生大半生的时间和心血。人们常说“十年磨一剑”，而今这个“译注本”却是近五个“十年”磨成的“一剑”。

1994 年，李先生对自己完成的《伊戈尔出征记》译注本的内容（包括历史事件和人物命运等）用汉语格律诗做了一番表述，抒发了自己的感受。诗曰：

草原鼓角噪千军，谁省天心日色昏？
饮马大江沉折戟，举头故国蔽高岑；
浪言孤注山能拔，不道离心事已分。
往复平陂何限事，摩挲般鉴更谁陈。

（《李锡胤诗存》，1994：30）

对古代罗斯的历史文化没有深刻的认识，是难以表达自己对《出征记》内容的思索和情感的。可以说，这个“译注本”是研究性的译注本。

四

众所周知，«Слово о полку Игореве»的语言被奉为古代罗斯文学语言的圭臬。但不能不注意到，历时数百年的«Слово»，在俄国不同地区，被不同抄写人辗转抄写的过程中，曾被不同程度的“规整”——而这种“规整”又往往带有不同地域和不同抄写人的“口语”特点，带有不同译家和注家的见仁见智的“笔迹”。例如在许多词语的解释上，更明晰了，更正确了，更符合“原作”的意思了，但有时在个别词语上被弄得“晦涩不明”；有的译家、注家对某些词语或“略而不译”，或注而有误，产生歧义。但是锡胤先生在翻译和注解时，对大多数问题力求疏正和解答，对个别疑难则列出各注家之言或“存疑”。这是正确的、实事求是的做法。与此同时，他又十分明确地看到，他面对的是古代罗斯的文学语言——是经过古代罗斯文化人士在创作或抄写过程中“文学加工”（литературная обработка）的当时的规范语言。因此，在这个“译注本”中全部“原文”附上，不仅是我国译事上的一个“创举”，也是保持原著“面貌”的一个必需，既便于读者的俄汉双语对照阅读，又有助于我们把“古今”俄语进行比较。

苏联著名学者车尔内赫（П. Я. Черных）教授特别提醒说：“古代手抄文献，特别是书籍，并不是民间俗语的文献，而是古代罗斯文学语言的文献，即经过抄书人加了工的文献，这一点是任何时候都不可忽略的重要问题。”（Черных，1959：27）但我国有个别人毫无根据地认为，《伊戈尔远征记》是一部没有经过宗教僧侣作家和抄写者加工的世俗文学作品。诚然，在这部作品中，正如奥布诺尔斯基（С. П. Обнорский）院士指出的，“宗教词语”可说是绝无仅有（Обнорский，1946：182），这是古代罗斯第一部用文学语言撰写的世俗性文学作品。但必须认为，作为一种“手抄本”而传承下来的«Слово»，它的语言，特别是它的规范语言，是经过许多抄写人加过工的。

五

《出征记》译注本已经远远超出了“翻译”的范围。全书原文和译文仅占极小部分，绝大部分是“前言”和“注释”。本书的一大特点是“前言”部分附有两张图表：Рюрик（留里克）王朝世系表（仅11—12世纪）和伊戈尔出征路线图。这给我们阅读《出征记》提供了一个可靠的历史—地理依据。此外，李先生在“前言”中从七个方面来概述《出征记》全部内容，即：历史背景、关于语言特点、关于文体特点、关于疑窦、关于作者、关于文本和重音、关于翻译。

笔者只对前三个方面做点评介。

1. 关于“历史背景”

本书的前言中所谈的“历史背景”与一般书内介绍的“历史背景”虽然大同小异，但依据的材料却大不相同。难能可贵的是锡胤先生借助于从史实角度记述和反映1185年伊戈尔公率军征伐波洛夫人的经过的俄国编年史材料；确切些说，李先生借助《伊帕吉夫[①]编年史》（«Ипатьевская летопись»）中“6693年（即公元1185年）条”的材料（古俄语书写）并将其用汉语“古文”译出——这是我国最先翻译古代罗斯“编年史”的一个成功的“尝试”。它作为“历史背景”材料附在《出征记》中，这就更加便于读者了解«Слово»的原文的精神和内容。李锡胤教授之所以这样做，是因为考虑到“史书”记述较之“文学创作”具有更高的历史可信度。

曹靖华主编的《俄国文学史》在谈到《伊戈尔远征记》时写道：“从长诗的情节结构可以看出，作者写的虽然是一件具体的史实，但与编年史很不一样，作者并不追求完全写实，他的主旨是写出这一具体历史事件所具有的内在的、全民族的含义，同时表示自己对它的态度”（曹靖华，1989：11），有时“作者还为了突出艺术效果，有意改变事实……”（曹靖华，1989：13）。俄国学者Батюшков也说过，“编年史”记述历史的真实，但“Летопись не повесть. Тут позволен вымысел”——即小说中容许“虚构”。笔者十分赞赏李先生用«Ипатьевская летопись»（1185年）材料作为《出征记》的“历史背景”材料这种独具匠心的做法。

编年史（летопись）和文艺作品属于不同的体裁。作为史学

---

① 全书“伊帕吉夫”均应作“伊帕季”。按Ипатьевский монастырь的命名是纪念“圣徒”伊帕季（Святой Ипатий）的，因此应作伊帕季修道院。类似地，也应称为《伊帕季抄本》《伊帕季编年史》（和《拉夫连季编年史》形式上类似）。——编者注

体裁的编年史主要是“实录”，记述历史事实（当然“史书”也有“直书”与“曲笔”之分）。中国著名的《史记》被誉为“其文直，其事核，不虚美，不隐恶，故谓之实录”（《汉书·司马迁传》）（见王锦贵，1994：51）。古代罗斯的编年史（不论何人何处编纂或抄写）基本上也属“实录”之类，首先它不是什么“宗教文学”作品，虽然在不同程度上受到宗教教会思想的影响。在古代罗斯，“最重要的非教会内容的文献是编年史，例如《往年纪事》（«Повесть временных лет»），它于12世纪初编撰，并在几种编年史——首先是«Лаврентьевская летопись»和«Ипатьевская летопись»——中以‘抄本’形式传留至今。”（Филин，1979：193）《伊帕吉夫编年史》是15世纪初25年的一个抄本。

李锡胤用《伊帕吉夫编年史》（古抄本的汉语译文）作为“历史背景”置于“译注本”的“前言”中，表现出译注家对«Слово о полку Игореве»的深刻理解。但我国也有个别观点贬低编年史的作用，妄言“编年史所描述的事件和人物与历史真实有差距”，侈谈俄国编年史是什么“宗教文学的一种主要体裁”——这是不折不扣的伪说剿说。

2. 关于文体特点

锡胤先生指出这部文学作品中有三个方面的结合，其一，书面（语）体与口语体相结合，指出«Слово»深受“罗斯民间口头文学的影响”。利哈乔夫院士指出：“《出征记》的文本”是古代罗斯“世俗内容的作品”之一，“同民间口头诗歌（устная народная поэзия）密切联系”，有着深厚的“民间基础”（народные основы）（Лихачев，1955：3）。其二，слово（或西欧的

Chansons de geste）体裁与 плач（或西欧的 Chansons de toile）体裁相结合。“Плач Ярославны”（伊戈尔之妻雅罗斯拉芙娜在城阙上哭夫）是全书最精彩的一段文字。后世许多文学家和诗人据此“哭夫词”进行再创作，成就了更多的诗篇歌咏。其三，李先生写道：“本书不是静态的、冷淡的叙述，而是动态的、充满感情的申诉。所谓抒情插笔（лирические отступления）与故事情节紧密结合在一起。”（《出征记》译注本，2003：10）原作者不仅抒发了自己的感情，而且借基辅大公 Святослав 之口向各路公侯发出呼吁，即所谓“金言”（Золотое слово），表达了自己的心愿。“金言”是全书的思想精华，也是最优美的语言文字。

3．关于语言特点①

李锡胤指出：“本书充分反映了12—13世纪古俄语在语音、形态变化、句法和词汇等方面的特点。由于当时俄语正处于迅速变化的时期，很不稳定，所以‘例外’情况很多。”（《出征记》译注本，2003：9）在本书的“注释”中，译注者充分而详尽地揭示了这些“特点”，指出诸多语言规律中的“例外”等现象。

在所指出的语言特点中，有的仅为古俄语语言结构所特有，如“呼格”“双数”形式，动词的某些“时体”形态及用法（如“古俄语中 хочу + 不定式表示‘可能’和‘必须’，现代俄语中这种用法已消失”），等等；有的为古俄语广泛使用，但也多少留存至今。例如某些格的意义和用法：“部分二格”“时间二格”

---

① “关于语言特点”——详见奥布诺尔斯基（С. П. Обнорский）的«Очерки»中«Слово о полку Игореве»的全部语言分析，第132—198页。

“属性三格”（与“属性二格”并列），现今少用的所谓“利得第三格”（datif d’intérêt——见该书注）；还有一些句法结构特点，如“一致定语”中形容词经常位于被说明词之后，如动词不定式句的多种意义；无前置词结构和前置词“重叠”结构等等。例如李先生在解释一般不好理解和翻译的“князю Игорю не быти”一句时写道：这是“否定的不定式句，表示：‘（事实上）不可能……’或‘（由于意志力）决不……’。19 世纪初俄国剧作家兼诗人 В. В. Капнист 极赞此句，写道：‘翻译时无法保存此寥寥数词之美！’……”（《出征记》译注本，2003：166，注释 504）。李先生列出一系列专家学者对此句的理解和“假设”，如 Булаховский，Айналов，Якобсон，Стеллецкий，Татищев，Федоров等人的“翻译”（《出征记》译注本，2003：166，注释 504）。

在谈到语言特点时，李先生在“古代罗斯文学语言”的总“背景”下指出众多的“俄语方言特点”。如指出“普斯可夫方言”“诺夫哥罗德方言”“库尔斯克 – 奥尔洛夫方言”“勃良斯克方言”等——这些方言特点既反映在“语音”上，也表现在词汇中。而且其中不少仍是现代俄语方言学（диалектология）的研究对象。

《出征记》译注本给人留下深刻印象的是，李锡胤先生充分利用自己的外语知识和文学知识，全面揭示了这部古代罗斯英雄史诗中的“民间文学”现象：语言、风格、手法等。不仅如此，译注者还对某些词语做了“词源”考证，对某些“词句”做了语言和文学的比较和参照。例如，他在解释第 118 行诗“Далече залетело”（飞得太远了！）时，将其与美国作家海明威《老人与海》的句子进行比较。他写道："这句诗充满对罗斯队伍的同情和惋惜。西方文学传统认为过高的追求会带来失败。古希腊神话：Icarus[①]装上蜡制双翼，飞得太高，接近太阳，蜡融坠死。海明威在《老人与海》中写道：'你出海太远了！'是同一感慨。"（《出征记》译注本，2003：96）像这样的比较和注释，在该书中数以十计。

笔者认为，锡胤先生的《出征记》译注本给了读者充分的多方面的文化知识信息。我们从中可以学到古代罗斯的历史、国情，学习古代罗斯文学和了解"古罗斯的民间文学"，学到古代和现代的俄罗斯语言的方方面面，而更重要的是，我们通过这本书还可以学习李先生的治学态度和方法，学习他端正的学风和文风。

对于这本由古俄语译成汉语的《伊戈尔出征记》，笔者仍在进一步学习中，笔者甚感高兴的是，曾有机会"先睹为快"，最先受益。令笔者更难忘的是，这个"译注本"在付印之际，承蒙商务印书馆邀聘，笔者诚惶诚恐"受命"为此书做了点力所能及的工作。因此，笔者愿趁此机会向我国俄语界郑重推荐这个"拨火传薪启后来"[②]的书本，并希望它受到广大学人的欢迎，同时还希望它有助于我国的俄罗斯文学和语言的教学研究工作以及我们的翻译工作。

---

① 即伊卡洛斯（Ἴκαρος）。——编者注

② "拨火传薪启后来"这句诗取自《李锡胤诗存》的"莫斯科杂诗"第一首，第31页。

参考文献

[1] ЛИХАЧЕВ Д С. Слово о полку Игореве — Историко-литературный очерк [M]. M.: АН СССР, 1955.

[2] ОБНОРСКИЙ С П. Очерки по истории русского литературного языка старшего периода [M]. M.: АН СССР, 1946.

[3] ФИЛИН Ф П. Русский язык. Энциклопедия [M]. M.: Советская энциклопедия, 1979.

[4] ЧЕРНЫХ（车尔内赫）П Я. 俄语历史语法 [M]. 宋玉升, 佐左, 译. 北京: 商务印书馆, 1959.

[5] 曹靖华. 俄国文学史 [M]. 北京: 人民文学出版社, 1989.

[6] 李锡胤. 李锡胤论文选 [M]. 哈尔滨: 黑龙江人民出版社, 1991.

[7] 李锡胤. 李锡胤诗存（内部印刷）[Z]. 1994.

[8] 李锡胤. 伊戈尔出征记（古俄语—汉语对照）[M]. 北京: 商务印书馆, 2003.

[9] 王锦贵. 中国历史文献目录学 [M]. 北京: 北京大学出版社, 1994.

[10] 魏荒弩. 伊戈尔远征记 [M]. 北京: 人民文学出版社, 2000.

《伊戈尔出征记》翻译琐事[①]

2009 年——“中国的俄语年”已经过去，而 2010 年“俄罗斯的汉语年”随之到来。在这中俄两国人民加强友谊、加深文化交流的时候，为了留下一份记忆，笔者撰文追记一段有关翻译和校对的往事，作为自己进入耄耋之年“整理资料”工作的一部分。曾担任北京大学哲学系教授、中国国家图书馆名誉馆长的任继愈先生生前说：“老年人（指退休的老教师——笔者注）做什么？整理资料，为若干年后自己的学生（后来人）在文化大进步的高潮中少走弯路，有依据，有创新，有超越。”

一

笔者在 2003 年《中国俄语教学》（第 3 期）发表了《〈伊戈尔出征记〉译注本评介》，从五个方面对该译注本及译注者李锡

① 本文曾发表于 2010 年第 3 期《俄语语言文学研究》。

胤教授做了一些介绍。我在文中写道："前不久（指2003年4月）由商务印书馆出版发行的、李锡胤教授直接从古俄语翻译和注释的《伊戈尔出征记》（«Слово о полку Игореве»——下称"《出征记》译注本"）为我国俄罗斯学的教学研究和文学作品翻译又增添了一道有深厚文化底蕴的'景观'……"。

早在商务印书馆出版这个《出征记》译注本（下称"新本"）之前十几年，1991年黑龙江大学辞书所就出版了（"内部发行"）锡胤先生的《出征记》译注本（下称"旧本"）。李锡胤先生于1997年赠我一册。"新本"在付印之前，承蒙商务印书馆（于2002年）邀聘（注：后来李先生告诉我，他曾向商务印书馆力荐鄙人——笔者），笔者诚惶诚恐"受命"为此书做了点力所能及的工作。

笔者之所以在几年后（2003年至今）还要做一点追忆补记的笔墨工作，有几方面的原因。其一，我在当时没有充分记述自己与锡胤先生的文字订交过程。我俩从2002年起就《出征记》译注本（旧本）的某些词语、句段等，多次书信来往和通过长途电话交换意见（本文下一部分就是依据"书信来往"中的"材料"整理的）。李先生认真负责的态度我很欣赏。其二，若干时间以来，翻译出版物既有"信达雅"的优秀译作，也有"胡写乱译"之作。笔者有意借助"译注本"激励后来者精益求精。

我之所以要写这篇"琐事"还有另一个原因——这就是从2007年起我再次受商务印书馆邀聘，为李锡胤教授曾经指导过的王松亭博士当年（1993—1995年）在黑龙江大学"读博"时译注的《古史纪年》（即《往年纪事》——«Повесть временных лет»）（古俄语—汉语对照）做了些校改和审订工作。2008年校改了第一稿，2009 年审读了第二稿。也是在 1997 年，李锡胤教授就把王松亭博士译注的《古史纪年》（黑龙江大学出版，1994 年，“内部发行”）寄我。我同样有机会先睹为快。这个即将由商务印书馆出版发行的《古史纪年（古俄语—汉语对照）》和《伊戈尔出征记（古俄语—汉语对照）》——这两部古代罗斯“文学”精品，将填补我国俄罗斯学翻译领域的一个“空白”。此外，我们将把这两部“双语对照”的优秀俄罗斯古代文献纳入北京大学外国语学院的“古代罗斯语言文学”课程（лекционный курс «Древнерусский язык и литература»）之中。

北京大学曹靖华教授主编的《俄国文学史》（人民文学出版社，1989 年，“古代文学”部分执笔人是北京大学俄罗斯语言文学系张秋华教授）指出：“编年史……是俄罗斯古代文学中最有价值的文学性历史文献”（第 7 页），而《伊戈尔出征记》则是“俄罗斯古代文学中最卓越的作品”，是“一部紧密联系当时时事的政治性艺术作品”（第 9 页）。我们通过这两部作品知道，被称为“俄罗斯编年序史”的《古史纪年》和《伊戈尔出征记》均“成书”于 12 世纪：前者终于 12 世纪初十几年（多数学者认为在 1117 年），而后者写成于 12 世纪末（即 1185 年后）；前者从所谓上帝“创世”开始（这是欧洲中世纪“叙史”的惯例），并经过后来的各种“神话传说”的和历史的阶段，一直到按年纪事的古代罗斯有史记述的“开始”年——公元 852 年，然后继续到公元 1117 年，即基辅大公弗拉基米尔·莫诺马赫当政时期；后者则描述诺夫哥罗德－谢维尔斯克伊戈尔公于 1185 年率军对波洛夫人（половцы）一次失败的征战经过。

因此，12 世纪初编纂的《古史纪年》没有，也不可能把 12

世纪末的历史事件包括在“史记”中。在古代罗斯的“历史编纂学”上有两部“编年史（抄本）”值得重视。它们是1377年的编年史《拉夫连季抄本》［«Лаврентьевский список (летописи)»，或称«Лаврентьевская летопись»，它是由拉夫连季修士抄写和续编的］和《伊帕吉夫（编年史）抄本》［«Ипатьевский список (летописи)»，或称«Ипатьевская летопись»，它是15世纪初在“伊帕吉夫修道院”（Ипатьевский монастырь）由修士抄写、修订和续编的］。这两部编年史抄本都包括（置于前面）了《古史纪年》中“历年”记事，而且都继续按年“续史”，一直编纂和记载到编年史家生活的那个时代和地域所发生的历史事件。

李锡胤先生的译注本《伊戈尔出征记》把古代罗斯编年史的《伊帕吉夫抄本》的有关材料作为“历史背景”置于该译注本的“正文”之前。这是一大优点：编年史记述的史实和作为文学作品的爱国主义史诗放在同一个“译注本”中，在内容上、历史可信度上以及语言文字上，既可以两相对照，又可以互相比较。

二

我国教育界、翻译界的老前辈，1912年5月京师大学堂更名为北京大学后的第一任校长严复先生有一句关于翻译的名言：“一名之立，旬月踟蹰。”20世纪80年代中期，笔者在翻译《文字的产生和发展》（俄文版，1965年）时就一个“术语”的译名向季羡林先生求教中得到启示：一名之译，慎勿苟且。因此我在校阅审读《伊戈尔出征记》译注本（以及《古史纪年》译注本等）时，不得不兢兢业业，字斟句酌。但现在看来，仍有一些译名译语“难免遗憾”和值得自己反思。

首先是俄语古文材料。由于主客观诸方面的原因，我们能接触到这类材料有限，李锡胤先生的情况好些。但大多数为 20 世纪 50 年代上、中期苏联专家在我国一些高校讲授“俄语历史语法”等“涉古”课程时“指定”的“教材”。例如，北大俄语系工作的苏联专家（语言方面）除指定“俄语史”“古俄语”“历史语法”等书籍外，还指定古文献材料，主要有如下两部：奥布诺尔斯基（С. П. Обнорский）和巴尔胡达罗夫（С. Г. Бархударов）合编的«Хрестоматия по истории русского языка»（上、下册，Учпедгиз，1952 年，以下简称《文选》），此《文选》中有《伊帕吉夫编年史》1185 年“伊戈尔出征”记载；另一部是古济（Н. К. Гудзий）编的«Хрестоматия по древней русской литературе XI－XVII веков»（изд. 6-е, исправленное, Гос. Учпедгиз, М.，1955，以下简称《选本》）。此《选本》也有《伊帕吉夫编年史》“1185 年伊戈尔征战”全文记载。（说明：我们在下面引用“原文”时，均用现代俄语字母书写，以备读者对照查阅）。

李先生在书的“译注者前言”的“关于翻译”中写道：“这里基本上采用逐句对照翻译，但不是逐字翻译，因为我以为逐字翻译往往貌合神离，尤其是诗歌作品。”（第 12 页）先生所说的“这里”是指他译的«Слово о полку Игореве»（正文）的一种“诗体”作品。但是作为“历史背景”的«Повесть о походе Игоря Святославича на половцев (по Киевской летописи, вошедшей в Ипатьевский список)»（见 Гудзий 的《选本》第 71—78 页）

这个“编年史故事”（летописная повесть）却是“散文体”作品。但两种文体的原文都是用俄语古文书写，而锡胤先生对该译注本的“正文”和“历史背景”材料也大都用汉语文言译出。

我在给李先生的信中写道：“由于先生是用汉语古文译的，有些地方，我深感自己的知识不足以充分理解，所以我不敢贸然在‘清样’上‘修改’。现将个别词语翻译提出来与仁兄商量……先提出来征求先生意见，看是否如此。”（2002 年 12 月的一封信）

令我感动的是，锡胤学长对我提出的“质疑”“另解”“另译”等，总是做出正面和肯定的答复，例如他对多处（如译本第 96、365、370、382、459、573、529 等行）译文的“修改”意见只用四个字答复：“同意修改”。但有的地方我们却经过反复推敲，共同认可。

下面我们将用几个典型实例来说明“译校”过程。

1. 某些词语翻译，例如：

①关于 дружина 这个词的译法。在古代罗斯 дружина 的意义之一是表示“王公”的私人武装，李先生多译成“亲兵”，如“Игорь 举目望天，见日昏如眉月，顾谓（众贵族）和亲兵曰……”（第 4 页），原文是“Игорь же возревъ на небо и виде солнце стояще яко месяць и рече бояромъ своимъ и дружине...”（第 152 页）；但同页说到 Игорь 出征时还沿途招募人马：“ и тако идяхоуть тихо сбираюче дроужиноу...（字母 у 也写成 оу——笔者）”原来译为“队伍缓辔徐行，沿途增募亲兵”（旧本第 3 页）。笔者建议先生将“亲兵”改为“乡勇”（见新本第 3 页倒数第 1 行）。因为考虑到当时离波洛夫人较近的罗斯村镇常受草

原异族侵扰而不得不自行组织并武装起来保卫家园，他们还不是王公的“亲兵”。正如我国南宋名将岳飞率领岳家军（可视为岳飞的“亲兵家将”）北上抗金时“沿途招募乡勇”。李先生同意改为“乡勇”，但在信中指出：“后来的文字中可保留‘亲兵’，因为后来（乡勇）已编入‘亲兵’编制了……”

②笔者对“而 Кончак 悯亲翁 Игорь 之伤，愿负监管之责”（旧本第 5 页，新本第 6 页）中的“亲翁”（俄文是 сват）这个译名提出看法：“（根据）斯列兹涅夫斯基（И. И. Срезневский）编的《古俄语词典》，сват —‘отец или родственник…’，除‘亲翁’之外，尚有‘姻亲’（如‘表兄弟’）意义。在我的观念中，‘亲翁’指儿女‘亲家’，虽然 Игорь 之子 Владимир 后来与 Кончак 之女成婚，但 Игорь 父子被俘时 Игорь 与 Кончак 尚未成为‘亲家’……原文是否指 Игорь 的祖、父辈中有人与波洛夫酋长之女‘成亲’之故。”（见我致李锡胤的信）但我只知其一，不知其二。李先生在回信中写道：“有人考订前此三四年 Игорь 与 Кончак 交善已有儿女婚约。Игорь 及其子被俘后，其子与 Кончак 之女结婚，后（此女）随夫归罗斯，改名 Любовь（?）……”后来李先生在“新本”注释中再次写道：“妻改名 Свобода。有的学者推测，很可能早在 1180—1181 年 Игорь 与 Кончак 联合时双方早有儿女婚约。”（第 173 页）

2. 对几个汉语“文言”用词的商榷。在“校改”中我对自己懂与不懂的“词语”都提出来，征求先生意见。例如：

①“众将士跳荡搏斗”（旧本第 4 页，倒 1 行）——这句的古俄语原文是：“Добри бо все бьяхоуть идоуше пеши”（见《选本》第 73 页）。我认为“跳荡”二字不好理解，建议改为“且

战且走”，《新本》采纳了这一译法。其实该原本（及新译本）中多次用了“（по-ити）бьючеся”等（“且战且走”）这类字眼。

②旧本中的几句，“Игорь 行至河上，浅揭深厉；上马，驰离敌帐。此则金曜日之夜也”（第 8 页），俄语原文是：“Сии же пришедъ ко реце и перебредъ и вседе на конь，и так придоста сквозе вежа. Се же избавление створить. В пяток в вечере”（《文选》第 162 页）。我在信中写道：觉得“‘浅揭深厉’不好懂，改成‘大白话’”。原文 перебредъ 是由动词 перебрести 构成的过去时形动词形式，用作谓语，（正如句中的 пришедъ < прийти）其意义是“涉过”“蹚过”；其主语是复数代词 сии（ = эти，оба）“这两人”，即 Игорь 和同伊戈尔一道逃回罗斯的波洛夫人奥佛鲁尔（Овлур）；此外句中还有一个动词简单过去时双数第三人称形式 придоста（ < прийти）即“оба эти（человека）придоста”。我建议将句子改译为：“……行至河边，涉河而过，乘上坐骑，两人穿敌营策马而去，上苍保佑，此时乃金曜日之夜也。”最后李先生根据“建议”再改译为：“……涉河而过，两人乘马穿敌营而去，此则金曜日之夜也。”（见新本第 9 页）

③原文中有这样句子：“Посемъ же посла Святославъ ко Давыдови Смоленьску река：«рекли бяхомъ пойти на половцы и летовати на Доне…»”（《选本》第 75 页）。李先生将这段古文译成：“大公晓谕斯摩棱斯克公 Давыд 云：‘本拟今夏与蛮貊从事，消溽暑于顿河之上……’”（旧本第 6 页）我知道先生借用中国古代指代少数民族的“蛮”“貊”二字来称罗斯南边的草原部落 половцы。但“从事”二字我按现代汉语意义理解，认为它

们“不大好懂”。因此我建议按原文直译为“今夏共同攻打波洛夫人”，但对后句则意译为“饮马于顿河之滨”。锡胤先生在回信中写道：“第 6 页‘与蛮貊从事，消溽暑于顿河之上……’我舍不得改掉。‘从事’两字出自韩愈《祭鳄鱼文》‘以与鳄鱼从事’；‘消溽暑’则仿《曹操与孙权书》‘围猎江东……’。”既然先生言之有据，所以在新本中译句就完全与旧本的一样了。

④原文中有一段：“князи изымани и дроужина изымана. Избита. И мятяхоуться акы в мутвии городи воставахоуть. И не мило бяшеть тогда комоуждо свое ближнее. Но мнозе тогда отрекахоуся душь своихъ. Жалоующе по князихъ своихъ...”（《文选》第 158 页，《选本》第 75 页）。其前译有“因闻该地人心惶惶，悲伤与忧郁，前所未闻”等文字。但这一段文字李先生译得比较活：“百姓如鱼在罟，风鹤频惊，生不足眷，世无可恋；共悯公爵之幽絷，亦自伤也。”（旧本第 6 页）我建议还是逐字逐句“硬译”，译成：“王公被捉，将士被俘，残兵败将，落花流水，大小城镇，惊怵不安，人心惶惶，众人哀亲人之不幸，怜王公之幽絷，愁绪万千，心如刀绞。”——可以看出，我所谓的“硬译”并非完全“逐字逐句”，同样“太活”了。后来李先生采纳了部分意见，改译为：“公爵及将士被俘，逃生者狼奔豕突；城镇惊恐，人心惶惶，哀亲人之不幸，悯王公之幽絷。”（新本第 7 页）

3．在新旧本的正文中也有不少译语译句几经“磋商”。兹举两例。

①原文：“На Дунаи Ярославнынъ голос слышить, зегзицею незнаемь рано кычеть...”（旧本第 42 页）。原译为：“多瑙河

上，大清早只听得亚洛斯拉夫娜像无形的杜鹃一样哭泣……”（旧本第42页）这里的незнаемь意义不好懂，在《选本》和《文选》中则是незнаема，这两个“形容词形式”的用法也不好懂。按古俄语词典解，它有неизвестна的意义，可能有“像不知来自何方的杜鹃一样哭泣”的意义。但是我却建议李先生改为“像杜鹃啼血一样哭泣”。没想到他采纳了我的“意”译（见《新本》第61页）。

②原文：“вълци грозу въсрожать по яругамъ，орли клектомь на кости звери зовуть.”（旧本第20页，新本第20页）。原译为：“狼群在谷里低嗥，鹰呼嚣着指点野兽吃人。”（旧本第20页）笔者建议改为：“狼群在山谷里咆哮，鹰叫嚣着呼唤野兽奔向堆堆白骨。”先生照改了（见新本第49页，但漏“鹰”字）。

三

今天来回顾«Слово о полку Игореве»的“译校”，我总觉得仍有一些疏略之处。例如上面那个句子译文中的“咆哮”和“堆堆白骨”就有点不大符合原文精神。按《现代汉语词典》（商务印书馆，2004年版）解：“咆哮—①（猛兽）怒吼……”（第953页）然而豺狼恐怕算不上“猛兽”；至于“白骨”，《现代汉语词典》解为：“指人的尸体腐烂后剩下的骨头”（第23页），这显然与《出征记》中的“情景”有悖。原文的кости有трупья意义，即“尸体、死尸”，因而不如译为“尸骨”，何况一场恶战后战场上留下的不仅有人的“尸骨”，也有战马的“尸骨”。在《出征记》原文中除用 кости 外，还用 трупья（或 трупіа）。例如：“часто врани граяхуть，трупья себе деляче”（第 17 页）。［俄国著名画家瓦斯涅佐夫（В. М. Васнецов）的名画《伊戈尔·斯维亚托斯拉维奇同波洛夫人恶战之后》（«После побоища Игоря Святославича с половцами»）描绘了战场上横尸遍野的惨烈景象。］

笔者之所以把“狼群……低嗥”建议改为“狼群……咆哮”，是因为对原文的 грозу въсрожать，特别是其中的 гроза 一词没有准确理解和译出。Д. Лихачев 的«Слово о полку Игореве»现代俄语译文是：“волки грозу накликают”（见他同 Еремин 合编、译、注的«Художественная проза Киевской Руси»，Ленинград，1957，с. 244）。在《大俄汉词典》中 гроза 一词释义是：“①暴风雨，大雷雨”；“②〈转〉风暴，～войны”；“③灾难，危险……”；“④〈转〉使人恐惧的人或物……”；“⑤威吓，吓唬，恫吓……”（第 369 页）。Лихачев 把古俄语的 въсрожать［动词 възрожати（现代俄语 возрождать）的复数第三人称形式］译成现代俄语的 накликают 十分成功，因为 накликать 的词义（①解）是：“（迷信中）说谶语；说不祥的话或做忌讳的事招来（不祥的事）”（《大俄汉词典》第 1037 页）；这样一来，гроза 一词也需作转义理解或引申词义。但是，我国的另一些译作或“引语”，也是在 гроза 一词的译解上有所不同。例如，北京大学魏荒弩教授据现代俄语译本翻译的《伊戈尔远征记》（人民文学出版社，最新版 2000 年版）把这些句子译成：“豺狼在幽谷里嗥起了雷雨；山鹰尖声地召唤野兽来衔取骨骸。”（第 5—6 页）再如，北京大学出版社 2006 年出版的《俄罗斯文学简史》

却写成："狼群在山谷中告知危险将至，雄鹰用尖利的鸣叫召唤伙伴去啄食兽骨。"（第 7 页）

我们从上面的译文可以看到，对 гроза 一词的翻译各不相同：译成"本义"为"嗥起了雷雨"；译成"转义"为"告知危险将至"［不明白："告知"谁？谁会有"危险"？此外，把"（на кости）зверей зовуть"中的复数第四格直接补语"зверей"译成表示所属意义的第二格"兽（的）骨"——也是有问题的］。

通过再次阅读有关《出征记》的中俄文材料，对其"内容"的进一步探究，我们认为，这里的译文最好改为："山谷中狼群的嗥叫预示着一场恶战（злая сеча——古俄语中常用，把它当作 гроза 的转义）的来临，山鹰用凄厉的叫声呼唤着野兽奔向人马的尸骨。"

十九世纪俄国著名的语文学家、古俄语研究的奠基人斯列兹涅夫斯基（И. И. Срезневский）院士在其编著的三卷本«Материалы для словаря древнерусского языка»中对 гроза 一词也做了多义项描写，而且还从«Слово о полку Игореве»（古文本）中引用句子，如："①ужас，horror"（恐怖，恐惧）。例句为："Грозою бяшеть притрепалъ своими сильными плъкы и харалужными мечи"（见新本第 23 页）—"（他们的父亲……斯维亚托斯拉夫）以雄兵利剑一举平息边患"（新本第 54 页）；"Грозы твоя по землямъ текуть"（新本第 31 页）—"你威震大地"（新本第 58 页）。"②угроза"［威胁，威吓；危险，（构成）威胁］——没有例子。"③гроза"（雷雨）。例句为："Солнце ему тьмою путь заступаше，нощи，стонущи ему грозою птиць убуди"（新本第 9 页）——此句的译文是："太阳投下的黑影塞满

眼前，像雷雨之夜把鸱鸮惊醒。”（新本第 49 页）

这里的译文——正如李先生在“译注者前言”中所说——“基本上采用逐句对照翻译，但不是逐字翻译”。尽管如此，如果仔细推敲，有些译语译句仍值得商榷。例如，除上面谈到的对гроза等词的翻译外，对“（солнце ему тьмою）путь заступаше”译成“（太阳投下的黑影）塞满眼前”就过于“不是逐字翻译”了。在“新本”第 83 页上有一个注：“тьмою——黑暗蔽日。指 1185 年 5 月 1 日的一次日食……古人以为黑暗（тьма）也是太阳（神）发出来警告世人的凶兆……”如果我们根据这一“史实”（当日的“自然现象”）和伊戈尔出兵征伐顿河一带的波洛夫人，那不妨译成“天昏地暗，阻断了他进军（顿河）的道路”——因为这表现出伊戈尔“出师不利”，预示着此次“出征”凶多吉少。这也正是《出征记》作者遣词高明和寓意深刻之所在。

总之，笔者从李锡胤先生和魏荒弩先生等人的译作中获益良多。今后还需进一步学习和“总结”，作为自己老年人“整理资料”工作的一部分。

漫谈 Русь[①]

русский 一词有“俄罗斯的”、“俄国的”（如«Курс русской истории»）、“俄罗斯人的”、“俄语的”（如«Русская грамматика»）等意义；名词化时它有“俄国人”“俄罗斯人”等意义；在古代俄国，这个词（译成汉语）表示“罗斯的”“罗斯人的”等意义（如«Русская правда»——《罗斯法典》）。除 русский 以外，还有许多同根词（如 русист 等）。它们均用不同后缀由名词 Русь 构成。

在 11—17 世纪的文献中 Русь 用于如下意义：1）表示地域概念，地理名称“罗斯”，如 западная Русь，северо-восточная Русь。2）表示人种名称、部落、部族名称，用于集合意义“罗斯人”，相当于 русские，现在常用 русский народ 等。3）表示国体名称，相当于 Русское государство（罗斯国家）；彼得大帝以前它通常表示 Древнее русское государство 的意义，用于这一

① 本文曾发表于 1997 年第 4 期《中国俄语教学》。

意义时也用 Древняя Русь 这一名称；用于国家名称时它主要与以 Киев 为中心的古代罗斯的建立和发展有关，故也称 Киевская Русь，从实际意义说，“基辅罗斯”是指 Киевское княжество（基辅公国）或 Великое Киевское княжество。在古俄语文献中这些名称还常用 Русская земля（罗斯国土）来代替。随着罗斯封建割据的加剧，基辅大公国的解体（从 1132 年起），蒙古鞑靼人的入侵（从 13 世纪 30 年代起），罗斯中心逐渐转移到东北地区，形成了以 Москва 为中心的 Московское княжество — Московское государство，它也就有了 Московская Русь 这个名称。

基辅罗斯解体以后，分封的各地公国纷纷独立，出现了许多冠以该地名（公国名——由该公国的中心，即都城的名称构成）的 Русь，如 Суздальская Русь（Суздальское княжество 的代称），Галицко-волынская Русь（Галицко-Волынское княжество 的代称）等。

当 Русь 有“罗斯国（疆）土”意义时也可用 территория Руси 或 территория Русского государства 等等。

Русь 这个名称在罗斯人—俄罗斯人的心目中是神圣的，它蕴含着他们的深情厚意，因此在庄严的诗体语中 Русь 是后来的 Россия 的诗体名称。如普希金的诗句：“Слух обо мне пройдет по всей Руси великой”（= великой России）。因此诗人也常用 Святая Русь 这词组；由此，Русь 还具有“罗斯精神”（= русский дух）、“罗斯气概”等意义，试比较：“Здесь русским духом пахнет — пахнуть Русью.”。

在俄语中还有一些用 Русь 的成语谚词，如 совсем на Руси（在光天化日之下，在大庭广众之中），Русь 意为 белый свет、 мир，всё вывели на Русь（敞开心扉，和盘托出）等。

据俄国最早的编年史«Повесть временных лет»［《往年纪事》，11 世纪末—12 世纪初由古罗斯史学家、基辅山洞修道院修士涅斯托尔（Нестор）编撰］，有 13 个东斯拉夫人部落（或部落集团）联合在一起，组成名为 Русь 的罗斯部落。它又称（古）东斯拉夫部族［русская（восточнославянская）народность］。由于历史的、地理的、政治的等原因，从 13 世纪起，在古罗斯不同地区（以原来的部落联盟的范围内和在相应地区方言的基础上）形成了三支东斯拉夫人部族（后来的民族），即俄罗斯、乌克兰和白俄罗斯，它们曾分别称为大罗斯（Великая Русь）、小罗斯（Малая Русь）和白罗斯（Белая Русь）。

在 Белая Русь 出现之前不久，古代罗斯的西部地区曾被立陶宛大公国占据，一些地方被称为 Черная Русь，意为受异族奴役，不能自主的罗斯人。随着俄罗斯王国—俄罗斯帝国的向外扩张和殖民，疆土的扩大，后来又出现了 Желтая Русь，这通常指中亚和远东一带的非斯拉夫人种。10 世纪 80 年代基辅罗斯大公弗拉基米尔兴兵攻打波兰，占领了波兰王国的切尔文等城市，后来这些被占的城市统称为“切尔文罗斯”（Червеная Русь）。从词来分析，Червеный 与 Червонный（深红色的）同根，所以有人把它译成“红罗斯”。此外，史书上还有 Угорская Русь（乌戈尔罗斯），指喀尔巴阡山麓地区，居民部分说乌克兰语的东斯拉夫人。由于古代罗斯与外部的通商贸易主要靠水路，如第聂伯河、伏尔加河等，因此史书上在谈到这些河流两岸的土地和居民时，还使用了诸如第聂伯罗斯（Днепровская Русь）等名称。

公元 988 年罗斯接受了基督教—希腊东正教，此后也称罗斯为“（东）正教罗斯”（православная Русь）等。后来某些书籍在谈到古代罗斯的某一时期的情况时还把 Русь 与古代某王公的名字连在一起，如 1968 年 Б. Носик 写的名为«По Руси Ярославской»（《在贤王雅罗斯拉夫的罗斯国土上》）的书。

在俄语中称“罗斯人”“俄罗斯人”的词除 Русь、русский 等以外，史料中还用过 росс 以及由它构成的россиянин，例如普希金的诗句：“кто устоит в неравном споре：Кичливый лях，иль верный росс?”。由 росс 构成形容词 росский（旧词，比较 русский），再如普希金的诗句：“Бессмертны вы вовек，о росски исполины.”（росски 为诗体语的截短形式，即 росские）。除用 росс 外还用过 русс 这个词以及 русак（由 рус + 后缀-ак）等词，后者曾用在口语中。

除此之外，史料（如《罗斯法典》等）中还用过 русины 这个词。此词通常指基辅罗斯境外加里西亚（Галиция）、喀尔巴阡山一带的东斯拉夫人。据现代词典解释，1940 年以前奥地利、德国、波兰等国的正式文件中，русины 指加里西亚的乌克兰人。

文献中除长期使用的 Русь 等词外，后来用 Россия 这个词。它出现较晚，大约从 15 世纪伊凡三世统治时（1462—1505 年）起使用。此词显然由 росс 和表示地域意义的后缀-ия 构成（比较 Англ-ия，Болгар-ия 等）。Россия 在过去除有 Русь 的意义外，还用来称俄罗斯王国（中央集权国家）和俄罗斯帝国，现在也用作俄罗斯联邦的简称。在俄语古文献中 Россия 曾写成 Росия，因语音关系还写成 Росéя，Росńa（比较 Софńя 写成 Софéя 等）。由这些词构成相应的形容词 Российский，Россейский 等。正如古文献中 русский 也写成 рускыи，русьскыи，русьский 等一样。

Русь 这个词的来源像个“谜”，迄今没有彻底弄清。为什么叫 Русь？这个名称何时出现？从何而来？在斯拉夫学、俄罗斯学以及史学、考古学等学术界对这些问题一直争论不休，有不同的假说和解释。语言学家（如 Потебня 等），史学家［如克柳切夫斯基（В. О. Ключевский）等］都提出了各自不同的说法。因此俄国著名俄语词源学家普列奥布拉任斯基（А. Г. Преображенский）在谈到 Русь 的来源时写道：“尽管做了大量的研究工作，但还是没有说清楚。”（«Этимологический словарь»，1910—1914 年）。

我们在本文一开始就谈到 Русь 表示的几个意义，但克柳切夫斯基对 Русь 表示的意义做了另外的解释。他在《俄国史教程》（第一卷）的《“罗斯”这个词的意义》一节中把 Русь 与瓦利亚格人（варяги[①]——波罗的海的斯堪的纳维亚人的一个部落名称）联系起来，指出 Русь 有这些意义：1）“部落意义”——他依据古文献作者的猜测，认为这个意义是该词的“原始意义”，指罗斯最初几位王公出身于瓦利亚格部落；2）“等级意义”——他认为罗斯社会上层人员的多数是瓦利亚格人出身的王公亲兵和国家管理人员；3）“地理意义”——他认为这主要指外来的瓦利亚格人密集居住的基辅领区；4）“政治意义”——作者指属于罗斯王公的整个行政区域和全部疆土及在其中定居的信奉基督教的斯拉夫罗斯居民。克柳切夫斯基在该书中不无根据地指出，在 9—10 世纪“罗斯”在东斯拉夫人中还“不是斯拉夫人”，而是外来的（瓦利亚格人出身的）“统治阶级”。尽管如此，克柳切

① варяги 现多译为“瓦里亚基人”，亦译为“瓦兰吉亚人”。——编者注

夫斯基本人还是不得不承认，“到目前（指 19 世纪末—20 世纪初）为止还不能令人满意地解释这个莫名其妙的词的历史起源和辞源意义”（见该书第 164 页）。

С. Н. Сыров 在«Страницы истории»（1987 年）中写道：“在 6 世纪，居住在第聂伯河两岸的各（东）斯拉夫人部落在 Рось（即 Русь）部落的名义下联合起来……”（第 14 页）然而克柳切夫斯基在该书的《关于“罗斯”这个词的声明》中写道：“然而在 8 世纪的东斯拉夫人之中根本听不到罗斯这个词，而在 9 世纪和 10 世纪，在东斯拉夫之中罗斯还不是斯拉夫人。”（第 125 页）

我们国内的一些出版物中也有类似的分歧说法。如《苏联概况》（李明滨、郑纲主编，外语教学与研究出版社，1986 年）写道：“罗斯一词早在（公元）6 世纪就有了，它来源于东斯拉夫人所占据的南方地区，是当地居民的称谓。”（第 126 页）

俄国学者在谈 Русь 这个词的来龙去脉时依据不同的材料，其中最主要的材料便是《往年纪事》。的确，这部古代编年史一开始就写道：“Вот повести минувших лет, откуда пошла Русская земля, кто в Киеве стал первым княжить и как возникла Русская земля.”（“此乃往年纪事，记述罗斯从何而来，何人为基辅首任王公，罗斯国如何产生”）。《往年纪事》的作者涅斯托尔也像中世纪欧洲的编年史家一样，依照惯例，叙史必从《圣经》开始，从“洪水灭世”到人类新始祖诺亚的 3 个儿子的后裔在广大地区的分布，直到记述编年史家生活的那个时代。但必须指出，这段源于《圣经》的故事是作者依据（或者说“抄自”）9 世纪拜占庭史学家乔治·阿马托尔（俄译名是 Георгий Амартол）的

《编年史》（即11世纪下半期在罗斯被译成古俄语的«Хроника»）。有趣的是，阿马托尔在其《编年史》中列举诺亚的儿子雅弗的后裔“名单”中既没有славяне这个名称，也没有Русь这个名称，这些名称是涅斯托尔编撰罗斯的《往年纪事》时加入那份“名单”中的。他在谈到斯拉夫各部落分布时写道：“斯拉夫人民曾经是统一的，有居住在多瑙河流域的斯拉夫人①，有摩拉维亚人、捷克人、利亚赫人②，还有现今称为Русь的波利安人③。”根据涅斯托尔的看法，русь这个人种名称还表示臣服于瓦利亚格人首领奥列格（Олег，即率部进入基辅的第一位王公），居住在北起诺夫哥罗德南达基辅的广大地区的所有人种（部落或部落集团）。在《往年纪事》“882年”项下还写道：“奥列格在基辅当了王公后说：‘就让这座城池（指基辅）成为罗斯诸城之母’（мать городамъ руськимъ），因为城内有瓦利亚格人、斯拉夫人以及其他称为Русь的各种人。”

不仅Русь这一名称没有完全弄清楚，就连словене — славене也没有彻底弄明白。通常对这些名称的解释还从非斯拉夫人的史料中找根据。例如在《凡尔登编年史》中记载了如下史实：中世纪西欧查理曼帝国时期，公元839年，有几位出使去拜占庭帝国的东斯拉夫使节后来随同拜占庭使团一起去了查理曼帝国觐见路易（虔诚者）皇帝，他们说：“他们国家的人民称рос……他们受国王哈康的派遣……”6世纪东罗马帝国（即拜占庭帝

① 注：словени = славяне，指南部斯拉夫的古保加利亚人、塞尔维亚人、克罗地亚人等。

② чеси，现用чехи；Морава集合名词，ляхове = ляхи，今波兰人。

③ поляне，指居住在基辅及其周围地区、第聂伯河一带的东斯拉夫人。

国）史学家恺撒里亚（在今巴勒斯坦）的普罗科匹厄斯（约499—565年）在其所著的《哥德战争史》（记述东哥德王国反对东罗马帝国皇帝查士丁尼侵略的战争，此书我国也译为《查士丁尼战史》，成书于551—554年）中提到了славяне和анты（安特人）；同时代的史学家约尔旦在《哥德人史》中对斯拉夫人西、南、东三支分别称为венеды（或венеты，“维涅德人”——西支），словене（“斯拉夫人”——南支）和анты（东支）。

因此，所谓“早在6世纪就有了”的东斯拉夫人名称不是русь，而是анты。这个名称一直用到7世纪（非斯拉夫的史学、地理学等）的著作中。但就是这个анты，用切尔内赫（П. Я. Черных）教授的话说，“就其来源可以说是一个莫名其妙的称呼；东斯拉夫部落就是以这个称呼第一次出现在历史上”（《俄语历史语法》中译本，商务印书馆，1959年，第71页），“人数众多的安特人在第六世纪占据着从喀尔巴阡山到北顿涅茨河、从多瑙河下游到塔曼半岛”（同前，第71—72页）。尽管这个анты来源不明，但到了7世纪，这个曾代表东斯拉夫人的共同名称“在历史材料中看不见了，很快地出现了直到现在（注：指20世纪50年代）还弄不清来源的罗斯（Русь）这一新的名称来代替它……至少从九世纪中叶就成了共同东斯拉夫人的名字”（同前，72页）。

尽管русь这一名称的来源“莫名其妙”，但众多的各学科的学者仍在不断“追根溯源”。归纳起来，大致有两类看法，我们暂且把它们称为“北派”和“南派”，即русь“北来论”和“南来论”。

许多学者同克柳切夫斯基一样，认为русь这个词是瓦利亚格人的词，而瓦利亚格人是波罗的海（历史上亦称“瓦利亚格海”—— Варяжское море）一带居民的称谓。这些居民有时被称为瑞典人（шведы），是斯堪的纳维亚半岛的一支诺曼人（норманны）。因此，西方一些学者提出基辅罗斯这个古国“乃诺曼人所建”。这种“外来论”也曾被旧时俄国部分学者所接受。这种说法也出现在我国的某些著作中，如前面提到的《苏联概况》，内中写道：“九世纪时，来自斯堪的纳维亚的诺曼人（俄国史上称瓦利亚基人）侵入东斯拉夫人居住的地区……九世纪中期，诺曼人的一支扈从队由军事首领留里克率领……南下征服东斯拉夫人，夺取北部的诺夫哥罗德，自封为公国的王公……882年，奥列格（留里克之弟）沿第聂伯河南下……随后又占领了……基辅及其邻近的诸小公国，将国都从诺夫哥罗德迁至基辅。”（第125—126页）然而“诺曼说”受到许多学者，特别是苏联时期的俄罗斯学者的反对。一方面上述说法基本合乎史实，但学者们认为，古时东斯拉夫各部落对瓦利亚格人和瑞典人是有区别的，何况当地的瓦利亚格人也自称为словене。另一方面，据我们理解，西方学者的“诺曼说”实在有伤俄罗斯人（甚至整个东斯拉夫人）的民族感情和民族自尊心。他们认为：“有些（东斯拉夫）地方的政权是被诺曼人的海盗商人攫取了的。”他们得出结论：“诺曼人在形成罗斯国家方面并未起多重要的作用”（见对《俄国史教程》的注释）。他们承认瓦利亚格人的作用，但同时也指出这些“外来人”后来与斯拉夫人“融合了”。无怪乎俄国作家Батюшков写下这样的诗句：“Их мысль на небеса вперенна/ . . . / Стихи их хоть немного жестки/ Но истинно варяго-росски”（«Видение на берегах Леты»）。

还有些学者认为 Русь 来自芬兰语的 ruotsi（芬兰人以此称自己的近邻瑞典人），后来东斯拉夫人从芬兰人那里接受这个词；还有人认为，这个芬兰词通过某个突厥部落的鞑靼语进入阿拉伯语中（古代罗斯对“东方人”有时统称为阿拉伯人），在阿语中它读成了 rus，而后又用到了希腊语中，被写成 ρως（即 рос）。10 世纪下半期当上拜占庭帝国马其顿王朝皇帝的君士坦丁于 949 年写了《关于菲马州和关于各国人民》（简称《关于各国人民》，也称《论帝王统治》），他在这部著作中多次用 Рос 这个词，用它称罗斯（Русь）。

俄语词源学家普列奥布拉任斯基认为，上述解释是“比较可能的”；但切尔内赫却执异议：这个词不可能像某些学者假设的那样，说什么它是从芬兰语借用的，用它来作为瓦利亚格人的名称。（见《俄语历史语法》第 72 页）

以上几种说法我们概称为“北来论”。但还有“南来论”，现在许多俄国史学家和俄语史学者普遍认为，“罗斯”这个名称绝不是源于斯堪的纳维亚语。20 世纪 40—50 年代一些专著［如雷巴科夫（Б. А. Рыбаков）院士的《古罗斯人》——《苏联考古学》，1953 年；纳索诺夫（А. Н. Насонов）的《“罗斯国土”和古罗斯国家疆域的形成》，1951 年；季霍米罗夫（М. Н. Тихомиров）的《“罗斯”名称的起源和“罗斯国土”》——《苏联民族志》，1947 年，等］认为，这个词是居住在基辅地区的一个斯拉夫部落的名称（出自“罗斯”河名），从该词的狭义来解释，是指古代罗斯波利安人部落的地区，此地区有一条注入黑海的第聂伯河的支流名叫 Рось，它流经该地区，“这个部落就散居在 Рось 河的两岸”（见«Страницы истории»，第 14 页）。的确，此河在古代罗斯有点名气，史籍（如《伊戈尔远征记》等）中经常提到此河。因为基辅罗斯（以及后来的各分封公国）曾与异族人（如половцы，печенеги等）游牧和居住的大草原地区以此河为界。因此，属于突厥语的各游牧部落把Рось河对岸的居民称为рось（рос）未尝没有可能。这些游牧部落在历史上很早时起就不断“越过Рось河”侵袭东斯拉夫人。但有点令人不解的是，古代罗斯与草原游牧部落隔界的作为天然“屏障”的河流并不只Рось一条，还有Десна、Сула、Стугна、Трубец等，它们大多在今乌克兰境内，为什么只有Рось成了该地区那一斯拉夫部落的名称？

漫谈 Русская земля[①]

一

2006年，笔者在《俄罗斯年谈“俄罗斯学”》（提纲）中写道：“我们得承认，对俄罗斯历史和现状的认识还有不少‘盲点’，在许多方面仍是незнакомо……”正如俄国著名学者利哈乔夫（Д. С. Лихачев）对某些文章作者所批评的：“Как правило, плохо зная историю страны, авторы подобных статей неверно судят о ее настоящем и крайне произвольны в своих прогнозах на будущее.”（见他的«Раздумья о России»中的“От автора”）。此外，在一些重要问题上学者们仍有不一致的看法。正因为如此，我们选定两个“牵连”“俄罗斯学”诸多方面的词语——Русь和Русская земля作为我们议论的话题。

① 本文原载于刘利民主编：《中国俄语教学研究理论与实践》，外语教学与研究出版社2009年版。

笔者曾写过《漫谈 Русь》一文，在 1997 年的《中国俄语教学》（第 4 期）发表了此文。而《漫谈 Русская земля》可以说是《漫谈 Русь》的“姐妹篇”，两者各有侧重，而且互为补充。

“罗斯（Русь）和罗斯国土（Русская земля），在 9—10 世纪时是第聂伯河中游东斯拉夫人的国家（государственное образование）名称”①；“到 12 世纪初，Русская земля 这个名称（同древняя Русская земля 一样）被理解为所有定居在东欧的斯拉夫部落（славянские племена）。在编年史《古史纪年》［也译为《往年纪事》（«Повесть временных лет»）］中就已见到这个名称的这种历史地理含义”②。这里的引文告诉我们两点：其一，Русская земля 不仅是地理“实体”，地域名称，而且也是族人“实体”名称，“国体”名称；其二，这名称不仅含地理意义，也含历史意义（我们下面还将谈到）。

在俄国的千余年历史上，所有“可歌可泣”的事，所有“有声有色”的事，所有被“大书特书”的事，几乎都与 Русь — Русская земля 有关，几乎都是“为她”或者“围绕她”而进行，而展开的。自古以来，Русская земля 是罗斯人—俄罗斯人赖以安身立命、繁衍生息的土地，也是罗斯人—俄罗斯人“开疆辟土”“兴邦创业”的基地。对罗斯人—俄罗斯人而言，Русская земля 意味着 все свое родное и близкое，意味着 все и вся на Руси，以及 все сущее на родной земле。

---

① 见«Большая советская энциклопедия»（70-е гг. Т. 22，с. 433）。

② 见«Большая советская энциклопедия»（70-е гг. Т. 22，с. 433）。

二

我们在《漫谈 Русь》中谈到了这个词的“来龙去脉”，从而也知道由 Русь 构成的形容词 русский（及 русьскии，рускый 等）的词语意义。因此，本文要着重谈谈 земля 这个词。

词根词 земля < зем + ja > 的词根是 зем（变体 земл-，如 зем-н-ой，земл-як，зем-ск-ий 等）。这是固有俄语词，来自共同斯拉夫语，试比较其他斯拉夫语的词源相同的词，如古斯拉夫语的землꙗ，保加利亚语的 земя（和 земля），塞尔维亚语的 земльа，波兰语的 ziemia，捷克语的 zeme 等。这个词在印欧语系的其他语言［主要是所谓“斯拉夫－波罗的海共同体”（славяно-балтийская общность）的语言］中也有类似词语，如立陶宛语的 zēmé，拉脱维亚语的 zeme。

在现代俄语词典（如«Словарь современного русского литературного языка»等）中，земля 不再注解为 народ 等意义，但有“国家”（страна，государство）的意义，例如：“Неотстаивай народ **русской земли**，не было бы и русского царства”（Огарев，«Что нужно народу?»）；“Все **славянские земли** волновались и готовились к восстанию”（Тургенев，«Накануне»）［例子取自«Словарь совр. русск. лит. языка» т. 4，с. 1204］。

在古俄语中，земля 是个多义词（有十个义项），其中最主要的两个义项是：“страна，государство”和“народ”“народность”“население”。例如：

“Солнце евангельское **землю нашу** осія”（«Слово о законе

и благодати» Илариона）［“福音的阳光照亮了我们的国土”］；

“Правда оуставлена **Роусьской земли**”（«Русская правда»）［“罗斯国已实施（罗斯）法典”］；

“Бысть гладъ золъ по **всей земли**”（«Псковская 1-я летопись 1240 года»）［“全国发生了严重的饥荒”］；

“Олегъ на мя приде съ **Половечькою землею**”（«Поучение Владимира Мономаха»）［“奥列格带着波洛夫人来攻打我”］。（参阅 Преображенский，1959：249－250）

在古代斯拉夫人［特别是罗斯人、利亚赫人（即古波兰人）等］那里，земля 一词是具有特殊意义的；在人们的思想观念中，“土地”与“人”有极密切的联系。

земля 与斯拉夫固有词 род［保加利亚语也是 род，塞尔维亚语为 рôд，捷克语为 rod，波兰语也是 rod 等］的关系极密切。试比较由 земля 构成的 земл-як（-як/-ак 为后缀），和波兰语 rod 构成的名词 rod-ak（同乡，老乡；同胞）。俄语中由 род 构成的名词 род-ич（同族人），形容词 род-н-ой，它与 земля 组合表示（后来构成的）同根词 род-ин-а 的意义。试比较波兰语的 rodzina（意为 семья、семейство），ziemia ojczysta（直译为 земля отцовская，即 земля родная），“祖国”之意。①

像 Русская земля 一样，可以组合成 **русский род**（意为 русские 或 Русь），如 911 年罗斯人同希腊人签订的和约中，罗斯代表称“Мы от **рода русского**”（我们是罗斯族人）；也像 земля

① 所有古俄语的例句均借自 И. И. Срезневский 编«Материалы для словаря древнерусского языка»（т. 1，с. 972－973）。

一样，род 这个词根词可构成上百个派生词：род-ич，род-н-я，род-ство（古时为 род-ие），рожд-ение，род-и-ть，род-и-тель（род-и-тели）等，以及 на-род，у-рож-ай，по-род-а 等；род 甚至与 рост（< *род-т-ъ），рас-ти（过去时 рос，如 вы-рас-ти/вырос）是远古的同根词，均源自 *ord-t-ъ。俄语词 род 是多义词，主要意义是：①（原始社会的）氏族。②世系；家族；代，辈。③种，类；在旧语、方言中表示“丰收”意义；复数 роды 表示“生育”“分娩”意义。专名化的 Род 成了斯拉夫人尊奉的神（名）：“罗德”神，专司“丰产”和“生育”之职（一说其“助手”Ярило 神司“丰收”，Купало 神司“生殖”）。这样，就由 род 的意义回到 земля：“土地”能使“五谷丰登”，“人民”能“生生不息”“世代绵延”。

在古俄语中，地名形容词与 земля 组合表示国名。例如：

“Мы кроль Казимиръ **Краковской земле**…”（1361 年波兰“文书”）

［“寡人乃克拉科夫国国王卡兹米尔……”］

“Привозятъ ихъ изъ **Хоросаньскыя земли**…”（尼基京《三海游记》）

［“这些货物是从霍拉桑国运来的……”］

“Рано еста начала **Половецкую землю** мечи цвелити，а себе славы искати”（《伊戈尔出征记》），试与前面一句中的“…съ Половечькою землею”相比较。这里的例子取自同前页注释①的出处。

［“你俩过早地想打进波洛夫国（土），为自己寻求荣耀”］

俄语 земля（土地；国家）的这种意义，在其他印欧语中也有类似意义的词和用法。例如俄语的 родная земля 相当于英语的 motherland、fatherland（原来是分写的，中间用连字符，如 father-land 等）。英语的 land 和 Earth（及 earth）等相应于俄语的 земля（或 Земля——地球）等词；但也像俄语的 земля 一样，land一词常用来构成“国名”（连写），如：England，Ireland，Scotland（苏格兰）以及 Finland，Iceland（冰岛）等；再如 Newfoundland（纽芬兰，直译为“新发现的土地”），Poland（波兰）等。对于这些英语的地名，在俄语中用译音-ланд-ия 或-лянд-ия（-ия 为表示“地方”意义的后缀之一）或-ленд 来表示“-land”，如：Ирландия（爱尔兰），Финляндия（芬兰），Исландия（冰岛）等；但 Poland（< Pol-land）/Польша（波兰）分别由词根 pol-/пол（ь）-构成，试比较形容词 poliski（波）/польский（俄）/polish（英），等等。

三

在俄国人民的历史上，在他们的文化上，有两本著名的古籍最深刻、最强烈地触动罗斯人—俄罗斯人的民族感情、爱国主义感情和历史责任感。这两部古籍就是属于史学体裁的编年史《古史纪年》和属于文学体裁的爱国主义英雄史诗《伊戈尔出征记》（«Слово о полку Игореве»）。这些作品之所以有这样的作用，之所以“牵动人心”，是因为它们都涉及一个关键词语或者“主题”词语：Русская земля。而且这个词语在两部作品中使用频率之高（数以十计）是其他罗斯“古籍”中所罕见的。

在《古史纪年》中写道：“852 В год 6360… когда начал царствовать Михаил, стала прозываться **Русская земля**. Узнали мы об этом потому, что при этом царе приходила Русь на Царьград, как пишется об этом в летописании греческом."。这段话的意思是：从公元 852 年（即基督教传说的“创世”后的 6360 年）起，Русская земля 这个名称正式出现在“史书”中，换句话说，俄罗斯历史记载从 852 年开始，即编年史家、基辅山洞修道院修士涅斯托尔（Нестор）在自己编写的“编年史”（亦称“编年序史”）中从 852 年起开始“逐年”记载在“罗斯国”内该年发生的重大历史事件。

在《古史纪年》这部编年史中，第一段话（有人认为是《古史纪年》的标题“名”或“全名”，也有人认为是该《古史纪年》的“简序”）是“Вот повести минувших лет, откуда пошла **Русская земля**, кто в Киеве стал первым княжить и как возникла **Русская земля**."——自 И. П. Еремин 和 Д. С. Лихачев 编译、注释的«Художественная проза Киевской Руси XI - XIII веков»（Гос. Изд-во. художеств, лит-ры, М., 1957, с. 3）。（关于这段话的汉语译文见下文。下文引用的俄语词句均出自本书，不再注释）

在《伊戈尔出征记》中，可以说，整个故事围绕着一个中心词展开，这个词语就是 Русская земля。它是这部爱国（即爱 единая Русская земля）主义史诗中的“高频词”，出现达十七八次之多。书中多次使用 за Русскую землю 这样的“唤起”族人团结一致、共同对敌的“呼吁”。在这部史诗中，Русская земля 的含蕴深广，它表示（而且代替）像 Русичи（罗斯人）、русские сыны、русские жены、русские земли、русское золото 等一些词语的意义。за Русскую землю 还同 за раны Игоря 等连用，后者具有象征意义，也是指为了罗斯国土而出征的诺夫哥罗德－谢维尔斯克公伊戈尔率领的 русские воины。因此，在《伊戈尔出征记》中，基辅大公斯维亚托斯拉夫（伊戈尔的堂兄）在“金言”（Золотое слово）中是以“统一罗斯国”大公的身份向各路“诸侯”发出呼吁的：“为了罗斯国土”，“踏上金鞍”，共同对敌。

罗斯人—俄罗斯人热爱 Русская земля，关注它的“统一”（единение 或 единство），关注“统一的罗斯国土”（единая Русская земля），并且世代为之奋斗；即使在“封建割据”和随之而来的异族入侵与长期占领（即从 1237 年起至 1480 年的蒙古鞑靼人的占领和统治）时期，在众多罗斯人心中，也莫不以“恢复”、维护和加强“统一的罗斯”为重。当时的某些文献反映并记录了罗斯人的这一思想和愿望。Лихачев 院士写道：“В годы феодальной раздробленности патерик［《（基辅山洞修道院）修士列传》，«Киево-печерский патерик»］живо напоминал своим читателям об историческом прошлом родины，о Киеве XI в.，способствуя тем самым сохранению идеи **единства Русской земли**.”（Лихачев，1955：27）。

“国土的统一”意味着“族人（部族）的统一”。因此，“尽管存在着一个个分离的地方（земли）和公国，但在 12—13 世纪仍然保留着古罗斯部族（罗斯族人）的统一，因为这个统一是由于长期发展而形成的”（Филин，1979：104）。这并不像有人所说的，当时的俄罗斯“尚未形成统一的国家”。

世世代代的罗斯人—俄罗斯人对 12 世纪初撰写的《古史纪年》的编撰者涅斯托尔修士首先在编年史中写入 славяне 和 Русь

这两个划时代意义的词评价极高。Д. С. Лихачев 认为："明确指出 Русская земля 处于世界其他强国之列，证明 русский народ 并非无根无源之民（не без роду и племени），证明罗斯人有其引以为豪的历史——这就是《古史纪年》编撰者给自己提出的当时最宏伟的目标。《古史纪年》应该提醒罗斯王公们记住祖国的光荣伟大，记住他们前辈的英明政策，记住 Русская земля 历来是统一的。"（Лихачев，1955：27）

Д. С. Лихачев 在谈到《伊戈尔出征记》的形象（образы）时写道："整个 Русская земля 都处于《出征记》作者的视野之中"，"Русская земля 的形象是《出征记》的中心形象，作者用大手笔浓墨重彩、挥洒自如地勾勒出了这个中心形象"；"对于作者来说，Русская земля 当然不仅仅是土地（земля）这个用语的本来意义，不仅仅是罗斯的自然界，罗斯的城池——他首先是居住在这块土地上的人民"，"《出征记》谈的是整个罗斯国家（вся Русская земля в целом）"。（Лихачев，1955：27）

罗斯人—俄罗斯人对"统一的罗斯国家"不仅情深意长，而且这种感情世代绵延。有个鲜明的例子：在中世纪后期，罗斯的中心已转入东北（罗斯）（原基辅为中心的西部罗斯和西南罗斯已被异邦"吞并"）。我们知道 15 世纪的特维尔公国的商人兼旅行家 Афанасий Никитин（阿法纳西・尼基京）及其«Хождение за три моря»（《三海游记》）。作者在该"游记"中描述了在 1466—1472 年间的经历（在波斯、在印度斯坦等地）和所见所闻，抒发了自己对 Русская земля、对"统一罗斯"的深情厚意。他在《三海游记》中写的最后几句话（是用基里尔字母记录作者在印度斯坦的穆斯林地区学到的阿拉伯语）表达出最充分最鲜明的思想感情："愿上帝保佑罗斯国土。主啊，保佑她吧！在这个世界上没有一个像她那样的国家，虽然罗斯国的大贵族领主非善良之辈。但愿罗斯国土繁荣昌盛，长治久安。"［译成俄语的文本是："Да сохранит бог **землю Русскую**! Боже, сохрани ее! В сем мире нет подобной ей земли. Хотя бояре Русской земли не добры. Да устроится **Русская земля**."］

俄语文选中还有把这段话用"诗体语言"译出的：

"А всех лучше земля наша Русская,

Да хранит ее бог и да милует!

В этом мире зимли ей подобной нет,

Хотя бояре там люди недобрые...

Но земля да устроится Русская

В справедливости, славе, могуществе!"

下面是我们的试译：

"我们罗斯国是最好的地方，

但愿上帝保佑她幸福安康！

世上没有哪个国度比她更好，

尽管国内贵族领主是非多端。

但愿罗斯国家繁荣昌盛。

政通人和，国泰民安！"

正如苏俄文学史家 Н. Водовозов 教授所说："阿法纳西·尼基京是真正的爱国者和真正的罗斯人（русский человек），他总是想着祖国，想着祖国的繁荣富强。"他的"记载"（записки）是"证明罗斯国家发生的封建割据尚未完全消失的那个时代罗斯人怀有的爱国主义感情"的材料，"他虽然是特维尔人，但他与地方主义你争我夺的思想格格不入。他日思夜想的对象不是特维尔公国，而是**统一的罗斯国家**”（Никитин，1950：19）。

四

下面我们将着重谈谈与翻译 Русская земля 有关的问题。

难道这个词组的翻译也有问题吗？是的，有！因为不同学人对这个词组的意义（特别对其中 земля 的意义）理解不同，所以翻译这个词组也有所不同。我们仅以三部古代罗斯作品中的几个译句为例。

1. 我们在上文曾用了《古史纪年》中的“标题全名”：“Вот повести минувших лет, откуда пошла Русская земля, кто в Киеве стал первым княжить и как возникла Русская земля.”（见本文前面。在此我们再附上“古俄语”的句子：“Се повести временьныхъ летъ, откуду есть пошла Руская земля, кто въ Киеве нача первее княжити и откуду Руская земля стала есть.”——注：用现代俄语字母书写）。国内出版物中对这个“名称”的译文是：

《俄国文学史》（曹靖华主编，人民文学出版社，1989 年）译为：

“这就是往年的故事，俄罗斯国家是怎么来的，首先在基辅为王的是谁，俄罗斯国家是怎样起源的。”（第 7 页）

《俄国文学与宗教》（任光宣，世界图书出版公司，1995 年）译为：

“这就是往年的故事，罗斯国家是怎样产生的，谁在基辅首

先为王，罗斯国家是如何起源的。”（第85页）

《俄罗斯文学简史》（任光宣主编，北京大学出版社，2006年）译为：

“这是逝去年代的故事，讲述的是俄罗斯大地从何而来，谁最先在基辅实施统治以及俄罗斯国是如何产生的。”（第5页）

上面三本书中对同一句俄文（откуда пошла Русская земля）的翻译不大相同：“俄罗斯国家是怎么来的”，“罗斯国家是怎样产生的”和“俄罗斯大地从何而来”。而且前两个译句与它们各自的后面一句“（俄）罗斯国家是怎样（如何）起源的”相比较，多少有一些“同义重复”的味道。

正如我们前面指出的，земля在古俄语中是个多义词。因此我们认为上面的文字最好译为：“这是往年的历史记载：罗斯人从何而来，谁第一个在基辅为大公，罗斯国是如何建立的。”我们把земля这个多义词分别译成“国（家）”和“人（民）”。例如，由商务印书馆出版发行的《古史纪年（古俄语—汉语对照）》译注本（王松亭博士译注）的译文为：“这是对往年历史的记载，记录罗斯人从何而来，谁是基辅的开国大公，以及罗斯国如何形成。”（第1页）

著名俄罗斯作家А. Н. Толстой在其所写的«Откуда пошла Русская земля»这个名著（这个标题显然取自《古史纪年》的“标题全名”）中写道：“Восточные славяне, тяготеющие к бассейну Днепра, начинают стягиваться в племенные объединения.”（被吸引到第聂伯河流域的东斯拉夫人，开始聚合成一个个部落集团）。这里所用的Русская земля和восточные славяне是同义的，正如俄语文献中的древнерусская народность（古罗

斯部族）和 восточнославянская народность（东斯拉夫部族）是同义的一样。

2. «Слово о полку Игореве»在我国有两个比较好的译本：魏荒弩先生译的《伊戈尔远征记》（人民文学出版社多次出版，最新版是2000年版）和李锡胤先生的“古俄语—汉语对照”的译注本《伊戈尔出征记》（商务印书馆，2003年）；此外，在我国高校使用的“俄罗斯文学史”教科书和“教学”或“讲座”中，《伊戈尔出征记》占有重要的地位和相当的篇幅。在这部作品中，除了“За Русскую землю, за раны Игоря...”（用了三次）之外，还有一句极富深情厚意的并两次重复使用的句子，即：“О Руская земле！（注：земле是呼格形式）Уже за шеломянемь еси”（见李锡胤译注本《伊戈尔出征记》第10、14页）。Лихачев把这句译成：“О Русская земля, а ты уже скрылась за холмом！”。魏荒弩先生把这句译成：“啊，罗斯的国土！你已落在岗丘的后边！”（第6、8页）李锡胤先生译为：“啊，罗斯大地！你落在了冈峦后边。”（第49、50页）

我们认为，这句话是那位无名氏作者的一种“触景生情”的情感抒发，在于表现“出征者”对故土的一种“依恋”之情。当伊戈尔及其军士离开自己的国家，越过那作为Русская земля和Половецкая земля之间“分界线”的连绵起伏的丘陵山岗，越来越接近顿河一带的Половецкая степь（波洛夫草原）时，“出征者”回首遥望，向祖国母亲喊出发自肺腑的“告别”之词。正如Д. С. Лихачев所说：“诺夫哥罗德－谢维尔斯克的伊戈尔的军队，他们首先是‘罗斯人’（русичи），罗斯的子弟。他们为了祖国去征伐波洛夫人。当他们越过罗斯边境时，他们是在向自己的祖国——整个 Русская земля 告别……”（Лихачев, 1955：27），相当于“祖国啊母亲，再见吧！”。

在此我们想起了苏联卫国战争时期的一首著名歌曲《共青团员之歌》（«Комсомольская прощальная»，即《共青团员告别曲》），内中的歌词有：“Прощай, края родные”，“На прощанье сына поцелуй, до свиданья мама”，“пожелай нам доброго пути”。每个时代的“征战者”都有每个时代特有的同祖国母亲和所有亲人的告别词。

3．自 13 世纪 30 年代蒙古鞑靼侵占 Русская земля 起，在古罗斯的一些文献（如地方“编年史”等）中，反映出这一历史时期国家遭受的浩劫。在罗斯惨遭浩劫的岁月里，鞑靼之祸给人们留下了可怕的回忆。除了《拔都攻占梁赞的故事》等作品外，还有一个部分残留的作品（正确地说是该作品残存的“开头”），即«Слово о погибели Русской земли»。曹靖华教授主编的《俄国文学史》在“古代文学”这一章中没有介绍这一作品。但《俄国文学与宗教》一书中对此有所介绍：“在论及俄国的‘军事小说’时，还应当稍稍提一下 1246 年左右创作的《俄罗斯大地沉浮记》。”（第 117 页）我们认为，这个“译名”不确切。在古俄语中，погибель（也写成 погыбель）的意义是：гибель（灭亡，死亡），разорение（破坏，毁灭），бедствие（灾难，灾祸，劫难）。何谓“沉浮”？一般说“宦海沉浮”“仕途沉浮”，“大地”何来“沉浮”？“大地沉浮”这个“译名”中的“沉浮”与毛主席的诗句“问苍茫大地，谁主沉浮”中的用法是不同的。按汉语词典解：“沉浮”——“比喻起落或盛衰消长”（见《现代汉语词典》）。因此，погибель 这个名词可译为“沦亡”或“沦陷”。

但把 Русская земля 译为“俄罗斯大地”，则与“沦亡”“陷落”“沦丧”等不搭配。只有“国土”“地区”等词语才与“沦丧”“沦陷”组合。

古俄语文本的研究者认为，«Слово о погибели Русской земли»只是“13 世纪一部痛哭罗斯沦丧的宏伟史诗的开始部分”（начало великолепной поэмы XIII века, оплакивающей гибель Руси），有研究者则认为“它”只是没有流传下来的亚历山大·涅夫斯基世俗传记的一个“序”（предисловие）。仅从这“开始部分”（即“序”）来看，其文字描写之优美，作者情感之丰富，堪与《伊戈尔出征记》媲美；作者一开始就赞美祖国的壮丽河山和辉煌历史，从而引起读者叹山河之变色，哭国土之沦丧。兹将此短文的开始几行（用现代俄语）抄录如下：

“О светло светлая и красно украшенная земля Русская! Многими красотами ты нас дивишь: дивишь озерами многими, реками и источниками местночтимыми, горами крутыми, холмами высокими, дубравами частыми, полями чудными, зверьми различными и птицами беусчисленными, городами великими, селами чудными, садами монастырскими, храмами церковными... Всего ты исполнена, земля Русская, о правоверная вера христианская.”。（我们试译如下：“啊，最最光明的、最最美丽的罗斯国土啊！你以千姿百态的景观景物令世人惊奇：你拥有遍及全国的江河湖泊、崇山峻岭，富饶土地、风光田园；阡陌纵横、修竹茂林；飞禽走兽，数不胜数；城池宏伟，乡村秀丽；庙堂寺院、宗教圣地……啊，罗斯国啊，信奉基督正教的罗斯啊，你拥有世上一切的一切。”）但是，这样美好的国土竟沦丧

了，这样壮丽的河山竟沦落敌手——侵占罗斯的蒙古鞑靼人之手！

在古俄语和现代俄语中，有一系列的词语可以表示 Русская земля（或 земля Русская）的意义，如 Русь、родина、родная земля、Древнерусское государство，甚至有 территория Древнерусского государства 以及 Киевская Русь 等。例如，Пушкин 在«Борис Годунов»中写道："Пимен... Да ведают потомки православных **Земли родной** минувшую судьбу."［"皮缅：……但愿正教徒的子孙后代都知道我们祖国以往的命运"］。А. Н. Толстой 在«Родина»中也写道："Это — моя **родина**, моя **родная земля**, мое **отечество**, в жизни нет горячее, глубже и священнее чувства, чем любовь к тебе."（这里的几个粗体词几乎表示相同的意义）。此外，甚至还使用 Матушка-Земля、Матушка-Русь 等"诗体"词语。

在 15 世纪末的俄语文献中开始出现 Россия 这个名称（但到 17 世纪末，还经常用 Русь、Русская земля 或者 Московское государство 等词语），而且还出现了形容词 российский，后来组成了新的词组 Российская земля（它与 Русская земля 同样使用），这个新的词组与 Российское царство、Великое Российское государство 同义。在 17 世纪的文献中，这个新词组同 Россия 一起，开始广泛使用。18 世纪初期彼得一世称帝，俄罗斯被称为 Российская империя。1917 年十月革命后成立了工农兵苏维埃政权，俄罗斯又被称为 Советская Россия。1991 年苏联解体后开始称"俄罗斯联邦"（Российская Федерация，简写为 РФ），也称"俄罗斯"（Россия）。按 1993 年 12 月全民表决通过的《俄罗斯联邦宪法》第一章第一条第二款，“Наименования Российская Федерация и Россия равнозначны.”（俄罗斯联邦和俄罗斯这两个名称的意义相同）。

参考文献

［1］Большая советская энциклопедия（70-е гг. Т. 22）.

［2］ЛИХАЧЕВ Д С. Слово о полку Игореве（Историко-литературный очерк）［M］. 2-е изд. Москва: Изд-во АН СССР, 1955.

［3］НИКИТИН А. Хождение за три моря［M］. М.: Гослитиздат, 1950.

［4］ПРЕОБРАЖЕНСКИЙ А Г. Этимологический словарь русского языка［M］. Москва: ГИС, 1959.

［5］СРЕЗНЕВСКИЙ И И. Материалы для словаря древнерусского языка（т. 1）［M］. Москва, 1958.

［6］ФИЛИН Ф П. Русский язык. Энциклопедия［M］. М.: Изд-во «Советская энциклопедия», 1979.

关于俄语动词的动作方式的几个问题[①]

当前研究俄语和其他斯拉夫语的动词体的一个主要方面就是：既要把说明动词体的语法因素和词汇因素加以区别，又要把动词体同所谓“动词的动作方式类别”[②] 加以区别。正如捷克语言家伊萨钦科（А. В. Исаченко）所说的：“如果不是确切而原则性地把动词体和我们称之为‘动词行为进行方式’的东西区别开来，那么，现在要对斯拉夫语的动词进行科学的研究是不可思议的。”（Исаченко，1960）

长时期来，语法学家们对动词体的语法语义有不同的理解，对动词体是纯语法范畴还是词汇－语法范畴有不同的看法，对动词两个对应体是一个词的两个形式还是两个不同的动词持对立的

① 本文曾发表于1985年第4期《北京大学学报（哲学社会科学版）》。

② “动词的动作方式类别”或称“动词的动作方式”，俄语是 способ глагольного действия，有时也写成 способ действия 或缩写为 СД，有的书上也用 способ проявления действия 等。这个语法术语近年来在我国刊物上出现，译名暂不统一，有译成“动词的动作方法”“动作方式”或“行为方式类别”等。

观点，等等，在语法学说史上，对动词体是“两体论”（完成体和未完成体）还是“多体论”（加上所谓“一次体”“多次体”以及“分体”等）持不同的见解。为此，当年波捷布尼亚（А. А. Потебня）就说过：“很早以来并且直到今天，人们就一直抱怨动词体的概念混乱。”动词体被看作语法中“最困难、最有争议和没有彻底解决的问题”（Виноградов，1947：477），动词体的范畴“是语言中最困难的范畴之一”（Пешковский，1935：94）。这种种分歧、难点和争议几乎同“动词的动作方式”有关，同动词体的概念和动作方式类别没有严格而科学的区别有关。“在俄罗斯语法传统中，现在被看作属于动作方式的意义曾经同体密切联系起来加以研究，而且有时没有同动词体完全区别开来。”（Шведова，1966：79）

自从在语法学说中提出“动词的动作方式”这一概念并对它的语法语义和词汇意义及其体系、类别进行大量的分析研究之后，上述问题有了合理的初步解决，某些分歧和矛盾有所缓和。正因为如此，法国著名的斯拉夫语文学家马宗（A. Mazon）教授在 1958 年 9 月莫斯科召开的第四届国际斯拉夫语文学者代表大会上所做的报告中指出：“一个从前一直辩论不休的问题现在已经得到解决：体不应该再同动词的动作方式（aktionsarten）混为一谈。”（Мазон，1959，转引自 Авилова，1976：259）

一

那么，究竟什么“东西”被称为“动作方式”呢？照当前比较普遍采用的观点来看，“动作方式”，简单说，就是一定动词的语义－结构类别，换句话说，是由无前缀的未完成体动词（或称简单动词或基本动词）借助一定的含有时间意义或数量意义的词缀使自身的词义发生某种变异（модификация）的各种派生的动词类别。它也是用来表现体的性质的手段之一。动词体的范畴包括全部动词，而“动作方式”只包括部分动词。如果说动词体是一个高度抽象化的语法范畴，那么“动作方式”就是抽象化程度低于体的语法现象。例如，简单动词 стучать 和派生动词 застучать，постучать，отстучать，простучать，настучать，настучаться 以及 стукнуть，постукивать 等，它们都含有“敲”的基本意义，表示相同的“行为”，但派生动词却从不同的角度——时间的、数量或程度的——使该“行为过程”（这里用的“过程”是广义的说法）具体化。这些派生动词因其语义和结构的特点都属于不同的“动作方式类别”。

语言学家之所以把注意力集中在动词体和表现动词的动作方式及其类别上是有原因的。维诺格拉多夫（В. В. Виноградов）院士深刻地指出：“体的范畴是语法意义和词汇意义相互斗争和相互作用的舞台。”（Виноградов，1947：499）其他人也早已指出一些动词含有“数量意义”［卡尔采夫斯基（С. Карцевский），«аттенуативное значение»］、“持续－伴随意义”［沙赫马托夫（А. Шахматов），«длительно-комитативное значение»］等；他们认为，一些包含在词缀中的“局部的体的意义可能同完成体的总的意义是相矛盾的”（Пешковский，1935：100），所谓“一次性”“多次性”等意义，即表示数量意义或时间意义等，“同现代动词体的基本意义是不相容的”，它们“超出了体的对应关系之外”，“对现代俄语来说，把多次体形式归于未完成体范畴是明显的牵强附会”（Виноградов，1947：501－503）。因此，以往那种“分体论”，“多体”论，体的范畴意义的“多元化”等，只能使动词体的基本概念产生“混乱”。

邦达尔科（Бондарко）指出：“与‘分体论’相比较，现代的动作方式论的优点不仅在于把体的语法范畴同动作进行的词汇类型区别开来，而且在于确定如下的事实：一系列动作方式是由两个体来表现的。”他接着说：“放弃这个优点有意义吗？”（«Вопросы языкознания»，1962，№ 5，стр. 137－143）其实，“动作方式论”的优点不止于此。首先，这种理论有助于克服波捷布尼亚所说的那种“混乱”，可以使动词体的语义在更高程度上加以概括和抽象化，对动词的不同类别和层次加以科学的区分，有助于认识属“动作方式类别”的动词和偶体动词在使用上的特点和差异。

二

“动词的动作方式”的提法和作为一种语言事实，已获得普遍的承认，并在语言著作中有所反映①。但是，当前仍然存在着一些分歧，其中主要的是：“动词的动作方式”是根据什么原则提出和划分类别的？在这个问题上，主要有两个不同的划分原则：语义原则和语义－结构原则（或称构词－语义原则）。

列宁格勒“体学（аспектология）派”的主要代表马斯洛夫（Ю. С. Маслов）在研究动词体的时候，深入探究什么是体的

① 20世纪70年代以来某些语法教科书正式反映了这一语言现象，但在某些供外国留学生用的书中暂时还没有提到。

语法范畴，哪些语义特点影响着这个语法范畴，同时他也密切注意动词行为的语义，既把动词体同动词的动作方式的语义联系起来，又把动词体的问题同动作方式的问题明确加以区别，从而把动作方式的体系和类别建立在语义原则的基础上。

实际上，其他语法学家也早就意识到动词和动词体的内部存在着种种特殊现象。在这里，不妨回顾一下苏联科学院 1952—1954 年的《俄语语法》（«Грамматика русского языка», Ч. I）。例如，它正确地指出，类似 покашливать，подумывать 等和 приговаривать，приплясывать，подпевать 等表示“重复或强烈持续等意义”的动词“已不仅属于体的范畴”（1957 年汉译本，第 446 页，时代出版社），即已超出只是体的差异的范围之外；类似 хаживать，писывать 等“这些动词与动词基本体的形式没有直接关系”，而是“特殊的语义群”（«Грамматика русского языка», Т. 1, АН СССР, 1953, стр. 435）。但这部语法并没有肯定 идти，бежать 等和 ходить，бегать 等除传统上看作“运动动词”以外，也是一种“特殊的语义群”；此外，它还把 пойти，побежать 等表示“开始”意义的动词和 походить，побегать 等表示“动作持续不久”意义的动词列入所谓“分体”之内，其实从语义、结构和功能上说，它们本来更分别接近于 помчаться 等和 посидеть 等动词。

由于传统观点的影响，马斯洛夫（Ю. С. Маслов）等人把“语义原则”（实为“纯语义原则”）当作动词的动作方式类别划分的出发点，当作“决定性的因素”（«Вопросы языкознания», 1962, № 5, стр. 137－143）。这一原则反映在 1970 年出版的苏联科学院《现代标准俄语语法》（以下简称《70 年语法》）中。

所谓“形式上没有表现的动词的动作方式类别”（«Грамматика современного русского литературного языка»，1970，стр. 346）就是这一原则的体现。例如所谓“多次动作方式”（многоактный способ）的动词（如：махать，толкать，жевать，колоть，сечь，тереть，косить，грести，скрипеть等）合成一个“类别”仅仅是由于语义的共性，即表示连续的小动作（或连续的动作段）的意义，它们并没有共同的构词标志（试比较各自的后缀）——没有表示“多次动作”（многоактность）的共同的专门词缀。

在划分“动作方式类别”时语义原则当然是一个重要的原则，但这绝不是唯一的原则。否则，“动作方式类别”的数目便会不断增加，列入上述“多次动作方式类别”的动词的数目也会不断扩大，而“动作方式类别”便会同所谓“词汇语义群”（лексико-семантические группы，缩写为ЛСГ），同词汇学的任务混淆起来。俄语动词可以依据各种不同的语义共性联合成各种不同的动词语义类型（如上面的动词），但却不全都是一定的“动作方式类别”。例如，以-нуть结尾的未完成体动词（如：вянуть，киснуть，сохнуть等）具有“状态”或“状态变化”的共同语义，而且还被称为“可以在意义上合在一起”的“语法意义和结构特殊的动词”（Авилова，1976：228），但也只不过是一种“稳固的动词语义类型”（Авилова，1976：271）。无怪乎《70年语法》认为对此可以“有条件地称为动词的动作方式类别”（«Грамматика современного русского литературного языка»，1970，стр. 346）（着重点是本文作者加的——左注）。

“只有在 А. В. Исаченко 的语法[1]中动词的动作方式才同构词法密切联系起来。”（Шведова，1966：80）既考虑动词的语义特点，同时又注意动词的构词特征，即赋予动词某种实际意义的构词标志（форманты），这就是提出和划分“动作方式”的另一个原则——构词 - 语义原则。这一观点在《70 年语法》中也有反映，即“形式上有所表现的动作方式类别”。因此可以认为，这部所谓“试验性”的语法试图把两个原则都加以“照顾”，把两种观点都同时反映。

但是，被称为“保持科学院语法传统”的 1980 年出版的苏联科学院《俄语语法》（以下简称《80 年语法》）摒弃了“纯语义原则”，剔除了“形式上没有表现的动作方式类别”，从而坚持一个原则：构词 - 语义原则。相隔十年出版的这两部语法的同一问题的同一作者 Н. С. Авилова 说：“我们采取与《70 年语法》不同的观点”（Авилова，1976：266），“在《俄语语法》中接受这样的观点：把动词的动作方式理解为语义 - 构词类别，即一定要在构词上表现出来”（«Русская грамматика»，Т. 1，АН СССР，1980，стр. 596）。因此，像《70 年语法》中的“多次性动作方式类别”在《80 年语法》中不再被承认是一种“动作方式”，尽管如此，还是有人坚持认为“多次动作是动词的一种动作方式类别”（Яковлев，1975）。正因为如此，《80 年语法》也剔除了《70 年语法》列入“一次型动作方式类别”的没有特殊构词标志的动词，如 бросить，вскочить，хватить 等。这

① 即该作者的“语法”一书——А. В. Исаченко，«Грамматический строй русского языка в сопоставлении с словацким»（Ч. Ⅱ，Морфология，1960，Братислава）。

些动词被奉行“语义原则”的学者们说成是“按其语义属于一次动词之列（试比较 кольнуть，махнуть 等）”（«Вопросы языкознания»，1962，№ 5，стр. 137 – 143）。在 Исаченко 的著作中也是把这些动词（即没有后缀-ну-的）排除在“一次动词”之外，因为他把结构上的特征看得十分重要。从这里可以看到两个原则之间的冲突。Бондарко 认为，强调“形式的表现”而不顾“语义的统一”这种做法“会产生把语义上统一的动词类别加以人为割裂的危险”（«Вопросы языкознания»，1962，№ 5，стр. 137 – 143）。这里也给我们提出一个问题，即在研究“动词的动作方式类别”时，应该怎样把两个原则有机地结合起来。

在谈到“结构原则”的时候，还会产生另一个问题：这样做是不是取代了“构词法”的作用？因此有人认为，构词标志的意义“与其说是语法意义，不如说是构词意义”（Шуба，Германович，Карабань，等，1981：276）。诚然，动词的构词特征同动词的体（及态）的范畴有密切联系。但是描述动词的构词法同描述动词的动作方式时的构词原则，两者虽然有共同之处，但也有不同点，主要的是两者任务不同，描述的范围和说明问题的方式不同，与其他问题（如某些范畴）相关联的程度不同。因此，在论述“动词的动作方式”和它的原则时，必须涉及动词构词，涉及构词标志。

三

构词标志在形成“动作方式类别”中起着不可或缺的重要作用。所谓“构词标志”，就是词缀，即前缀、后缀和尾缀-ся。

法国著名语言学家梅耶（A. Meillet）在《共同斯拉夫语》（«Общеславянский язык»）一书中指出："研究斯拉夫语的动词，如果不注意带前缀的形式，这就意味着发表抽象的议论，远离语言的实际。"（俄译本，1951，Изд-во иностранной литературы，Москва，第 235 页）

在俄语语法传统中，前缀的研究已有很长的历史。通常认为前缀有两种功能，即构词功能和构形功能（或纯语法功能），因此，把前缀分为构词前缀和构形前缀。对动词来说，构形前缀也看作"纯体前缀"，而构词前缀是有词汇意义的前缀。Виноградов 在引用 Пешковский 的论点时强调"把'纯'体意义和前缀赋予的意义……加以区别的重要性"，他还说："人们在对体的范畴进行语法分析时往往忘记这一真理。"（Виноградов，1947：494）具有纯语法意义的构形前缀仅仅用来构成相对应的完成体，保留原生产动词的词义，形成两体对偶（如：делать/сделать，писать/написать 等）；具有非语法意义的构词前缀的情况较为复杂：一种是表示空间意义的前缀（如 в-，до-，над-等），另一种表示时间－数量意义的前缀（如 за-，по-，на-，от-，про-，раз-，при-等）。两者的相同点是：改变原无前缀动词体的性质，同时使其词义变异（如：писать — вписать/вписывать，копать — докопать/докапывать 等；шуметь — зашуметь，сидеть — посидеть，колоть — наколоть 等）。两者不同的是："带空间意义的前缀的动词没有单体动词，因为带空间前缀的动词意义同两个体的意义都相容"（Земская，1955：8），而带时间－数量意义的前缀"加之于动词，一方面把体的意义更鲜明地区别开来，同时往往使动词意义产生某种稍异的意味，这种意味不属于完成性

（перфективность）和未完成性（неперфективность）意义的范围内，而是属于动作方式的范围内”（Мучник，1961）。只有带这类前缀的动词“才可能是单体动词”（Земская，1955：8）。

必须指出，各前缀的情况不尽相同，如前缀 в-几乎都用于构成空间意义的动词，不用来构成动作方式类别；但前缀 по-却是最活跃和能产的前缀，它不仅用于“纯体意义”，构成对应的完成体动词（如：седеть/поседеть，обедать/пообедать，желать/пожелать 等，据统计它在前缀中占第一位），而且用来构成不同的动作方式类别——完成体和未完成体（同后缀-ыва-，-ва-等一起）的单体动词。

除前缀外，动词后缀-ыва-（-ива-），-ва-等和-ну-也起着双重作用：后缀-ну-可以作为有对应关系的完成体动词的标志（比较：выдвинуть/выдвигать，повиснуть/повисать 等），也作为在“次数”（кратность）上有对应关系的一次动词的标志（比较：махнуть/махать，толкнуть/толкать 等）；后缀-ыва-也如此，作为有对应关系的（第二级）未完成体动词的标志（比较：обдумать/обдумывать，задать/задавать 等），也作为未完成体“多次动词”的标志（如：过去时形式 делывал，говаривал，бирал 等）。在后缀含有“次数”意义的情况下，“现代语言学谈的则不是体，而是动作方式……”（Маслов，1971：29）。

尾缀-ся 同某些前缀和一定语义类别的动词结合时也可以在形成“动作方式类别”中起一定作用（比较：есть — наесться，бегать — забегаться 等）。

四

除了上述两个原则——语义和结构——在确定“动词的动作方式类别”时须同时考虑外，还须同时考虑另外两个“标准”，即“派生性质”和“单体性质”。如果加上“语义性质”和“结构性质”，则可以一并称为确定“动作方式”的四个“客观标志”（《70年语法》用语）。

只强调语言的共性和结构的特征仍是不足以确定某一类动词属于某种“动作方式类别”。例如以-ничать为构词标志的无前缀未完成体动词（如：плотничать，слесарничать，портняжничать，разбойничать等），虽然有“行为主体从事某项职业或活动”的共同语义，但仍不能列入某种动作方式类别。因为它们不是由动词派生，而是由名词（或形容词）派生的，不存在使原词义在时间-数量上发生变异的问题。再如以-еть结尾的动词（如：каменеть，ржаветь，вечереть，мглеть等）也有鲜明的语义，而且是现代俄语的一种能产型的动词构词方法，但它们也是由名词或形容词构成的。前面谈到的以-нуть结尾的表示“状态”意义的未完成体动词（сохнуть型）也是如此。这些类别的动词充其量不过是些“语义类别”或“词汇语义类别”。因此，只有由简单动词派生的动词才有可能列入“动作方式类别”。

至于把“单体性质”（即：或完成体，或未完成体）作为“动作方式类别”的一个“客观标志”，还是一个尚在争论的问题。Исаченко把“体偶缺损”（видовая дефектность）——即单体性质——看作各种动作方式类别的重要特征，当作某种出发点。虽然动作方式类别中的绝大多数动词是单体动词，但却常有例外。例如带前缀 за-表示“开始型动作方式”的完成体动词（如：застучать，закричать，замолчать 等）是单体动词，然而另一些却有体的对应关系（видовая соотносительность），如：запеть/запевать，заговорить/заговаривать 等。因此“体偶缺损”的说法受到非议。Бондарко 针锋相对地说：“一系列动作方式是由两个体来表现的。”（«Вопросы языкознания», 1962, № 5, стр. 137－143）他在《关于现代俄语中动词体的对应关系的一种类型》（Бондарко，1963：65－76）一文中，以大量的带前缀 за-具有开始意义的动词为例，论述了这类动词的体偶对应关系。但他也不得不承认，其中一些“动词一般不构成第二级的未完成体形式”。因为“开始意义”虽然“易于同行为的整体意义（целостное значение）相结合，但难于同表示行为发展过程的意义合在一起”（Бондарко，1963：65－76）。一方面存在对应动词（如：здремать/задремывать，задуть/задувать，запеть/запевать 等），另一方面也存在大量完成体单体动词（如：забродить，забушевать，закричать 等）。

但是从语言实践可以看到，即使没有“体偶对应”的上述动词在“使用频率”上是不相同的，两个体在使用上是“不等频的对应关系”（неравно частотная соотносительность），即主要用完成体动词。某些著作中有这样的情形：一些带数量－时间意义前缀的完成体动词竟然列有对应的未完成体动词，虽然很少用，甚至很少见。但是，这只不过“证明在组成体偶不相对应的完成体和未完成体动词之间缺少严格的界限”，“一般就整体而言，对于不相对应的完成体动词来说，没有绝对禁止利用后缀法来构成体的对偶”（«Русская грамматика»，Т. 1，АН СССР，1980，стр 595）（着重点是本文作者加的——左注）。

我们觉得，“单体性质”作为动作方式类别的一种“属性”的观点是可以接受的。客观事实是：规律中有例外，然而例外中也有规律可循。尚斯基（Н. М. Шанский）等人的观点是正确的：“单体性质——是动作方式类别特有的一个特征。在各种动作方式类别中有体的对应关系的动词为数极少。在这里，体的对偶与其说是一条规则，不如说是一个例外。如果体的语法范畴的核心是由对偶体动词组成的，那么，动作方式类别的中心就是单体动词了。”（Шанский，Распопов，Тихонов，等，1981：311）

同时必须指出，既然“单体性质”可以看作动作方式类别的特性之一，但不能认为凡单体动词都属于某个动词方式类别。这是问题的不同方面。例如单体动词 хлынуть，очнуться，преследовать，присутствовать 等不属于任何动作方式类别，因为它们缺少这个或那个“客观标志”。

迄今为止，单体性质的问题并没有公认的看法，无论理论上或实践上都必须进一步探讨。这个问题既存在于上述情况中，也表现在如下事实中，例如对带后缀-ну-的表示“一次性”意义的动词（如：крикнуть，мигнуть 等）是单体动词还是与带后缀-а-的动词（如：кричать，мигать 等）组成体偶，看法也截然不同①。

---

① А. Н. Тихонов 在«Члены видовых корреляций — грамматические формы одного слова»（«Филологические науки»，1965，№2）一文中做了一个大致的分析统计，指出：“分析一万三千个动词的结果，我们得出如下资料：几乎百分之八十一的动词（包括兼体动词）有体的对应关系，而百分之十九的动词没有体的对应关系”。

五

《80 年语法》把“动作方式类别”说成是已经形成一个完整的体系。但也有人认为：“俄语中，作为特殊语义群的动作方式类别，并没有形成一个有统一划分基础的统一体系。”（Яковлев，1975）这从以上所述可以见到。确实，迄今为止，俄语中动作方式类别的确切范围并没有确定下来，甚至“在语言著作中，这些类别的数目和名称也还没有确定下来”（Шуба，Германович，Карабань，等，1981：274）。

从现有主要俄语著作来看，根据四个“客观标志”，究竟归纳多少个“动作方式类别”？是哪些类别？在这个问题上，存在认识上的分歧，也有具体做法上的差异①。《70 年语法》把它们分为两种：形式上有所表现的动作方式类别和没有表现的动作方式类别，并且“平铺直叙”共罗列十八类（其中有的还有分类）：前者十六类，后者两类（即“静态型”类和“多次动作型”类）。《80 年语法》只保留前者，共分为十七类，并根据不同的语义（包括前缀、后缀所赋予的意义）和结构概括为三大类，即：1）根据动作进行的时间性质所含的意义概括为“时间型动作方式类别”（包括四类）；2）根据从时间－数量来说明动作进行方式的意义概括为“时间－数量型动作方式类别”（包括

① 试再比较如下数目和某些类别：П. П. Шуба 等人的著作（Шуба，等，1981）分为十类；В. И. Кононенко，М. А. Брицын，Д. И. Ганич 的«Русский язык»（«Вища школа»，Киев，1978）分为十三类；Н. М. Шанский 等人的著作（Шанский，等，1981）分为十五类；等等。前两者有“一次型动作方式类别”，后者没有；前两者有“结果型方式类别”，后者则将这一类别分成不同的“类别”。

八类）；3）根据动作达到结果的性质所具有的补充意义概括为“专指结果型动作方式类别”（包括五类）。每大类中分成若干类别，例如“时间型动作方式类别”分为“开始型”“结束型”“限制型”和“持续－限制型”四类，然后有的还再分成小类，如“开始型动作方式类别”还分为“持续性开始型”（инхоативный способ）和“渐进性开始型”（ингрессивный способ）两种（Виноградов 曾指出：前者用前缀 за-，вз-，后者用 по-）。

根据《80 年语法》，上述三种类别各有其特点：

1）时间型动作方式类别：а）常用前缀 за-，по-，раз-，вз-，воз-及 от-，про-等；б）主要由不及物（少数及物）的未完成体动词构成；в）前缀赋予动词以动作在时间上某种限制（开始、结束、持续时间等）意义；г）主要是完成体单体动词（少数有体偶）。

2）时间－数量型动作方式类别：а）常用后缀-ну-，-ыва-（-ива-），-ва-，前缀 при-，под-，с-，вз-，по-，про-，пере-和вы-，от-，на-等以及前缀同时与后缀-ыва-等组合；б）这类动词主要表示动作的次数（一次或多次），动作的弱化、强化或延续的程度等意义；в）它们或者是完成体单体动词，或者是未完成体单体动词，其中一部分多见于口语或俗语中。

3）专指结果型动作方式类别：а）使用各种动词前缀（除表示空间意义的前缀外），其中有的还有尾缀-ся；б）这类动词除表示动作达到结果的意义外，还有更细微的补充附加的含义；в）主要是完成体的单体动词。在这里，有必要谈谈这一类。①

---

① 这里的术语译名仅是暂时按内容译出，尚无定论。

所谓“专指结果型动作方式类别”又分了如下几类：一）延续动作终结类（терминативный способ）（如动词 проговорить，прошептать 等）；二）动作最后阶段终结类（комплетивный способ）（如动词 дописать，доесть 等）；三）动作结果积累－合计类（накопительно-суммарный способ）（如动词 нарвать，наездить 等和 обстирать，исписать 等）；四）动作均分类（дистрибутивный способ）（如动词 погореть，перекусать 等）；五）强化－结果类（интенсивно-результативный способ）（如动词 выбелить，выспаться，дождаться，загрызть，загуляться，избить，излагаться，напылить，насмеяться，отбелить，отлежаться，проварить，продышаться，пригреться，разбесить，разжиться，упитать，упиться 等）。这最后一类也称为“强化型动作方式类别”（见《70 年语法》），因为它含有充分、饱和、完满、过分、彻底等意义。

“专指结果型动作方式类别”的所谓“专指”的含义就是“在一般结果意义上加入补充性的达到结果的词义”（Виноградов，1947：487）。有人用“结果型动作方式类别”（результативный способ）或“结果意义”（значение результативности）这些名称来概括这一类别的某些动词，容易与完成体的基本意义——“行为界限的一种局部情况”的“结果”相混淆。例如完成体动词 написать，разбудить 就可以表示“一般结果意义”。然而另一些人认为“一般结果意义”同“专指结果意义”和“专指结果动作方式”是不一样的。但是我们也看到，上述五类“专指结果型”，在一定意义上同前面两大类有某种共同之处：或含有时间意味，或含有数量意味，因而也被称为“结果－数量型”。因此有人不特别提出所谓“专指结果型动作方式类别”，而把它们相应地归入“时间型”或“时间－数量型”之中。例如把“动作最后阶段终结类别”（дописать，доесть）同“时间型”的“动作结束类别”（отгулять，отгреметь）放在一起。

总之，在分类和归类问题上仍然有不少差异，还必须在大量事实的基础上进一步归纳和总结。

属于各类“动作方式”的动词像所有的动词一样，作为语言现象是自古有之。“动词的动作方式类别”作为一种体系的存在，一个科学概念的提出，也有相当时日了。但是，与动词的其他语法范畴相比较，它毕竟还算是个“新事物”，还处在发展和完善的阶段。必须看到，无论理论上或实践上都还有一些问题要进一步研究和解决。

俄语动词的“动作方式”体系的学习和研究，除有助于我们进一步认识俄语动词及其体的语法范畴的本质和特征外，对于俄语语法、词汇和修辞等的教学活动，对语法编写、词典编纂等科研工作，都有重要的意义，因此，深入学习和研究动词的体和“动作方式”是十分必要的。

参考文献

[1] АВИЛОВА Н С. Вид глагола и семантика глагольного слова [М]. Москва: Изд-во «Наука», 1976.

[2] АН СССР. Русская грамматика（Т. 1） [М]. Москва: Изд-во «Наука», 1980.

[3] БОНДАРКО А В. Об одном типе видовой соотноситель-

ность в современном русском языке [J]. Филологические науки, 1963 (1): 65 – 76.

[4] ВИНОГРАДОВ В В. Русский язык (Грамматическое учение о слове) [M]. М.: Гос. учеб.-пед. изд-во, 1947.

[5] Вопросы языкознания, 1962 (5): 137 – 143.

[6] Грамматика русского языка (Т. 1) [M]. Москва: АН СССР, 1953.

[7] Грамматика современного русского литературного языка [M]. Москва: Изд-во «Наука», 1970.

[8] ЗЕМСКАЯ Е А. Типы одновидовых приставочных глаголов в современном русском языке [C] // Поспелов Н С, Шведова Н Ю. Исследования по грамматике русского литературного языка. Москва: Изд-во Акад. наук СССР, 1955.

[9] ИСАЧЕНКО А В. Грамматический строй русского языка в сопоставлении с словацким (Ч. Ⅱ, Морфология) [M]. Братислава: Словацкая акад. наук, 1960.

[10] МАЗОН А. Вид в славянских языках (принципы и проблемы) [J]. Вопросы языкознания, 1959 (1).

[11] МАСЛОВ Ю С. Большая советская энциклопедия (Т. 5) [M]. Москва: Сов. энциклопедия, 1971.

[12] МУЧНИК И П. Двувидовые глаголы в русском языке [C] // Ожегова С И. Вопросы культуры речи (вып. 3). Москва: АН СССР, 1961.

[13] ПЕШКОВСКИЙ А М. Русский синтаксис в научном освещении [M]. 5-е изд. Москва: Гос. учеб.-пед.

изд-во, 1935.

[14] ТИХОНОВ А Н. Члены видовых корреляций — грамматические формы одного слова [J]. Филологические науки, 1965 (2).

[15] ШВЕДОВА Н Ю. Основы построения описательной грамматики современного русского литературного языка [М]. Москва: Изд-во «Наука», 1966.

[16] ШАНСКИЙ Н М, РАСПОПОВ И П, ТИХОНОВ А Н, И ДР. Современный русский литературный язык [М]. Ленинград: Просвещение, 1981.

[17] ШУБА П П, ГЕРМАНОВИЧ И К, КАРАБАНЬ И А, И ДР. Современный русский язык (Ч. 2) [М]. Минск: Изд-во БГУ, 1981.

[18] ЯКОВЛЕВ В Н. Многоактность как способ глагольного действия [J]. Филологические науки, 1975 (3): 97–105.

左琴科和他的《日出之前》[①]

一

米哈伊尔·左琴科这个名字对我们读者既熟悉，又陌生，他的作品受到一些人的欢迎和赞赏，同时也受到另一些人的非议和责难。

左琴科是位有才华、有特色的苏联作家。如果说他的复杂经历和坎坷道路使他成为一位“传奇式”的人物，那么他的创作则可以认为是苏联文学和文学史上一个空前的、奇特的现象。他敢于独辟蹊径，独树一帜，敢于标新立异，大胆探索。

但是随着左琴科在“文海”中的“沉浮”，他的名字在苏联文坛上时而被人提起，时而被人遗忘；他的作品（更不必说他的全部创作了）也经历着同样的命运。

① 本文曾发表于1989年第1期《国外文学》。

早在二十世纪三十年代上半期，左琴科的某些“讽刺幽默”作品就在苏联文坛上轰动一时，很受人们的欢迎、赞赏和高度评价。在我国，也引起了读者的注意，鲁迅先生就曾对他的作品给予了肯定的评价。但是直到近几年我国读者才有可能读到他的某些作品（如他的幽默讽刺小说选《丁香花开》等译本）。

在苏联，因为种种原因，左琴科的数量众多的文学著作也只是让人窥其“一斑”，而未见全貌。二十世纪七十年代曾先后出版过他的“两卷集”（列宁格勒文艺出版社）和一卷本“选集”（明斯克文艺出版社），但其中一些主要的、有争议的作品始终“未见庐山真面目”，《日出之前》这部小说就是其中之一。

美国纽约市立大学教授维拉·冯·威伦认为，《日出之前》是“一部非凡的文学作品”（见她的《‘日出之前’的命运：是弗洛伊德还是巴甫洛夫？》）

再听听在二十世纪五十年代下半期左琴科被恢复名誉之后（苏联“解冻”之后）人们对他的《日出之前》的评价吧。

苏联文艺评论家叶尔绍夫说这部作品一反作家过去作品的基本格调，表现出了“乐观愉快情绪的向后倒退”（此文载《左琴科两卷集》第一卷）。

苏联哲学博士库雷加认为，《日出之前》“渗透着乐观的科学世界观”（此文载杂志《星》1972 年第 3 期）。

左琴科在 1943 年脱稿并开始在杂志上发表的中篇小说《日出之前》，就像左琴科这个人一样，人们的褒贬极不相同。

在对《日出之前》做具体介绍以前，我们有必要回顾一下左琴科早期的创作活动。

早在二十世纪二十年代他就开始从事文学创作活动。就在当时他就显露出了他那才华横溢的思想、别具匠心的观察力和犀利的笔触，他创作了一大批脍炙人口的幽默讽刺小说；他用酣畅淋漓的笔墨揭露了社会上形形色色的不良倾向和各式各样的“小市民”，针砭现实生活中的种种弊端；他对种种劣迹昭著的人物，刻画得“入木三分”。与此同时，他通过自己的笔端抒发了自己的强烈感情。因此，他的作品在苏联的讽刺幽默小说中，在喜剧性的“乐观讽刺”中占有特殊的地位。

高尔基对左琴科的创作活动，尤其对他的喜剧艺术给予了极高的评价，特别强调他对苏联文学的贡献。高尔基在致左琴科的信上说：“您具有讽刺作家的天资，讽刺感十分强烈，而又伴之以抒情笔调，极具匠心。在我看来，文学史上还没有任何人像您那样成功地熔讽刺与抒情于一炉”（《未发表过的高尔基和苏联作家书简》，载《文学遗产》第七十卷，1963 年，第 159 页）。

前面提到的叶尔绍夫也对左琴科的讽刺幽默做了高度评价。他说，左琴科“开创了苏联讽刺幽默散文的先河，在新的历史条件下继承了果戈理、列斯科夫和早期契诃夫的传统，而成为独特的喜剧性小说的创始人”。

人民需要喜剧，社会也需要讽刺幽默，需要“笑的艺术”。尤其像在苏联二十世纪二十年代的“新经济政策”时期前后，苏联社会上已出现了不良倾向，不正之风（包括苏维埃的官僚主义），形形色色的“耐普曼”，就更加需要讽刺、揭露、抨击和针砭时弊。

在 1933 年以前，左琴科可以称得上苏联文艺创作上的“喜剧大师”，讽刺幽默的“奇才”。但是从这时起，他却从这一创作领域转到社会和人这个更广泛更深厚的创作层次上；而其创作方式也从讽刺、幽默、针砭转到开导、启迪、教育，也就是说，从“反面的”抨击、揭露转到正面的启发和教育。当然，他作品的体裁、题材也发生了相应的变化。可以说，作家在许多方面从根本上“改弦更张”，着手于新的探索和创新。从1934年起他把自己的主要注意力集中到新的社会问题上并且着力于探索新的领域，曾先后创作了几部中篇小说，即《追回的青春》（1934年）、《蓝书》（1935年）和《日出之前》（从1937年起开始写）。

作家在讽刺幽默的创作中享有如此大的声誉，获得如此大的成功，为什么到了二十世纪三十年代中期却“改弦易辙”呢？这不能不考虑到苏联当时的政治经济形势。

二

左琴科在写《日出之前》以前发表了《追回的青春》和《蓝书》两部中篇小说。作者在《日出之前》的《前言》中说，他“早就打算写一部新的小说”，而这部新作“将是我的三部曲的最后一部。这套三部曲的第一部是《追回的青春》，第二部是《蓝书》。这三本书尽管题材不一，但其内在思想却是相互联系的”。[①] 他还说：“我在前两本书里所提及的那些问题，将在这本新书里专章予以总结。”这三本书不仅在“其内在思想”上是“相互联系的”，甚至有人认为，《日出之前》简直就是《追回的青春》的继续，是它的续篇。

① 左琴科：《关于我的三部曲》，载《列宁格勒文学报》1935年10月26日。

《追回的青春》是左琴科在所谓“改弦更张”之后创作的一部重要作品。在这部小说中作家特别感兴趣的问题是社会学、生物学、阶级、政治和人类共性等方面的相互关系。他试图用简单朴实的道理和引人入胜的形式阐述关于人的青春可以复返的观点。作家试图通过这部作品来“促使人们考虑必须学会管理自己，驾驭自己极为复杂的机体”，使自己“永葆青春”。

《追回的青春》在发表之后，引起了社会的强烈反响，被认为是作家的又一佳作，是“重大创新精神”的体现，被认为在苏联文学中占有不容争议的重要地位。

《追回的青春》发表后不久，1934 年 8 月 6 日苏联《文学报》的社论就把它评价为对苏联文学的巨大贡献。小说一版再版，发行量剧增。像作家以往的讽刺幽默作品一样，《追回的青春》在选题、取材、构思、语言和情节（虽然情节只占全书的三分之一，有三分之二属于哲学政论方面的内容，含有丰富的哲理性）上具有作家个人独特的鲜明色彩。著名作家法捷耶夫曾赞誉左琴科是“‘具有独特风格’的优秀作家”。

左琴科的这部作品不仅受到作家、评论家以及广大读者的好评，而且引起了苏联科学界的高度重视和注意。当时苏联的大科学家、著名生理学家巴甫洛夫特别邀请左琴科定期参加在“学者之家”举行的“星期三座谈会”。这个“座谈会”从二十世纪二十年代末一直持续到三十年代巴甫洛夫去世为止。在“座谈会”上，左琴科作为平等一员同当时的大科学家广泛交换意见。这是左琴科的又一“殊荣”。而他的《追回的青春》成了二十世纪三十年代上半期苏联文坛的一大“盛事”，成了许多学术团体、科学研究机构和广大读书小组学习与议论的“热门”书。

左琴科在谈到《日出之前》的特点时将其与前两部作品做了比较，他说："三部曲的最后一部的构想要复杂得多；这本书对全部材料的处理方法较之《追回的青春》和《蓝书》将各有不同；我在前两本书里所提及的那些问题，将在这本新书里专章予以总结。"①

我们看到，作家的《日出之前》正是继承《追回的青春》的风格和体裁所形成的传统，并沿着新辟的"创新之路"向前发展的，尽管它们在材料处理方法上各有差异。本来作者沿着《追回的青春》得到成就的道路可以一帆风顺地前进，在《日出之前》这部更加深刻、更趋成熟的新作方面再一次取得成功，但出乎意料的是，左琴科竟在《日出之前》这一新作上翻了车。

三

《日出之前》篇幅并不大，但作家从1937年动笔到1943年脱稿开始拿出来发表，前后竟用了七年时间！除了当时的国际国内形势（如苏联的卫国战争等）等因素影响以外，作者在创作过程中阅读参考有关书籍和着意构思费了不少时间。这部所谓"中篇"的奇特之处还在于一部完整的作品竟分别（按前后章节）发表在两家不同的杂志上。小说的前半部发表在《十月》杂志上，后半部刊登在《星》上；前半部发表的时间是1943年8月②，而后半部却在作家去世后十四年的1972年才刊载出来③。

① 参见左琴科：《关于我的三部曲》。
② 载《十月》杂志1943年第6—7期和8—9期。
③ 载《星》杂志1972年第3期。

一部不大的作品在杂志上全文登载竟然用了近三十年的时间！

这部中篇小说还几易其名。作家在《文学报》（1937 年 5 月）撰文披露他的新作名为《幸福的源泉》，后来在《十月》发表时改名为《日出之前》；到了二十世纪七十年代后半部在《星》上发表时不知为什么被更名为《理智的故事》。结果给人造成一个印象：似乎《理智的故事》是《追回的青春》的直接继续，而本来的《日出之前》却被“割裂”开来，成了前不继“青春”，后不搭“理智”的“孤本”。

1946 年 8 月 14 日，《星》和《列宁格勒》两杂志被批评，“把文学讲坛提供给其作品与苏联文学格格不入的作家左琴科……”，《星》被改组，《列宁格勒》停刊。之后，苏联作协就左琴科等人的问题处理召开大会。

在这次作协大会上还做出了决议，认为左琴科的《日出之前》没有任何真正的道德观，它破坏了社会行为的最基本准则，宣扬对妇女的猥亵态度，等等；决议还“严肃指出，在苏联社会中，任何人都没有权利成为癔症患者，成为心理上的病弱者。而左琴科正好在《日出之前》”“表现出了”他的“心理的病态倾向”。

左琴科由一位赫赫有名的优秀作家被批成了一个专给“黄色小报”撰稿的“流氓作者”。他同阿赫马托娃等人被开除出了苏联作家协会。

四

左琴科的《日出之前》这部小说带有作者自身生活的烙印。

正如维拉·冯·威伦教授所指出的，这部中篇小说是“作家个人生活的特殊文献……”①

左琴科在青年时期参加过第一次世界大战和十月革命后的国内战争。他在战场上多次负伤，中过毒气，健康大受损害。从红军复员后他因生活困苦而到处奔波，从事过多种不同的职业。这一切使他从生理到心理，从肉体到精神都受到不少“创伤”。他长时间患精神忧郁症和神经衰弱（神经官能）症。他从事文学创作后，特别是在二十世纪三十年代，力图在经过长时期的思考和酝酿而创作的中篇小说（从《追回的青春》到《幸福的源泉》—《日出之前》）中来展示自己对生理上和心理上一系列疾患的观点，表现自己对待这一切疾患的态度，以及战胜它们的意志力。他创作的这些作品的基调是健康的，出发点是正常的，合乎情理的。虽然有些地方显露了作家的“忧郁症”，但也并不像某些评论家说的“作者的注意力集中到阴暗忧郁的事物和固执的恐惧念头上”（叶尔绍夫语）。他的作品的中心意思在于解释人的一生中重要的是对生活要有信心，有明确的生活目的，始终不渝地为达到目的而表现出奋发的热情和执着的追求，这样，即使面对“疾病”“衰老”“死亡”等，也不会产生变态心理或者“心理滑坡”。左琴科认为，生理上的疾病同心理上的疾患有着密切的关系，有些病症不可能从生理上治愈，也就是说只靠药物不能治愈，而必须从心理上（或和心理的“配合”）来加以治疗。正如小说的后几章的标题所表明的：《理智战胜死亡》《理智战胜痛苦》《理智战胜衰老》。总之，理智可以战胜人生的种

① 见冯·威伦：《〈日出之前〉的命运》。

种不幸。左琴科把理智看作重要的原动力和生命力。他认为人只有过理智的生活，具有理智的思维方式，才能有乐观向上的健康情绪，健壮的体魄。无怪乎《星》在发表这部小说的后半部分时易名为《理智的故事》。按某些评论家所认为的，《追回的青春》和《日出之前》这些作品是帮助人们珍惜自己的健康和理智，正确对待生活中的种种不幸的生理现象的。作家希望通过自己的著作帮助人们生活得更充实、更美好，启迪和教育人们要有正确的生活态度。因此，小说被评价为“歌颂了理智的力量……渗透着乐观的科学世界观”。

左琴科在酝酿创作新的小说时，大量收集材料，阅读了许多有关医学和历史方面的著作。他结合自身的经历和感受以及某些历史人物的情况，把注意力集中到人的生活、人的心理活动和生理现象上。在他阅读的书籍中很大一部分是涉及生理学和心理学的。有人说他当时的藏书中主要是生理学、心理学和医学方面的，其中置于案头的是巴甫洛夫的生理学和弗洛伊德的心理学及其代表作《精神分析引论》。左琴科用了几乎十年时间来潜心研究这些著作。评论家叶尔绍夫对此曾说过，作家“竟然当真求助于医学和生理学来理解社会问题”。

哲学博士库雷加认为，左琴科对弗洛伊德的著作很感兴趣，而且十分熟悉。

左琴科受弗洛伊德的影响，侧重从人的生理角度而不是从社会的角度来剖析人，所以他的小说中谈到一些“做人”的道理，在那“轰轰烈烈”的年代总使人觉得有游离于时代以外之感。例如该小说前面几章在杂志上发表的时间正好是苏联卫国战争进入第三个年头，小说的格调和主题显然与时代、环境和气氛不相协调，但是无论如何，《日出之前》这部作品绝不像批评者们指责的那样“与苏联文学格格不入”，更不是什么“诲淫诲盗”的道德“沦丧”的作品。

左琴科自己认为，他的《日出之前》“与通常的艺术散文很少相似之处。毋宁说，这是一篇哲学和政论体的专题论文，而不是一部纯文学作品”①。

的确，这部小说“不是一部纯文学作品”，既缺少作品的中心人物（除作者自己以外）和主人公，又缺少连贯的故事情节；虽然作者说，它“与通常的艺术散文很少相似之处”，但它有的地方却很像“散文”，因此，有人认为，它“不仅是俄罗斯的优秀散文，而且是很有意义的哲学心理学研究论著”（见前库雷加文）。书中论述了人的高级神经活动，并对一些生理和心理现象给予了某种哲学理性的论述。书中有叙有议，有分析，有论证，针对性很强，因此它又有些像“杂文”，然而它又不同于那些惩恶扬善、“兴利除弊”的杂文，它没有那种措辞尖锐、文风辛辣的词句。这本书中有大量的回忆、联想，但它又不是什么纯“回忆录”，因为它牢牢扣住现实中的问题；《日出之前》既有作家“自传式”的记叙，也有对别人身世命运的陈述，但它不像“特写”，不像“杂感”；它也不是纯粹的“议论文”或“叙事文”，不是“纪实文学”或“报告文学”……书中有的地方有引人入胜的“情节”，令人赏心悦目，但有的地方却平铺直叙，给人以“忧郁和烦闷的叙述”之感。

总之，用一句通俗的话来形容，《日出之前》，从某种意义上

① 左琴科：《关于我的三部曲》。

说，是文艺园地中的“四不像”，实际上它是文艺花坛上罕见的“奇葩”。因此，我们觉得这株饱经风霜的“奇花”仍有很大的观赏价值，让人在“百花园”中一睹“芳容”，对它揣摩借鉴，还是有一定意义的。

来自形容词的俄罗斯人姓氏及其结构和重音[①]

一

著名专名学家尼科诺夫（В. А. Никонов）在《姓氏地理学》（«География фамилий» — «Русская речь»，1983，№3）一文中谈到俄罗斯本土的四大姓氏区，其中每个地区以一个姓氏领先。这领先的四大姓就是：Иванов（伊万诺夫）、Кузнецов（库兹涅佐夫）、Попов（波波夫）和 Смирнов（斯米尔诺夫）。从这四个姓的结构分析，我们便轻易地发现它们有共同的“标志”（所谓“构词标志”）-ов，这也是物主形容词的后缀之一。它们有不同的“来源”：Иванов 来自专有名词——名字 Иван（伊万），Кузнецов、Попов 来自普通名词 кузнец（铁匠）、поп（牧

① 本文曾发表于1993年第3期《中国俄语教学》。

师），而 Смирнов 来自形容词 смирный（温和的）。

绝大多数姓氏有明显的构词标志，即后缀-ов、-ев（-ёв）、-ин（-ын）［以及-ск-（-цк-）等］。而所有带-ов、-ев、-ин 的姓氏在历史上曾是俄语的“物主形容词”，是“标准姓氏”。

苏佩兰斯卡娅（А. В. Суперанская）和古谢夫（Ю. М. Гусев）主编的《苏俄人名手册》（«Справочник личных имён народов РСФСР»）（М.，2-е изд.，Изд-во «Русский язык»，1979）中写道：“我们俄罗斯人的标准姓氏，在历史上曾是形容词。回答 чей 问题的物主形容词：Петров，Мамкин，Овчиников。回答 какой 问题的关系形容词：Городской，Троицкий，Заречный，Малеванный，Масляный，Домашний。性质形容词：Красный，Большой，Сильный，Серый，Мокрый。甚至还有回答 который 问题的计数形容词：Третий，Седьмой，Восьмой，Девятой……”

我们认为，还应包括带后缀-ов（-ев）的来自形容词的姓氏：Смирнов、Милов、Краснов、Тихов 等。

二

来自形容词的俄罗斯人姓氏从形态结构上说基本上可分为如下几类：

1. 形容词直接转义用作姓氏，这也是形容词的一种名词化［但不一定有省略（эллипсис）类属词］。如 черный > Чёрный，这类姓氏既来自一般形容词（如 белый > Белый，полевой > Полевой，береговой > Береговой，широкий > Широкий，большой > Большой 等，其中有的有重音移动：толстый > Толстой 等），

也来自专名形容词（如 московский > Московский，российский > Российский，донской > Донской 等）。这类姓氏的重音基本上同形容词的重音，相应的女人姓有词尾-ая。必须指出，其中一些形容词既可以是姓，也可以是名字，如 Большой，Рябой，Первой 等。

2. 形容词间接格形态的姓氏，即以-ово、-аго 结尾的“单数二格固定形式”的姓氏和以-ых、-их 结尾的“复数二格固定形式”的姓氏。以-ово 结尾者重音在词末音节上，如 Дурновó，Хитровó，Суховó，Благовó，Недобровó 等；以-аго 结尾者重音在元音-á-上，如 Живáго，Мертвáго，Чернáго 等；以-ых、-их 结尾者重音在“词尾”上，如 Малы́х，Милы́х，Белы́х，Черны́х，Долги́х，Чутки́х 等，有的可能在原形容词的重读音节上，如 Широ́ких，По́льских，Кручёных，Остро́вских 等。这类姓氏男女共用，不变格（但口语有例外）。

3. 带形容词后缀-ск-及其变体-цк-（-к-）和词尾-й（或-óй）（女人为-ая）的姓氏。这类姓氏是由以-ов、-ев（-ёв）、-ин（-ын）结尾的姓“再造”而成的。但“再造”姓氏的重音有的同原姓氏的，有的重音移动，但主要以-óвский（-ая）、-éвский（-ая）结尾。例如：姓氏 Ивано́в > 姓氏 Ивано́вский，姓氏 Маяко́в > 姓氏 Маяко́вский，Па́влов > Павло́вский，Горба́тов > Горба́товский，Чернышёв > Черныше́вский，Грачёв > Граче́вский 等。

必须指出，由以-ёв 结尾的姓氏构成带-ск-的姓氏是以-éвский 结尾的，而构成带-ёвский 的形式则一般是地名形容词。试比较：Граче́вский，但 Грачёвский район；同样，Павло́вский 是姓氏，

而 Па́вловский（район）则是形容词，如此等等。

以-ск-（-цк-）结尾的姓还可直接由其他词构成，如 боре́ц > Боре́цкий，стари́к > Стари́цкий，высота́ > Высо́тский 和 Высоцкий 这两个姓，письмо́ — пи́сем > Пи́семский 等。

4．来自形容词——在形容词词干基础上加上姓氏的“正常”物主后缀-ов、-ев 而构成姓氏，如 белый > Белов，черный > Чернов，большой > Большов，малый > Малов 等。

前三类可称为“形容词型的姓”（фамилии типа прилагательных），因为它们属“形容词变格法”（除 2 类外）；它们不同于第 4 类，后者属“混合型变格法”。

从以上几类我们可以见到一种构词上的直接“同源”现象。以普通形容词 чёрный、грозный 为例。它们本身不仅转为姓氏，而且导出 Черного、Черных、Чернов 等，Грозный（来自俗语词）、Грозных、Грознов 等姓氏。

这里必须指出：1）不是“每个词”（指形容词）都能成为相应的姓氏；2）不是能成为姓氏的形容词都可以有多种形式的姓。在这方面，有许多“现象”无论从构词学或从词源学等都无法解释。例如有 Нехорошев，而没有 Хорошев，有 Хо́рош（姓，不同于短尾形容词 хоро́ш），而没有 Хороший、Хороших 等姓。

三

多数名词可以构成带后缀-ов、-ев、-ин 的姓氏，而形容词只构成带-ов、-ев 的姓氏。要知道这类姓氏的重音特点，就必须对它们的结构进行分析。

俄语形容词分为性质形容词和关系形容词（包括物主形容词等）两大类，两者中有的可以相互转化，所不同的是多数性质形容词有长、短之分，有简式比较级（只有某些语义和构词类别的性质形容词除外）。

上面谈到，名词（包括专名）+物主后缀-ов、-ев、-ин（-ын）成为“姓氏”，如 Федор > Федоров，Глеб > Глебов，Фома > Фомин，Коля > Колин，Самара > Самарин，волк > Волков，птица > Птицын，ворон > Воронов，рыба > Рыбин，бабочка > Бабочкин 等。但是它们在成为“姓氏”之前，其中一些普名成为像名字（имя）（专名）一样，必先成为人的“别名”（прозвище），其次构成带-ов、-ев、-ин（-ын）的形式而成为“物主形容词”，即古代俄罗斯所谓的“父名”（不过此“父名”与 сын 等词组成）。例如某人名字是 Иван，其子之名是 Олег，此子的“父名”则是 Ива́нов сын。再如某人名字是 Петр，别名是 Волк；其子之名为 Лев，而其“父名”可以是 Петров сын，也可以称 Волков сын。后来“父名”中的 сын 省略，被以-ович、-евич、-ич 结尾的“父名”取代，而留下的“物主形容词”则演变为新一代人的“新姓”，成了与父辈不同姓（或与之并列）的又一个姓氏。古俄罗斯人的许多名字后来不用了，但它们的“遗迹”却保留在形成的“姓氏”之中。无怪乎诗人米哈尔科夫（С. В. Михалков）在《可笑的姓氏》（«Смешная Фамилия»）一诗中写道：“在五花八门的姓氏中，可以听出鸟兽虫鱼的种种名称。”

但是，形容词（主要是性质形容词）为什么也取得与名词同样的（物主）后缀-ов（-ев）而后演变为姓氏？如 белый > Белов，тихий > Тихов 等。首先，不少形容词本身就可以名词化为姓氏，如 Серый、Сильный；其次，形容词可以借助其他后缀构成另外的语义类别，如由 белый 构成 беленький、беляк 等，тихий 构成 тихонький、тихоня 等；再其次，它们与名词（普名或专名）构成姓氏等。不仅如此，形容词（长尾）还往往用来修饰人名（从其人的性格品质、生理特征、外表、出身、地域以及兄弟排行等方面来说明）。例如俄国古代某些王公贵族的名字便是如此。如我们知道的 Ярослав *Мудрый*、Василий *Тёмный*、Семеон *Гордый*、Иван *Грозный* 等，再如 Хованский Иван、Большой Андреевич 等。而且其中不少形容词后来还直接转为姓氏，如 Мудрый、Грозный、Большой 等。由此看来，形容词能成为带后缀-ов、-ев 的姓氏就是可以理解的了。比较形容词和带-ов、-ев 的姓氏就可以看出后者是在形容词词干（或短尾形式）的基础上形成的：бел-ый/Бел-ов，тих-ий/Тих-ов 等。

俄语语法史告诉我们，形容词是先有短尾，后有长尾。在古俄语中两者都变格（如诗歌中的 На *добря* коня，成语中的 средь *бела* дня 等可以看到短尾变格的遗迹），而且短尾变格与名词变格相同，由此可以看到形容词与名词的“渊源关系”。试比较名词 добро、зло（ < зъло）和形容词短尾中性 добро、зло（ < зъло）。名词（指普名）可以先用作“名字”后构成姓氏，而形容词也相同，先用作“名字”（组成部分），而后成为姓氏（包括构成带后缀-ов、-ев 的姓氏）。从俄罗斯人名史上可以知道：名是“第一性的” （первичное），而姓是“第二性的”（вторичное）。

从俄人姓氏结构看，俄语形容词短尾（固定为阳性）直接用作男女共用的姓氏者有之，如 Хóрош（比较 хорóш，重音不同，正如名词 борéц、сáхар 和姓氏 Бóрец、Сахáр 一样不同重音），Вреден（ < врѣдьнъ）等；用作名字者亦有之，如 Храбр 等。这些短尾形式的姓氏也可以看作俄语史上的一种“形容词的名词化”。

四

现在再来看看由形容词构成的带-ов、-ев 的俄罗斯人姓氏的重音。

（一）词干为单音节的形容词：

1．词尾为-ый，包括（-к，-г，-х + ）-ий，姓氏的重音在-óв上。如：чи́ст-ый — чист/чистá — Чистóв，я́ркий — я́рок/яркá — Яркóв 等，包括 рыж-ий — рыж/рыжá — Рыжóв 等。个别例外：тих-ий — тих/тихá — Ти́хов，пéг-ий —（无短尾）— Пéгов。

2．词尾为-óй，姓氏重音移至词干上。如 косóй — Кóсов，крутóй — Кру́тов，худóй — Ху́дов 等。这些词都可构成短尾（从略）；个别例外：большой — Большóв，земнóй — Земнóв 等。

3．词尾为-ий（包括-ш-ий），姓氏以-ев 结尾，重音与形容词的相同。如：си́н-ий — Си́нев，лу́чший — Лу́чшев 等。极个别的重音在后缀-ев（ > -ёв）上：зи́мн-ий — Зимнёв。

（二）词干为双音节的形容词，其所构成姓氏的重音可分为“固定”和“变动”两类：

1．姓氏重音与形容词（长尾）的相同——固定重音，如：

Бога́т-ый — Бога́тов, Дома́шн-ий — Дома́шнев 等；

2. 姓氏重音与形容词（长尾）的不同——变动重音：

a. 重音移至后缀-о́в 上，如：холо́дн-ый — Холодно́в, ве-сёл-ый — Весело́в 等；

б. 重音移至词干上，如：голуб-о́й — Го́лубов, дорог-о́й — До́рогов 等。

极个别有两种重音：зелён-ый —（зе́лен/зелена́）— Зе́лено́в 等。

下面列举 100 个这类姓氏，按其重音等特点分别列出：

1. Бедно́в, Бело́в, Быстро́в, Верно́в, Вольно́в, Главно́в, Гордо́в, Грязно́в, Грозно́в, Длинно́в, Добро́в, Желто́в, Кисло́в, Красно́в, Кругло́в, Крупно́в, Лысо́в, Мало́в, Медно́в, Мило́в, Мокро́в, Мудро́в, Остро́в, Перво́в, Пьяно́в, Светло́в, Серо́в, Сильно́в, Скоро́в, Смирно́в, Старо́в, Темно́в, Тепло́в, Толсто́в, Умно́в, Хитро́в, Черно́в, Чисто́в, Щедро́в, Ясно́в, 包括 Зимнёв［Зимн’о́в］；

2. Гладко́в, Горько́в, Дико́в, Жарко́в, Липко́в, Тонко́в, Ярко́в, Земско́в, Рыжо́в；

3. Бла́гов, Вто́ров, Глу́хов, Глу́пов, Гу́стов, Ко́сов, Кру́тов, Пло́хов, Ря́бов, Су́хов, Хро́мов, Ху́дов；

4. Большо́в, Меньшо́в, Земно́в, Криво́в, Седо́в；

5. Пе́гов, Ти́хов；

6. Си́нев, Бо́льщев, Лу́чшев, Ни́щев；

7. Богато́в, Була́нов, Быва́лов, Вы́борнов, Девя́тов, Деся́тов, Люби́мов, Поко́рнов, Студёнов, Угрю́мов, Голо́днов; Го-

ря́чев, Дома́шнев; Вели́ков, Глубо́ков, Широ́ков, Коро́тков;

8. Холодно́в, Железно́в, Фигурно́в;

9. Весело́в, Дешево́в, Тяжело́в, Зе́лено́в;

10. Го́лубов, До́рогов, Зо́лотов（也可能来自名词 зо́лото）。

著名语言学家阿瓦涅索夫（Р. И. Аванесов）说到一件事："我认识两个人，同一个姓，一人自称姓 Сухоти́н……另一人说自己姓 Сухо́тин。"（«Русская речь», 1975, № 5, 第 151 页）俄语中一姓两音的情形不少（如 То́поро́в 等），有时不同著作（或版本）就有反映。如旧版《苏联小百科全书》中为 Сухо́в，新版中为 Су́хов；再如 Дёшевов/Дешево́в 等 。

产生同一姓氏不同读音（重音）的原因是多方面的，有语言的原因和语言外原因。例如历史上或其他斯拉夫人姓氏与俄罗斯人姓氏有时同姓不同音，如 Ста́рицкий（乌克兰人）/Стари́цкий；有的形容词有两种读法，因而构成的姓氏便重音各异，如 ру́дый/рудо́й — Рудо́в/Ру́дов。一些词在方言土语中有不同于标准语言的重音，有些姓氏在外形（结构）上相同但来源词各异也造成不同重音，如 ди́кий > Дико́в，但 Дик（名字）> Ди́ков，这应认为是两个不同的姓。

喜读《俄语学习背景知识》[1]

新千年之初，我国俄语界迎来了第一批俄语读本，《俄语学习背景知识》（以下简称《知识》）便是其中之一。它是由北大外国语学院教师王辛夷和褚敏合编的。她俩于20世纪90年代两度较长时间在俄罗斯学习，不仅具有较深厚的语言功底，而且就近了解俄罗斯社会文化的发展变化，收集了一批反映俄罗斯现实诸方面的材料；回国后，她们在这些材料的基础上加以精选，汇编成册，于2000年1月由北京大学出版社出版。《知识》的出版不仅弥补了我们当前俄语教学中实用教材（特别是原文的“俄罗斯概况”“俄语国情”等）的不足，而且，从一定意义上说，可以看作是我们“教材建设”的一项善举。

正如《知识》在前言中指出的，“所选文章题材广泛、体裁多样，且内容新、语言活，内容涉及政治、经济、历史、教育、艺术、宗教、交通、生活习俗等”。通读全书，令人感到《知

① 本文曾发表于2000年第3期《俄罗斯文艺》。

识》确实达到了如下目的："扩大词汇量，提高阅读能力，开阔视野，了解俄罗斯"，确实起到了"真正成为了解俄罗斯社会文化的窗口"（见《俄罗斯文艺》2000年第1期的《致读者、致作者》）的作用。

语言是一种社会现象，它必然反映社会中政治、经济、文化等方面的变化。20世纪最后十年俄罗斯社会的新变化，在俄语中（首先而且主要在词汇方面）留下了自己的"烙印"，引起了国内外语言学者的兴趣和重视［如苏联和俄罗斯语言学家泽姆斯卡娅（Е. А. Земская）的《20世纪末（1985—1995年）的俄语》，我国张会森的《九十年代俄语的变化和发展》等］。而《知识》则以更具体的材料介绍了俄罗斯社会的变化和发展、新"事物"、新"气象"，从而对俄语的变化和发展做了很好的"展示"。

《知识》的篇幅不大（共260多页），分两章：第一章《俄罗斯联邦》，第二章《莫斯科》，基本上涵盖了俄罗斯社会生活的诸多方面。两章共有41篇，仅第一章（29篇）的"专题"内容，涉及苏联解体后的"国体"就有5篇，既介绍了"独联体""新宪法"，又介绍了"总统就职""国旗""国徽"等；此外，还有高科技－军事方面（3篇，如"核按钮"），经济－金融方面（5篇，如"俄罗斯自由经济特区"等），文化教育方面（10篇，包括各类学校，如"莫斯科大学及其热门学科"等；包括各文化设施和文化名人）。值得注意的是，《知识》中还有多篇介绍当前世界的热点问题，如反恐怖主义（如"阿尔法"）、"环保"、"意外灾难救援"等等，甚至还专门介绍俄罗斯当前的各个"媒体"。其中许多内容是我国已有的俄语读本中难以读到的。在《莫斯科》这一章中，选题与选材都考虑周到，有点像一本莫斯科“旅游指南”，从气候到交通，从文化设施到金融机构（如介绍“莫斯科银行”）等，与我们过去用的俄语教材中的“Москва — столица...”大不一样：首先是时代性特点和市民关注的焦点问题（如我国大城市的问题：居民住宅、市区交通等）。此外，像“莫斯科市长告市民书”“莫斯科的911”等不仅饶有兴味，而且也让人长见识。使读者通过了解莫斯科来了解俄罗斯的其他城市，从而“了解俄罗斯”。

“了解俄罗斯”，不仅是了解她的今天，而且也了解她的过去，或者她的历史的一个侧面。在俄罗斯历史上，东正教占有重要的地位。《知识》中有一个专题是“古代罗斯的基督教会”，但材料显得“单薄”，不足以说明今日俄罗斯的宗教信仰问题和东正教正处于“复兴”的状态。俄罗斯长期以来面临的另一个大问题是“民族问题”（如今天的“车臣”问题）。《知识》中的篇章虽然谈到了其他国家与俄罗斯的关系，谈到不同民族的历史命运，但仍让人觉得不足以全面了解俄罗斯的民族问题。此外，在相关的篇章中涉及俄罗斯有史以来众多的历史人物——从古代罗斯的大公到罗曼诺夫王朝的沙皇。

语言是一面镜子，它反映或折射社会生活的诸多方面。这里我们仅从《知识》中有关俄罗斯人民的经济生活和教育状况的材料来见“一斑”。例如在谈到俄罗斯经济“转执”时期，我们读到不少知识分子“下海”、“下岗”从事买卖活动。如在《国际倒爷的时代》一节，出现了一个新词组 челночный бизнес，前者源自名词 челнок（织布梭），表示“来回穿梭”，转义为“倒买倒卖”，бизнес 是外来词，表示“商人”“买卖人”（俄罗斯现有一大型经济日报«Бизнес»，即《生意人报》）。这词组的意思，用我国通俗说法，就是“倒爷”。在“排队抢购风”（特别是进口商品）中，有一句非常说明当时俄罗斯经济状况的话：“Судьба-импорта — наша судьба.”。这句口号式的标题让人联想起20世纪初十几年俄国东正教人士和保皇派对沙俄政治形势的惊呼：“Судьба царя — судьба России.”。从《知识》中我们还了解到俄罗斯在建立“自由经济特区”时也把目光注视到我国改革开放初期建立的“深圳特区”及其经验上。

《知识》谈到俄罗斯的经济“滑坡”、卢布贬值（如“俄罗斯将使用新钱币”），还谈到教育“滑坡”、知识贬值，如当时有这样的说法：“如果没有文凭也可以挣大钱，干吗还要学习?”但《知识》中也谈到现时俄罗斯教育（特别是名牌大学的热门专业）已从社会危机中摆脱出来，高学历和文凭又吃香了。从前流行的口号“知识就是力量”变成“知识不仅是力量”。

《知识》没有专题谈俄罗斯在20世纪90年代的一个重要社会问题，即“青年问题”。但“莫斯科的大学生看重什么?”一节告诉我们，他们的追求与我国青年学生的追求大致相同：在校的专业选择和未来的职业选择与社会的需要和自身的生活及成就联系起来。因此，许多高校调整专业设置和培养方向。例如，莫斯科大学（МГУ）前校长谈到该校外语系培养的人才是“懂国情的翻译家、高校外语教师、公关方面的专家”。

《知识》的材料比较丰富，有的可读性很强，既有知识性，又有趣味性；不仅有纯书面语体的，也有口语体的，还有报刊语体的特点。如果在高校俄语专业中作为报刊阅读的材料也未尝不可。

《知识》的编著者不仅在选材上下了很大功夫，而且在词语注释方面也费了不少气力。众所周知，在社会大变革时期，新事物、新观念会层出不穷，因而表达它们的新词语也不断出现。任何一部快速编纂的词典都赶不上它们“涌现”的速度。因此，新词语的注解和释义是一项艰苦细致的、费力的工作。

在《知识》中可以看到，所谓“语言的变化”主要在词汇方面。除“旧词”新用外，出现了大量新词语和复合缩写词——主要在金融经贸、高新技术等方面。本书出现了一百多个复合缩写词：有俄语字母型的（如 ГОР“快速行动小组”，МСС“莫斯科移动通信”等），也有拉丁字母的，如 PR（即英语 public relations，“公共关系”>“公关”）等。有的经过“两缩”，如 Центральный банк > Центробанк > ЦБ“央行”等；一些外国公司、银行企业等也用拉丁字母的复合缩写形式。这几乎是当代世界语言发展的一个潮流，试比较我国自改革开放以来使用的已有的和新出现的“略语”，如新近的一个复合缩写词 WTO——“世界贸易组织”>“世贸组织”，如“加入世贸”>“入世”——这类语言现象在我国报刊上屡见不鲜。像汉语中的“入世”这类说法不加注释一般读者是不好理解的。《知识》中也有一些词语未加应有的注释。相反，一些“历史事件”或“典故”，在《知识》中的注释是十分恰当和必要的。例如围绕 1991 年“8·19 事件”有两处做了注解，使人增长了知识。在《知识》的材料中还有一种词汇现象，即直接把外来词用俄语语音和字母表示。正是这类外来词在俄语词典或俄汉双语词典中都未来得及收入（而且其中不少词在俄罗斯文化语言界还有所争议），如 секьюрити（< security“公司企业的保安”），респондент［< respondent“接受社会调查的应答者（答卷者）”］，менеджмент

（< management“经营管理”），памперс（< pampers“尿不湿”）等，这类词多来自英语（英美词汇）。有些外来词在俄语中有相应的词可以表达，如 аутсайдер［< outsider“落后者”“出局者”等，试比较 отсталый（旧），отстающийся，посторонний］，андерграунд［< underground“地下”“地下歌厅”，试比较 подполье，подпольная（музыка）］等。随着时间的推移，社会的发展，原有的词（包括外来词）不足以表达一些新事物、新概念。如：除 интервью“采访”外，现在有了 ток-шоу［< talk-show“电视访谈（节目）”］；原有 путешественник，后有外来词 турист，现在又有了 шоп-турист（< shop“商店”“购物”-tourist“购物旅游”）等。

《知识》的可贵之处很多，其中一点是用现代俄语的语言事实回答了一个令人困惑的问题：大量外来词的使用是否让俄语变得“面目全非”了？20 世纪 80—90 年代许多俄语语言学者怀着不安的心情研究所谓 состояние русского языка，惊呼俄语处于“危机”中（кризис русского языка）。读了《知识》之后，我们至少感到坦然了。虽然报刊语言中有“滥用外来词”的现象，但并未严重到“威胁”俄语生存和发展的进程。

《知识》材料的语言质量是难以非议的。但由于选材不同，原作者的文化水平不同，因此在遣词造句上也有差异，个别的甚至还有语法修辞的差错，如“Мы все помним по огромным очередям советского времени”（第 70 页）中前置词使用不当（或“过时”）。总之，虽有某些“瑕疵”，但《知识》不失为一个好的读本，它给读者的是实实在在有用的知识，因此，它会受到读者的欢迎。

“十分可喜的开端”之后……[①]

一、简单的回顾

本文标题中的“开端”始于何时？“之后”后的“虚点”说明什么？事情还得从大约五年前谈起。

2010 年 10 月，在西安召开了中国俄语教学研究会的一次重要会议“第五届全国俄语翻译教学与研究学术会议”（以下简称“第五届会议”）；会后《中国俄语教学》于 2011 年第 1 期以“专栏”的形式发表了七篇与会代表的“发言”，其中第一篇就是四川外语学院（2013 年 4 月更名为四川外国语大学）朱达秋教授的《谈学术著作翻译的常态性批评——兼评别尔嘉耶夫的〈俄罗斯思想〉中文译本》（以下简称《谈》）。笔者认为，这是我国俄语界多年来罕见的振聋发聩的优秀评论文。而更令人欣喜

① 本文曾发表于 2015 年第 3 期《中国俄语教学》。

和振奋的是：《中国俄语教学》编辑部发表了同样罕见的“编者按”。而且这难得的“编者按”正好置于该期第一篇文章之上——颇有些重要报刊的“头版头条”的“编者按”气派。

“编者按”中写道：“较之前几届翻译学科的会议，本届[①]会议发生了一些显著的变化：学者们更多地关注实践性课题的探讨，关注汉译俄教学的微观思考，关注翻译教材编写思路的探索等；与此同时，翻译批评开始进入学者们的学术视野，这是非常难得又十分可喜的开端。”

“编者按”接着写道：“对译著的常态性批评和学术商榷不仅是提高翻译质量、确保原著的思想不被曲解的迫切需要，也是对净化学术氛围、坚守学术‘底线’的疾声呼唤……”

编者按语不仅是对“翻译批评”及学者们的学术视野和学术活动（特别是朱达秋教授的热切呼吁）的大力肯定，而且也是一种“承诺”，充分表现出“研究会”及其刊物对这类问题的重视。

二、再做点回顾

上面引用的“编者按”写得好，但“可喜的开端”之后，迄今将近四年（2011—2015 年）。在这几年间，研究会又连着召开了两次全国翻译会议：2012 年 9 月召开的“第六届全国俄语翻译教学与研究学术研讨会”（以下简称“第六届会议”）和 2014 年 3 月召开的“第七届全国高校俄语翻译理论与翻译教学

① 指第五届。

研讨会”（以下简称“第七届会议”）。这两次会议之后，《中国俄语教学》分别于2013年第1期和2014年第3期以“专栏”形式选登了与会代表的文章，其中最引人注目的还是川外朱达秋教授的《再谈学术著作翻译的常态性批评——以〈俄罗斯思想〉的中文译本为例》（以下简称《再谈》，2013年第1期第1篇）。她的《漫谈变译的忠实性——从普京的就职演说谈起》（2014年第3期）仍然是以“翻译批评”为“突破口”。对于朱达秋教授的执着精神和实事求是的学风，我们应当脱帽致敬，并大力支持。

最为难能可贵的是，朱达秋教授的《再谈》继承了她前一篇《谈》的风格、文笔和观点。

《再谈》中有这样一些话，可以表达作者对“可喜的开端”后的中国俄语界（笔者认为还应加上出版界、学术界等）的“状况”，尤其是学界在“翻译批评”方面的“状态”的一些看法。《再谈》2013年第1期中谈道：［从两年前（即2011年《中国俄语教学》第1期）发表《谈》之后］“两年时间一晃而过，翻译实践的常态性批评，特别是学术著作的翻译实践的常态性批评的现状并没有得到多大的改观，这方面的文章在翻译研究界寥寥无几，而在俄语界更是凤毛麟角……面对这种状况，笔者不得不再一次呼吁俄语界的同仁更多地加入到翻译实践的常态性批评当中来。尽管此项工作出力不讨好，却是社会现实的迫切需要。因为时下粗制滥造的翻译作品充斥市场的怪现象之所以越演越烈，一个重要原因是翻译实践的常态性批评的缺位……”

今天，2015年1月，从发表《再谈》的2013年算起，又是一个“两年时间一晃而过”，而离《谈》发表时的2011年（也就是《中国俄语教学》在该年第1期上发表“……可喜的开端”的“编者按”时）已是整整四个年头了。这四年中的前两年（2011—2012）是“翻译实践的常态性批评的缺位”，“这方面的文章在翻译研究界寥寥无几……”（见《再谈》）；而后两年（2013—2014）的状况如何呢？笔者不得不提出这个问题。为什么在“可喜的开端”之后，两年来（今天来讲，应是“四年”来）“翻译实践的常态性批评……的现状并没有得到多大的改观”？为什么？

三、盘点一下这四年来《中国俄语教学》登载议论“翻译”的文章和栏目

这四年来（2011—2014）《中国俄语教学》发表有关谈翻译的文章和设置的栏目的情况如下（根据本人的不完全统计）：

1. 以“专栏”形式发表的：

2011年第1期发表“第五届会议”的文章7篇；

2013年第1期发表“第六届会议”的文章12篇；

2014年第3期发表“第七届会议”的文章10篇。

以“专栏”形式发表三次会议的文章一共29篇（三期）。

2. 在“翻译研究”等栏目上发表的：

2011年第2期“翻译研究”栏2篇；

2011年第3期“翻译研究”栏3篇；

2011年第4期“文学与翻译研究”栏4篇；

[2012年第1期（暂缺）]；

2012年第2期“翻译纵横论”栏2篇；

2012 年第 3 期“翻译教学与研究”栏 3 篇；

2012 年第 4 期“翻译研究与教学”栏 6 篇；

2013 年第 2 期“翻译研究”栏 1 篇；

2013 年第 3 期“翻译研究”栏 3 篇；

2013 年第 4 期“翻译研究”栏 2 篇；

2014 年第 1 期“翻译研究”栏 4 篇；

2014 年第 2 期“翻译研究”栏 4 篇；

［2014 年第 4 期（暂缺）］。

以上四年以“翻译研究”等为栏目名称发表的文章计 11 期共 34 篇；如果与“专栏”（三期）上的 29 篇相加，则一共 14 期 63 篇，平均每期 4.5 篇。这个数量与其他“栏目”的文章篇数相比，应该说，“为数不少”。然而，总的来说，“翻译批评”（或者说“翻译评论”）在“翻译研究”等栏中占的比例仍很小，仍然如朱达秋教授所说：“这方面的文章在翻译研究界寥寥无几……”笔者甚至忧虑，恐怕再过几年状况仍然如此！

不过，从另一方面说，在这四年内 14 期共 63 篇文章中仍有不少值得一读的佳作，例如蔡毅的《翻译中语用信息的传达和翻译标准》（2013 年第 3 期），谷羽的《阿翰林：高瞻远瞩的翻译提纲》（2014 年第 2 期）等。此外，涉及“翻译批评”的还有所谓“（牌匾等）公示语误译”，如王晓娟的《我国境内俄译公示语现状研究》（2011 年第 4 期），顾俊玲的《牌匾公示语误译溯因》（2013 年第 1 期），以及陈爽、刘青、张康的《乌鲁木齐商业环境中俄语公示语错误分析与研究》（2014 年第 1 期）等。

正如我国商业区个别商家牌匾上的错别汉字、乱用“洋文”及“拼写错误”等一样，“俄语公示语”的错误应加以严肃认真的“清理”。但这类“纠错”（即“翻译批评”）与“学术著作翻译的常态性批评”各有“分工”，不能等量齐观。

四、为什么我们的“翻译批评”难以开展

为什么朱达秋教授说批评翻译的“文章在翻译研究界寥寥无几”？老实说，这是我国文化教育界、学术界以及“书评界”多年来存在的一个普遍现象。我国著名学者、书评家伍杰先生在《徐雁与书评》中写道：“徐雁（笔者注：北京大学中文系毕业，1983 年开始写书评）对我国书评现状十分忧虑。他说：‘书评在时下信息社会中的地位不免尴尬起来。赞歌型书评之多和批评性书评之少，构成了我国当代书评的大景观，也就成了我国书评界这种畸形的生态。’……这实在是当前书评界的悲哀。”（伍杰，2006：74）

这段话拿来说明我国俄语界的状况，不知是否合适？请同人们明鉴。不过，笔者还认为，我们俄语界甚至连“赞歌型书评”也不多见，因为我们学界对俄语学科建设和书籍出版等事，关心的人（学者们）太少了。

学术界（包括书评界等）之所以形成“这种畸形的生态”，原因是多方面的。朱达秋教授在其文中指出“一个值得注意的倾向，就是重理论探讨，轻实践批评……一是因为层出不穷的理论翻新更容易引领潮流，吸引眼球，更能显示思想的新颖、格调的高雅；二是因为与翻译理论研究相比，翻译实践批评更为出力不讨好”，而且容易“得罪人”。与此同时，黑龙江大学张会森教授生前也指出了我国俄语界出现的一种不可小觑的现象：“回顾

我们国内近20—30年的俄语研究，可以说不断地出现跟‘风’热。出来一股新的思潮，新的风向，一批学人就紧追其后，介绍和模仿。”（张会森，2011：38）笔者浅见，这种“现象”（或者说这种倾向）、这种“风气”会影响到我们的“后学”。

再有，就是学术批评（包括翻译批评等）对批评者或评论者的要求较高较严，或者说，他们应具备相当的学养和知识能力。关于这点，鲁迅先生当年曾说过：“在工作上，批评翻译却比批评创作难，不但看原文须有译者以上的功力，对作品也须有译者以上的理解。”（鲁迅《再论重译》）鲁迅先生的两个“须有译者以上”的知识能力的要求，对我们所有学人颇有启示。这些要求不仅有助于促进我们对学术评论、翻译批评的重视，有助于我们提升学术兴趣，而且更为我们提高学术水平，丰富知识，开阔学术视野，培养自己的独立思考能力和辨别是非的能力等，有着积极的促进作用。

我们诚恳地希望，在“十分可喜的开端”之后有可喜的延续、可喜的持续的常态性……

五、扩大我们的“学术著作翻译的常态性批评”的空间

扩大“学术翻译的批评”的空间，就是扩大我们学术活动的范围，开阔我们的学术视域，或者具体说，批评学术著作，而不仅仅限于“学术著作翻译”（“翻译作品”）。鲁迅说“批评翻译却比批评创作难”，他说的“创作”是指“文艺作品”。但是“文艺作品”（作家创作的）还是不同于学界的“学术著作”

（学者写作的）。因此，严格说来，批评学术著作（专著等）比批评学术著作翻译还要难一些。为什么？

我们的“学术著作”，以俄语专业的而言，主要是语言的、文学的以及各种专著，包括“文学史”等教科书或参考书，再如“俄国史”“文化史”“艺术史”“国情学”，以及“宗教史”“语言文字”等。这不同学科的“著作”有一个共同特点：就是含有各种译成中文的“引文”“摘录”、大段的“抄译”文字等。那些抄译的引文（或名词术语，或名人言论等）有的是“直接引语”（作者直接翻译），而有的则是作者凭自己对“原著”的理解，用自己的语言（所谓 своими словами）来表述所引用的文字内容（我们想称其为“准翻译”）；此外，有的引文注明了出处，而有的则没有。正如鲁迅先生所抱怨的：“我们无从捉摸。即使是译来的罢，但大抵没有说明出处，我们也无从考查。”（鲁迅《风马牛》）鲁迅先生指出的两个“无从”说明某些译者的学术诚信令人怀疑。

因此人们认为，评论这类图书资料（或者所谓“学术专著”）常常碰上令人尴尬或令人困惑的问题；这比批评学术著作翻译（翻译著作）要困难得多。因为后者（译文）至少总还“有径可循”……找到原文出处。

钱锺书先生对某些“译著”或含有“翻译文字”的“著作”有过辛辣的讽刺：“一位文学史家曾说，译本愈糟糕愈有趣：我们对照着原本，看翻译者如何异想天开，把胡猜乱测来填补理解上的空白，无中生有，指鹿为马，简直像‘超现实主义’诗人的作风。”（钱锺书《林纾的翻译》）

为了说明问题，我们暂时只举几个例子，分别为找到原文出处的和“无从捉摸（查找）”的。

1．找到原文出处的，但译文有“指鹿为马”之嫌。例如：

1）“啊，俄罗斯军队！你们已到了边境的丘陵背后！”［原文是：“О Руская земле！уже за шеломенемь еси！”］——自古俄语文本«Слово о полку Игореве»。试比较：“啊，罗斯的国土！你已落在岗丘的后边！”（魏荒弩，2000：6）；“啊，罗斯大地！你落在了冈峦后边！”（李锡胤，2003：50）。无论古今俄语，земля 都没有“军队”意义。在古俄语中，земля 是一个多义词（有十几个义项），其中最主要的意义是“国家、国土、公（王）国”和“人民、居民、部族、族人”等（俄语是：“страна，государство，княжество”等和“народ，народность，население，жители”等）：Рус（с）кая земля = Русь（罗斯，罗斯人） = древнерусская народность 等。

2）“敬仰主、听到他声音的你们啊，不要为我们朴实的语言感到羞愧，我爱我们自然的俄罗斯语言。”

［1）、2）译文均出自《俄罗斯文学简史》，2006：8，21］

原文是：“…и вы，господа ради，чтущіи и слышащіи，непозазрите просторечію нашему，понеже люблю свой русской природной языкъ…”——自十七世纪俄语文本«Житие протопопа Аввакума»。试比较：“请你们，读者们和听众们，看在上帝的面上，不必对我们的俚语俗语感到羞愧，因为我爱我们民族的语言……俄罗斯语言……”（左少兴，2013：33）。前面的“译文”除了有几个词语翻译不够准确（如把 чтущіи 当作来自动词 чтить“尊崇”，实际上此处来自动词 честь“读”。此外，природный язык 在过去有 родной язык 的意义，见《大俄汉词典》第1773页解“…<旧>本族语、母语”）外，主要为语法错误：1）把插入语господа ради（“看在<主>上帝的面上”）拆开，把ради去掉不译，又把господа（第二格）当作чтущiи的直接补语，译成“敬仰主”；2）两个形容词чтущiи和слушащiи（用于слушающие意义）名词化，相当于читатель和слушатели，均为当时的阳性复数第一格，作为вы的“独立同位语”，即“你们，读者们和听众们……”，而不是那个错译的“敬仰主、听到他声音的你们啊……”（“声音”二字在原文中有吗？——笔者注）

2．找不到出处的（即“无从考查”的）。例如：

1）“弗罗连斯基的哲学研究企图揭示世界的许多现象过程的‘隐德米希’最终原因”（《俄国文学与宗教》，1995：3）。我们要问：何谓“隐德米希”？俄语如何写这个词？作者从何处“译来”的？

2）“利哈乔夫院士……在谈到古罗斯文学时他指出，古罗斯文学是在翻译希腊文学的基础上形成的，是南斯拉夫人、西斯拉夫人和东斯拉夫（人）的一种中介文学”（《俄国文学与宗教》，1995：47）。我们要问：利哈乔夫院士何时在哪部著作（哪篇论文）中如此“指出”？俄罗斯文学是这样“形成”的吗？在文化发展上晚于西斯拉夫人和南部斯拉夫人的东斯拉夫人的文学，即“古罗斯文学”，怎么会成为他们的“中介文学”？“古罗斯文学”是东斯拉夫人的“中介文学”？古罗斯人是不是东斯拉夫人？

六、“希望刻苦的批评家来做剜烂苹果的工作”

“烂苹果”这个形象说法出自《鲁迅全集·准风月谈·关于

翻译（下)》。当年鲁迅先生批评某些翻译作品中存在“乱译”现象，把对存在“乱译”的翻译作品的批评比作“做剜烂苹果的工作”。他说：“苹果一烂，比别的水果更不好吃。”但对于苹果的质量好坏或者它“烂”的程度，要做观察、品尝、分析、鉴别。鲁迅先生把“烂苹果”分为两类：一类是“穿心烂”的，即从里到外全烂了，是“要不得”的，要“抛掉”的；另一类是“有着烂疤的”苹果，“这苹果有着烂疤了，然而这几处没有烂，还可以吃得”。对这类有着“烂疤”的“还可以吃”的苹果，不能“抛掉”，要“做剜烂苹果（即‘剜去’烂处或‘烂疤’的工作)”而后食之。因此，鲁迅先生说：“我又希望刻苦的批评家来做剜烂苹果的工作，这正如‘拾荒’一样，是很辛苦的，但也**必要**，而且对大家有益的。” ［鲁迅《关于翻译(下)》］

鲁迅先生的这些话，对我们有极大的启迪和教育意义。这个恰当的“比喻”说明“批评翻译”的“辛苦”“必要”“大家有益”，首先是对广大读者和我们的后学者有益，让他们不受那些粗制滥造的“劣译”“乱译”“恶译”（这些词语均为鲁迅先生用过）以及“以讹传讹”的影响。

因此，笔者也同朱达秋教授等同人一样，希望我们俄语界有越来越多的“刻苦的批评家来做剜烂苹果的工作”；“批评翻译”不应也不能被视为“壮夫不为”的“雕虫小技”，而应被看作大有可为的“大手笔”之作。

最后，笔者怀着忐忑不安的心情建议，今后我们谈“翻译”（不管“理论”还是“实践”）的论文（包括研究生的论文)，或者具体谈某本译著或学术论著的“翻译批评”的文章是否有一定的比例？而且其中有水平的论文，其“学术地位”应不下于那些侈谈或空谈“理论”的文章。因为，正如前人所说：一步实际行动胜过一打纲领。

参考文献

［1］李锡胤．伊戈尔出征记［M］．北京：商务印书馆，2003.

［2］鲁迅．风马牛［M］//中国翻译工作者协会《翻译通讯》编辑部．翻译研究论文集（1894—1948）．北京：外语教学与研究出版社，1984：231.

［3］鲁迅．关于翻译（下）［M］//中国翻译工作者协会《翻译通讯》编辑部．翻译研究论文集（1894—1948）．北京：外语教学与研究出版社，1984：236.

［4］鲁迅．再论重译［M］//中国翻译工作者协会《翻译通讯》编辑部．翻译研究论文集（1894—1948）．北京：外语教学与研究出版社，1984：240.

［5］任光宣．俄国文学与宗教［M］．西安：世界图书出版公司，1995.

［6］任光宣．俄罗斯文学简史［M］．北京：北京大学出版社，2006.

［7］魏荒弩．伊戈尔远征记［M］．北京：人民文学出版社，2000.

［8］伍杰．徐雁与书评［J］．中国图书评论，2006（3）：73－75.

［9］张会森．俄语语法研究：现状和问题［J］．中国俄语教学，

2011 (1): 35 -39.

[10] 郑海凌. 可贵的和谐意识 [J]. 外国文学动态, 2004 (5): 45 -46.

[11] 左少兴. 十七世纪俄国文学作品选读 [M]. 北京: 北京大学出版社, 2013.

编后补记

本书是左鑫、尹旭、吴章翰三位后起之秀的大量劳动和北京大学外国语学院俄语系原主任李明滨教授的献计献策所结出的学术成果。笔者只是做了若干归纳工作，并写下由此而萌生的感悟。

左少兴先生是集学者、作家、翻译家、评论家于一身的杰出人才，又是平易近人、仗义执言、路遇不平“拔刀相助”的正直公民。他是我的良师和益友，二十世纪五十年代还身兼我所在小班的班主任。他把教书只作为手段，把育人才定为目的。具体地说，他立志要把我们这批学子培养成具有独立人格、能够独立思考而不迷信权威的人。

笔者在商务印书馆出版的《俄罗斯抒情诗选》（俄汉对照编排）的后记中曾提到：“……同时也扩大了国内尚少介绍的17—18世纪古俄语的篇幅。在这一过程中，我们有幸获得著名古俄语专家左少兴老师的把关。”在此，我谨代表编、译、读者向他表示诚挚的谢忱。

如今，网上经常有人弘扬博大精深的中华传统文化。比如有人指出，人品好的人具备四个特征：1）不怕吃亏，不占便宜；2）为人本分，厚道低调；3）说话算数，言而有信；4）受恩不忘，知恩图报。我们尊敬的少兴老师，可以毫不逊色地充任这个标准内的模范。

为了报答几十年来少兴老师对我的培养和鼓励，我除了和李明滨教授一道介绍他加入中国作家协会，还向浙江文艺出版社的沈念驹先生力荐左老师参加契诃夫中短篇小说、幽默小品的译介工作。他的译文质量绝不亚于资深的小说翻译家，受到读者的好评。

左老师尽管在许多方面都表现出不凡的才华，但在诗歌翻译方面总是谦虚地请我提意见。我却发现他在这方面悟性也非常高，而且绝不会稍有成就便趾高气扬起来。

在此，我由衷地感谢黑龙江大学俄语学院孙超教授、俄罗斯语言文学与文化研究中心叶其松教授等同志的鼎力支持！

顾蕴璞

2023 年 2 月 3 日